Nat Gertler

Microsoft PowerPoint 2000

para LEIGOS passo a passo

Tradução
Alessandra Duarte

EDITORA CIÊNCIA MODERNA

Do original
The Complete Idiot's Guide to Microsoft PowerPoint 2000
Authorized translation from the English language edition published by Que Corporation
Copyright© 1999
All rights reserved. No part of this book may be reproduced or transmitted in any form or by any means, electronic or mechanical, including photocopying, recording or by any information storage retrieval system, without permission from the Publisher.
Portuguese language edition published by Editora Ciência Moderna Ltda.
Copyright© 1999

Todos os direitos para a língua portuguesa reservados pela EDITORA CIÊNCIA MODERNA LTDA.
Nenhuma parte deste livro poderá ser reproduzida, transmitida e gravada, por qualquer meio eletrônico, mecânico, por fotocópia e outros, sem a prévia autorização, por escrito, da Editora.

Editor: Paulo André P. Marques
Produção Editorial: Carlos Augusto L. Almeida
Capa e Layout: Renato Martins
Diagramação e Digitalização de Imagens: Patricia Seabra
Tradução: Alessandra Duarte
Revisão: Ana Fanfa
Assistente Editorial: Érika Loroza

Várias **Marcas Registradas** aparecem no decorrer deste livro. Mais do que simplesmente listar esses nomes e informar quem possui seus direitos de exploração, ou ainda imprimir os logotipos das mesmas, o editor declara estar utilizando tais nomes apenas para fins editoriais, em benefício exclusivo do dono da Marca Registrada, sem intenção de infringir as regras de sua utilização.

FICHA CATALOGRÁFICA

Gertler, Nat
Microsoft PowerPoint 2000 para leigos passo a passo
Rio de Janeiro: Editora Ciência Moderna Ltda., 1999.
Apresentação de gráficos em microcomputadores
I — Título
ISBN: 85-7393-059-4   CDD 001642

Editora Ciência Moderna Ltda.
Rua Alice Figueiredo, 46
CEP: 20950-150, Riachuelo — Rio de Janeiro — Brasil
Tel: (021) 201-6662/201-6492/201-6511/201-6998
Fax: (021) 201-6896/281-5778
E-mail: lcm@novanet.com.br

Sumário

Introdução XIII
Parte I - Início rápido 1
  Capítulo 1 - Afinal de contas o que é o PowerPoint? 3
    O que é uma apresentação? 3
    Qual é o ponto no PowerPoint? 4
      A multimídia no PowerPoint é realmente boa e realmente eficiente 4
      !nteratividade: o que nós usamos para falar "Faça alguma coisa!" 4
      PowerPoint faz o trabalho 5
    Não deixe o poder te fazer esquecer o ponto 6
      Mas o material excelente ainda é útil 6
  Capítulo 2 - Uma apresentação fácil e rápida 7
    Pulo inicial do PowerPoint 8
    Conhecer a janela do PowerPoint é amar a janela do PowerPoint 8
    O Wizard está desligado! 9
      Como trabalhar com o Wizard 10
      Distribuição dos tipos de apresentação 11
      Como pular as etapas 11
      Como fazer a sua apresentação se sentir intitulada 11
    Até excêntricos podem ter uma visualização normal 12
    Substituindo palavras por mais palavras 14
    Apresentando a sua apresentação! 15
      Como deslizar pelos slides 15
    Salve a exibição 17
      Como sair do PowerPoint e voltar ao mundo real 17
    Informações sobre a regeneração da apresentação 17
  Capítulo 3 - A ajuda está a caminho 19
    A referência favorita do autor 19
    O que é este botão? 20
    O que é "o que é isto?" 20
    O seu Assistente do Office na tela, imediato 21
      Os Assistentes de Office oferecem assistência 21
      Pergunte ao seu Assistente 22
      Como mudar o seu Assistente 23
      Como usar o que você conseguiu 24
    Conteúdos e índice: um conjunto cheio de ajuda 24
      Conteúdos: eles não são mais só para o café da manhã! 25
      Como usar o índice de forma habilidosa 26
    A Web Mundial é um refúgio enorme e útil 27
    PowerPoint 9-1-1 28
Parte II - Como construir a sua apresentação 31
  Capítulo 4 - Como deslocar os slides para os seus lugares 33
    Como ver as formas do slide 33
      Visualização de slides? Não são todas elas visualizações de slides? 34
      Ver o esquema não está fora de cogitação 35
      Use o classificador de slides para ordenar os slides! 36

Observe a visualização da página de observações 37
Exibição de slides: a visualização de exibição 37
Como selecionar os slides 38
　Como selecionar mais de um slide 38
Como acrescentar um slide 39
Como deletar slides 40
Como deslocar os slides 40
Como duplicar o seu slide 40
　Como deslizar pelo primeiro, e depois roubar o segundo 41

Capítulo 5 - O mundo das palavras 43
Novas palavras valentes para novos slides valentes 43
Como trabalhar novamente as suas palavras (ou como reescrever o seu trabalho) 44
Variações das palavras: como dar estilo ao seu texto 44
　Como mudar as letras: negrito, itálico, sublinhado e sombreado 45
　Botões, botões, quem pegou os botões? 45
　Linguagem colorida 46
　Como aumentar (e diminuir) as suas palavras 49
　Simplesmente compare as fontes 49
A hortografia é importante 50
　Como consertar o erro 51
　A minha grafia está certa, bem feito! 52
　Erros que passaram desapercebidos 52
Escolha do alinhamento 53
Ânsia por listas! 53
　Subdivisão da lista 53
　Como cortar o ponto 54
　Como numerar os seus milhões de pontos de luz 55

Capítulo 6 - Layout: não é apenas alguma coisa que você faz ao sol 57
Quadros em slides? Eu pensei que os slides viessem em quadros! 57
Como selecionar e mover os quadros 58
　Como deslizá-lo de um slide para outro 59
Como alterar o tamanho dos quadros: quando o tamanho importa 59
É hora de brincar de girar o quadro! 60
O quadro é uma presa fácil 61
Quadros em cima de quadros 61
　Quadros indo para cima e para baixo (estes não são chamados de elevadores?) 62
Grupos: quadros cheios de quadros 62
　Como selecionar vários quadros de uma vez 63
　Como formar os grupos 63
　Como trazer os que estão sozinhos para dentro do grupo 64
　Como separar o grupo 64
　O grande circuito de reunião: como reunir o grupo novamente 64

Capítulo 7 - WordArt: o seu amigo para fazer logotipos de baixas calorias 67
Logotipo instantâneo 67
Ajustes do WordArt 69
　Botões para os indecisos 70
　Aeróbica das palavras: como colocar o seu logotipo em forma 71
　Rotação livre: giros sem nenhum custo 72
　Ajustar para impressão 73
Comentário sobre as cores: como preencher as letras 74
Complementos incrementados para um divertimento fabuloso 75

Pensando no contorno 78
Quem sabe onde se esconde os sombreamentos nos WordArts dos homens? 78
Com 3D ou sem 3D, eis a questão 79
    3-D para você 79
    Estação de criação de rotação 79
    Extrusão e intrusão 80
Logotipos A-Go-Go 81

Capítulo 8 - Linhas e forma: coisas boas em quadros de tamanhos variáveis 83
As formas simples 83
    Linhas e setas e barras, oh meu Deus! 84
    Formas ovais ótimas e retângulos corretos 85
Cores, linhas, preenchimentos, sombras e outras coisas supérfluas 85
Formas extravagantes: elas não são mais somente para os marshmallows! 86
    Lines 86
    Conectores 88
    Basic shapes 88
    Setas em blocos, Diagrama de fluxo, Estrelas e Faixas 88
    Dísticos 88
    Botões de ação 90
Mais Autoformas 90
Como colocar o seu texto em forma, literalmente 91
Como mudar a forma: eu nunca fiz metamorfose, eu não gostava 91

Capítulo 9 - Como colocar as figuras nos seus devidos lugares 93
De onde vêm as figuras? 93
    Como obter figuras pré-prontas 94
    PC: criador de figuras 94
    Copiadores: como usar uma figura de fora 95
Como obter a figura: obter a figura? 95
    Como arrumar a cena 96
A barra de ferramentas de figuras: uma linha de figuras para trabalhar com figuras 97
    Figura diet: como cortar a sua figura 98
    Como esquematizar para mudar o esquema colorido 98
Como colocar moldura na sua figura 100
Como girar a sua figura 100
Clip Art: pode ter seu tamanho alterado, pode ser reutilizado, mas não pode
ser reembolsado (porque ele é grátis!) 101
    Clip art, oh clip art, onde estás tu? 101
    Clip Art 102

Capítulo 10 - A arte do diagrama 101: diagramas numéricos 105
A parte de onde você inicia o diagrama 106
Como entrar a informação do diagrama na formação 106
    Tire este exemplo da minha frente 107
    Como entrar a informação 107
    Como mudar a aparência dos seus dados 107
    Então onde está o diagrama? 108
Como escolher um tipo de diagrama: muitas opções, muitas escolhas erradas 109
    Diagramas de barras e colunas 110
    Diagramas de linha 111
    Diagramas de setores circulares 112
    Tipos de diagramas mais extravagantes 113
As cinco principais características de diagramas 114
    Títulos 114

Linhas de grade 114
Legenda 115
Etiquetas de dados 115
Tabela de dados 115
Um ajuste nos diagramas 116
Como sair daqui... e como voltar 118
Capítulo 11 - A arte do diagrama 102: organogramas organizacionais 119
Como diagramar o caminho do sucesso 119
   Como editar um quadro: mais engraçado do que lutar boxe com um editor! 121
   Aumente a sua companhia acrescentando quadros 121
   No topo do diagrama está... um título! 122
Diagrama de Frank Lloyd: estruturas mais extravagantes 122
   Grupos 122
   Assistentes 123
   Vários gerentes 123
O trabalho de mudança: como rearrumar o diagrama 124
Você já organizou tudo, agora faça ficar bonito 125
   Nós teremos fontes, fontes, fontes (até que o nosso pai tire a barra de texto) 125
   Toda companhia precisa de um fundo colorido 125
   Trabalhadores que têm a mesma função coloridos 126
   Como definir a linha 126
   Como acrescentar novas linhas 127
   Texto 127
Outros pequenos truques do diagrama 127
   Como mexer no zoom 128
   Atalhos de seleção 128
   Informações sobre o diagrama 128
Como retornar para território não diagramado 128
Capítulo 12 - Como dar suporte para as suas palavras: fundos bonitos 131
A forma preguiçosa: usar projetos prontos 131
Colorir meu mundo diferente! 133
   Planeje sozinho um arco-íris 134
A forma menos preguiçosa: planejar o seu fundo e estilo de slide próprios 135
   Visualização Master: não, não é para movimentos 3-D 135
   Como mudar os estilos do texto 136
   Como mudar as áreas de texto 137
   Como mudar a cor básica do slide 137
   Decorações: enfeite os slides! 138
   Como ganhar o título de "Mestre dos Títulos Principais" 138
   Salvar e salvar de novo! 139
Slide inconformado: como fazer um slide diferente 140
"Rodapé" significa que ele tem mais pés do que qualquer outra coisa? 141
Parte III - Características fantásticas, vistosas e fabulosas 143
Capítulo 13 - Clique aqui para interatividade 145
Você pode clicar qualquer coisa! 145
   Como ir para outro slide: o pulo do playground 146
   Abra os seus olhos em várias apresentações do PowerPoint 147
   Bem-vindo à Web Mundial; panorama da aranha mundial 147
   Como iniciar um programa 149
   Como colocar um som com o clique 150
   Ilumine isto! 150
   Quadro de diálogos pronto 151

Sumário **VII**

Ações que não são clicadas 151
Elo ausente: como se livrar da interação 151
Escolha do clique: como dar forma à sua área de clique 152
    Como isto é empilhado 152
    O truque do PowerPoint elegante, patenteado, que escolhe partes de uma figura ... 152
Elos dentro do texto 153
Estes botões foram feitos para ação 153
Ação principal: interatividade no seu slide principal 154

Capítulo 14 - Olhe para o céu!: textos e figuras voadoras 157
Uma apresentação com animação é o seu destino 157
O caminho rápido: animação para pessoas preguiçosas 158
    Estação de demonstração de animação 159
Animar para controlar os caprichos 159
    Como ligar e desligar a animação 160
    Como colocar a ordem em ordem 160
    Quando? 161
    O que? 161
    Em todo caso, com o que se parece um som de espiral? 163
    Depois que a emoção acabar 163
    Como mover as palavras: palavras de movimentação (não de emoção) 164
    Como mover o diagrama: efeitos do diagrama 165
    Como verificar a animação 167
    Ei, e a outra tabulação? 167

Capítulo 15 - Transições complicadas e controle de tempo terrível 169
Transições: o que elas são, por que você as quer e como consegui-las 169
    Decisão de transição 170
    Mudança lenta ou rápida 172
    Alguma coisa que não é para ser usada 172
    Escute a transição 172
    Sem o quadro (de diálogos) 173
Hora de ajustar o tempo! 174
    Como fazer o cronômetro funcionar 175
    Cometeu um erro? 176
    Quando o seu tempo bom acabar 176

Capítulo 16 - Filmes no PowerPoint: iguais aos da TV, só que menores 179
Alguns avisos sobre os filmes 179
    Problema número um: como mover os filmes 180
    Problema número dois: problemas de projeção 180
    Problema número três: computadores lentos 181
Mamãe, de onde vêm os filmes? 181
    Comprar filmes é menos divertido e menos lucrativo 181
    Filmes grátis: duas das minhas palavras favoritas, juntas 181
    Como fazer filmes: você pode virar artista! 183
    Cartuns computadorizados 183
Como acrescentar um filme 184
    Como alterar o tamanho do seu filme 185
Rodar o filme: ativação interativa 185
Rodar o filme: automatização ativada 186
    Quando isto vai acabar? 187
    Depois que o filme acabar 187
Filme por projeto: slides com espaço para filmes embutidos 188

Capítulo 17 - Aviso sonoro sobre som 191
   Coisas para gastar dinheiro: o seu sistema de som para PC 191
   Como gravar: sim, você realmente soa assim 192
   Como ouvir este som do slide 193
      Clique na figura do alto-falante 193
      Truques de som que você já aprendeu 194
      Como executar o som automaticamente 194
      Como usar um som armazenado 195
   CD: OK para você! 196
      Como iniciar o CD 198
   Narração: como dividir os seus comentários maldosos com o mundo 198
      Degradação: diminuir a qualidade do áudio 199
      A dança do disco 199
      Como gravar a narração 200

Parte IV - Como compartilhar a apresentação com os outros 203

  Capítulo 18 - A cena é vista na sua tela 205
   Modo Orador: a tela inteira é exibida 205
      O menu (mal) escondido 206
      Como deslizar pelos caminhos dos slides: ir para outro slide 207
      Diagramas rabiscados: como escrever nos slides 207
      Um slide escondido 209
      O show acabou! 209
   Um slide em uma janela 209
      Menus: escondidos nunca mais! 210
      Como passar pelos seus slides 210
      Como finalizar 211
   Quiosque: à prova de acidentes, à prova de idiotas, seguro em uma lata! 211
      Como ajustar uma exibição de quiosque 212
      Como visualizar os slides 212
      Como terminar a exibição 213
   Início simples da exibição 213

  Capítulo 19 - Como enviar a apresentação para outras pessoas 215
   Como preparar apresentações que possam ser enviadas 216
   Empacote a apresentação 217
      Primeira etapa: a escolha do que empacotar 218
      Segunda etapa: coloque isto no seu disco 218
      Terceira etapa: incluir arquivos ligados 219
      Quarta etapa: decida se vai empacotar um programa 219
      O computador empacota como uma coisa que empacota muito bem 220
   Xô! Mande-a embora rapidamente 221

  Capítulo 20 - Como atingir uma multidão: slides, transparências, telas de projeção
  e apresentações da rede 223
   Slides em slides 224
      Como fazer o seu slide 224
      Deixe outra pessoa pagar pelo grande material 224
      Escritório de serviço via modem 225
      Como planejar previamente a apresentação 225
      Como preparar os arquivos para um escritório de serviços 226
      Eu tenho um gravador de filmes e quero usá-lo! 227
   Transparências muito fáceis 227
      Ajuste das transparências 228

Pensamentos claros em impressões transparentes 229
Transparências coloridas com transparência inferior 230
Com duas telas, ou sem duas telas 230
Não é barato, mas aqui está como fazer 231
Apresentações da rede: como evitar o seu público 232
Ajuste e preste atenção 232
Uma boa descrição é a prescrição para a aprovação do espectador! 233
Como conseguir serviço dos servidores 233
Simplesmente diga quando! 235
Como iniciar a apresentação 235
Um time etiquetado de ferramentas para ser usado com centenas de espectadores 235
Observações sobre as observações 235
Use os lembretes para a reunião, ou nunca se importe com ela! 237

Capítulo 21 - Como colocar na Web 241
Por que você não deve usar o PowerPoint para construir um site da Web 241
Como apresentar: apresentações apresentáveis na Web 242
Coisas que funcionam bem 243
Coisas que não funcionam tão bem 243
Coisas...que...funcionam...devagar...na...Web 244
Inicie a mágica da Web! 244
Decisões simples para tempos complexos 245
Mais opções! Opções em abundância! 245
Opções gerais, comandante do quarto batalhão de opções da marinha 246
Opções de arquivo, como "O batalhão deve se enfileirar agora?" 246
Opções de figuras, como "O batalhão deve dizer 'X'?" 247
Preste atenção na sua língua 247
Publicar ou sucumbir! (Dica: escolha "publicar") 247
O que está errado? Como ver a sua apresentação na Web 248

Capítulo 22 - Como imprimir o material e lidar com informativos 251
Impressão rápida 251
Como imprimir as apresentações do PowerPoint perfeitamente 252
Qual impressora? 252
Quais slides? 253
Qual deve ser sua aparência? 253
Quantas cópias? 254
O que você está esperando? 255
Informativos 255

Parte V - Como tirar o máximo do PowerPoint 259

Capítulo 23 - Mexerico de escritório: como trocar informações com produtos de outros escritórios 261
Como roubar bits de qualquer lugar 261
Documentos que vão sair do Word 262
Documentos para o Word 263
Como transferir do Excel para a sua apresentação 264
Como mover um diagrama 265

Capítulo 24 - Como tornar a sua apresentação interessante 267
Você pode ver a floresta através das árvores policromáticas superligadas? 267
Como não fugir do tema no PowerPoint 268
Aparência ousada, ofuscação aumentada 268
Preste atenção na sua linguagem 269
Preste atenção na linguagem das outras pessoas 271

Ruim para os olhos: slides para os quais é difícil olhar 273
    Olhe aqui! Não, lá! Não, espere, ali! 273
    Quando as cores se chocam! 273
    Muito extravagante 274
    Vá mais devagar com a luz amarela 277
Controles: não reinvente o volante 277
    Os seus controles estão fora de controle? 278
    Gritar por socorro! 278
Mantenha o seu conteúdo interessante 279
    O tema: o tema 279
    Figuras contam uma história 279
Se você não pode agradar a uma pessoa, como vai conseguir agradar a todas elas? 280

Capítulo 25 - Expressar para impressionar: como fazer boas apresentações orais 281
    Regra 1: não imagine o seu público inteiro nu 282
    Regra 2: ensaie 282
    Regra 3: use notas, mas não use um script 282
    Regra 4: fale com alguém 283
    Regra 5: não fale sempre com o mesmo alguém 283
    Regra 6: olhe para cada slide novo 284
    Regra 7: não fale com o slide 284
    Regra 8: pare para as perguntas 284
    Regra 9: pode ser muito fácil usar muitas palavras... 285
    Regra 10: saiba o nível de sofisticação do seu público 285
    Regra 11: use exemplos 286
    Regra 12: humor pode ser engraçado 286
    Regra 13: verifique o seu equipamento antes da apresentação 286
    Regra 14: verifique a sala antes da hora 287
    Regra 15: se apresente para o seu público 287
    Regra 16: não leia somente o que está no slide 288
    Regra 17: diga a eles para onde você está indo 288
    Regra 18: pronuncie claramente 288
    Regra 19: vista-se de forma asseada 289
    Regra 20: não seja simplório 289
    Regra 21: não demore muito 289
    Regra 22: não se preocupe! 289

Apêndice - Botões e menus e ratos, oh meu Deus!: maravilhas do trabalho com o Windows 291

Glossário - Fale como um expert 303

Índice 313

Dedicatória

Este livro é para o meu pai Gene e sua esposa Poco, que recentemente se mudaram para o Arizona. (Se você observou que New Jersey de repente se tornou um lugar mais calmo, este é motivo.)

Agradecimentos

Eu gostaria de agradecer à turma da Editora Que, que me arrastou para outro destes livros. Agradecimentos especiais vão para Jamie Millazzo, que me escolheu para escrevê-lo (cumprimentando também Martha O'Sullivan, onde quer que ela possa estar, por me envolver na versão anterior), e para Stephanie McComb, por me ajudar no decorrer do caminho. Méritos para Nick Goetz e Allen Boyce, Jr. pelo trabalho editorial neste livro. Eu também gostaria de agradecer aos colaboradores do livro por toda sua compreensão durante os dias agitados gastos para aprontar esta obra. Agradecimentos especiais vão para minha esposa e amiga Lara Hughes, que uma vez me preparou biscoitos e portanto vai ter sempre o meu afeto.

Introdução

Seja bem-vindo ao *Microsoft PowerPoint 2000 para leigos passo a passo*, o seu guia amigável de baixa caloria para usar o PowerPoint. PowerPoint é uma ferramenta que permite montar no seu computador exibições de imagens, exibidores interativos e outros tipos de apresentações. Este livro fará com que você o use de forma rápida, fácil e efetiva. Depois que compreender o PowerPoint você vai achar fácil montar uma apresentação clara e excitante. As pessoas que trabalham com você vão lhe pedir para fazer apresentações para elas! Logo, você se tornará o vice-presidente executivo encarregado de apresentações. Devido ao sucesso, você tentará assumir o controle da empresa, e perderá a luta pelo poder. Sem emprego e quebrado, você não terá nada a não ser a roupa do corpo e o seu conhecimento sobre PowerPoint, mas isto é tudo o que precisa. Você apresentará uma excelente idéia para uma nova empresa, criará uma apresentação convincente para mostrar a sua nova idéia às pessoas importantes de Wall Street, e a próxima coisa que você sabe é que estará de volta ao topo, mais bem-sucedido do que nunca! E tudo terá acontecido graças ao *Microsoft PowerPoint 2000 para leigos passo a passo*.

De nada!

Este livro está cheio de bons materiais

Este livro tem muito material bom. No início do livro está o básico sobre o uso do PowerPoint, assim você pode começar a montar apresentações rapidamente. Mais adiante no livro você verá mais das características especiais do PowerPoint, de modo que possa fazer apresentações mais elegantes e que tenham a aparência exata que você quer. Do princípio ao fim do livro você vai encontrar avisos para tomar decisões criativas e permitir que a sua apresentação ganhe impacto. Há tanta coisa boa aqui que é surpreendente que nós não tenhamos incluído uma barra de chocolate!

Visão geral do livro

Se você é tão preguiçoso quanto eu (e isto quer dizer muito!), provavelmente não quer perder muito tempo lendo sobre coisas que nunca vai usar — e isto é provável acontecer com todos os recursos do PowerPoint, pois você nunca usará todas elas. Este livro é dividido em capítulos. Há alguns capítulos que você precisa ler para compreender o PowerPoint, mas a maioria dos capítulos você pode deixar de ler até que decida que precisa saber sobre aquele assunto específico. Cada capítulo começa com uma lista de coisas que você aprenderia lendo todo ele, assim você pode decidir se pula o capítulo ou não. Pense nele como um buffet de conhecimentos, você sempre pode voltar por alguns segundos!

Parte 1: Um início rápido

Os capítulos estão agrupados em partes. A primeira parte é destinada a fazer compreender o PowerPoint. Há um capítulo que informa o que é o PowerPoint, o que ele faz e para que ele serve. Imediatamente a seguir começaremos a trabalhar, montando uma apresentação simples, incluindo informações sobre como salvar apresentações no seu disco rígido e recuperá-las depois, e como exibi-las na tela do computador. Depois, há um capítulo sobre como conseguir ajuda quando você tiver uma pergunta sobre o PowerPoint, que virá a calhar independente do que estiver fazendo. Afinal, a Parte 1 é uma leitura obrigatória e deve ser a primeira coisa que você lerá.

Parte 2: Como construir a sua apresentação

Você pode colocar muitas coisas em uma apresentação, tais como: texto, diagramas e gráficos, listas, logotipos, figuras e chocolate (o que é bom para seduzir os clientes durante apresentações de vendas). Eu não posso ajudar com o chocolate, mas o restante destes elementos é abordado nos capítulos da Parte 2. O primeiro capítulo, que diz como arrumar as unidades básicas de uma apresentação, é uma leitura obrigatória, e é provável que você estará usando texto e terá que ler sobre isto também. Para o restante, dê só uma olhada no primeiro parágrafo, veja sobre o que é a seção e pule se não precisar dela. Você pode sempre voltar aos capítulos, se necessário.

Parte 3: Características fantásticas, vistosas e fabulosas

A Parte 3 está cheia de capítulos sobre coisas como texto voador, interatividade, figuras móveis, som e outros efeitos barulhentos que vão tornar a sua apresentação tão fantástica quanto um filme do Steven Spielberg (ou pelo menos um musical do Buzby Berkeley). Entretanto, dependendo do tipo de apresentação que está fazendo, você pode não usar essas coisas. Afinal de contas, não há nenhuma forma de colocar um filme em uma folha de projeção de transparência, e se você descobrir uma forma de colocar som em um pedaço de papel, vai ganhar tantos milhões que vai poder contratar alguém para fazer apresentações para você. (Eu certamente estou querendo aceitar este emprego com um salário bem alto!) Se você veio mostrar a sua apresentação em um monitor de computador, em uma página da Web ou em uma fita de vídeo, deve ler esta parte e ver o que cada capítulo tem a oferecer. Se você só está fazendo transparências, slides padrão ou imprimindo a sua apresentação, pule esta parte e use o tempo que economizou para passar sorrateiramente para os filmes. (Diga ao seu patrão que está pesquisando sobre mídia de apresentação do volume de mercado!).

Parte 4: Como compartilhar a apresentação com os outros

Planejar a sua apresentação é só metade da batalha. Depois de planejá-la, você tem que saber como mostrá-la às outras pessoas. Isto pode significar saber como imprimi-la, como colocá-la em slides, como transformá-la em uma página da Web, ou como gravá-la em chocolate. Cada uma destas (exceto a do chocolate, infelizmente) e outras são cobertas na Parte 4. Você só tem que ler os métodos que vai usar. Se não vai usar o PowerPoint para criar páginas da Web, por exemplo, não há nenhuma necessidade de ler o capítulo sobre como fazer isto... ainda que eu tenha trabalhado como um escravo durante horas para criar este capítulo para você, verificado cada fato e cuidadosamente mudado cada frase, várias vezes, para ter certeza de que estava tudo certo! É, vá em frente, pule!

Parte 5: Como tirar o máximo do PowerPoint

Esta última parte é um pouco estranha, porque ela tem pouca coisa a ver com o uso do PowerPoint, e tudo a ver com o motivo pelo qual você está usando o PowerPoint. Embora tenha um capítulo sobre como usar informações do Microsoft Word e do Excel com o PowerPoint, os outros capítulos são sobre o que contribui para uma boa apresentação. Uma apresentação que parece boa mas não faz muito sentido é como um encontro que parece bom mas não faz muito sentido; pode ser engraçado pela emoção, mas não vai te fazer muito bem a longo prazo. Há um capítulo sobre o que você deve colocar na sua apresentação e um sobre como falar com as pessoas como parte da sua apresentação. Você não tem que ler nenhum destes assuntos, mas estão todos lá, caso queira.

O restante do livro

Há um sumário no início e um índice no final; ambos virão a calhar se precisar deles, mas eu duvido que você vá sentar para lê-los. Se você é razoavelmente inexperiente com o Windows ou não está completamente confortável com a terminologia, o apêndice informa sobre como usar o Windows e como as várias partes dele são chamadas.

Mais para trás há uma seção chamada *Fale como um expert*, que é um glossário cheio de termos técnicos que você pode encontrar e o que eles significam para as pessoais normais. É uma referência de fácil manejo se você precisar dela. E antes da Parte 1 há uma introdução, e é muito tarde para decidir se você quer lê-la, porque já passou pela maior parte dela!

A linguagem do livro

Alguns truques padrão são usados neste livro para tornar as coisas claras. Se eu disser para pressionar uma tecla, clicar um botão, ou selecionar um comando, por exemplo, o nome do comando, o nome do botão, ou a tecla estarão impressos. Se eu quiser que você mantenha pressionadas as teclas Shift, Alt ou Ctrl e pressione outra tecla, farei assim: pressione Shift+G para obter um G maiúsculo.

Se eu disser para digitar alguma coisa, a frase que você deverá digitar terá esta aparência. Quando eu estiver dando a definição de uma palavra, irei colocar essa palavra nova em itálico (letras inclinadas).

Se você der uma olhada nesta página, verá algumas seções em destaque que não fazem parte da leitura normal. Os quadros nesta página explicam sobre as observações que você encontrará mais adiante no livro.

Confira!

Observações com esta figura são usadas para informar sobre características especiais e outras informações que podem ser acessíveis. É aí que você encontrará atalhos para realizar tarefas difíceis e outras formas de economizar tempo.

Papo técnico

Esta figura significa que a observação informa alguns detalhes técnicos sobre como alguma coisa funciona. Você não precisa conhecer esta matéria para usar o PowerPoint. Se entende o lado técnico da computação, ele pode ser interessante, e se não entende o jargão técnico, este é um bom lugar para aprender. Não deixe este símbolo assustá-lo!

Novidade no PowerPoint 2000

Esta figura é usada para informar quando há uma nova característica útil que não estava nas versões anteriores do PowerPoint.

Parte I

Início rápido

Você está com este computador absolutamente excelente na sua mesa, com som 3D, video 3D, e um disco rígido 3GB (e está tudo agrupado por uma fita 3M). Você já está pronto para jogar "A vingança dos coellhos espaciais IV" com todo o seu esplendor de multimídia, mas alguém quer que você faça alguma coisa útil (bocejo) com a máquina e que use-a para fazer uma apresentação!

Esta parte te ajuda. Você aprende as coisas importantes sobre o PowerPoint e sobre como usar o Windows, depois zoom! Você estará fazendo uma apresentação simples. Depois de ter conquistado a sua confiança, te diremos o que fazer quando as coisas dão errado.

Capítulo 1

Afinal de contas o que é o PowerPoint?

PowerPoint soa como o nome do superpoder pertencente ao vilão Dedo Humano. "Não se atreva a impedir meu esquema ilegal, senhora Poder, ou eu serei forçado a PowerPoint o seu namorado indefeso direto no esquecimento!". Se eu pudesse te ensinar isto, eu não ensinaria. Você pode usá-lo para os seus próprios esquemas ilegais, e ademais, eu iria preferir gastar o tempo o usando para os meus próprios esquemas ilegais. ("Me dê todos os seus biscoitos de chocolate, ou eu serei forçado a PowerPoint os seus biscoitos de geléia em uma bagunça feia!")

PowerPoint é uma ferramenta de software que te permite criar apresentações. Isto abre a questão: "O que é uma apresentação?" — uma pergunta que é tão importante que precisa ser colocada em letras bem grandes.

O que é uma apresentação?

Quando alguém está em pé em frente a um grupo de pessoas, usando projetores de slides e de transparências para exibir várias razões pelas quais você deve investir na franquia de lanchonete dele, a Lotsa Lard, *isto é* uma apresentação.

Quando você está assistindo ao canal de TV a cabo de acesso local, e eles estão mostrando um loop sem fim de telas fantásticas, listando onde estavam as ofertas quentes do mês passado e os discos de fundo, *isto é* uma apresentação.

Se você está em um hotel, e tem uma tela de computador exibindo uma lista de atrações locais, na qual você simplesmente toca o nome do parque de diversões local para ver um pequeno clip sobre o quanto os passeios são legais e maravilhosos, *isto é* uma apresentação.

Quando você está na Web Mundial, e encontra um site da Web que não é nada mais do que um monte de páginas te dizendo o quão maravilhoso este site da Web é, *isto é* uma apresentação.

Quando a lua chega aos seus olhos como uma grande torta de pizza, *isto não é* uma apresentação. É doloroso, isto é o que é.

Qual é o ponto no PowerPoint?

Se você pensar a respeito de uma apresentação de projeção de transparência, pode não perceber que isto seja um assunto para o PowerPoint. Certamente, ele pode colocar texto em uma folha, mas um processador de texto também pode. PowerPoint pode colocar uma figura na folha, mas um processador de texto moderno também pode. PowerPoint pode ajudar a criar diagramas e gráficos, mas alguns destes materiais não são tão difíceis de recortar e colar de uma planilha no seu processador de texto. E o PowerPoint pode criar fundos bem planejados, consistentes para as suas transparências que, bem, o seu processador de texto não pode.

PowerPoint também tem capacidades embutidas para criar *notas do orador*, folhas ilusórias que te permitem ver o slide junto com algumas observações que você quer dizer ao público. Ele também imprime notas para serem distribuídas, com todas as transparências reproduzidas, várias em uma página, as quais o seu público pode se referir mais tarde, depois deles perceberem que perderam a apresentação toda tentando procurar a tampa da caneta nos bolsos da calça sem ficar em pé.

A multimídia no PowerPoint é realmente boa e realmente eficiente

Se você está fazendo uma apresentação usando alguma coisa que mostra movimentos (como em um computador, ou em uma fita de vídeo), então pode usar um conjunto completo de características agradáveis do PowerPoint:

- ➤ O seu texto pode se mover, deslizar, e rolar.
- ➤ Você pode ter transições fantásticas onde um exibidor vai desaparecendo enquanto outro aparece.
- ➤ Você pode colocar clips de filmes digitalizados na sua apresentação. Pode incorporar som, somente pequenos destaques de som ou uma narração completa.
- ➤ A sua apresentação pode até iniciar e parar um CD de áudio no seu tocador de CD-ROM. Desta forma, se você tiver uma parte chata na sua apresentação, pode de repente começar a tocar o Hino Nacional, e todo mundo terá que levantar em atenção respeitosa enquanto a sua apresentação continua!

Interatividade: o que nós usamos para falar "Faça alguma coisa!"

Se a pessoa que está assistindo a apresentação, está vendo em uma tela de computador, a sua apresentação PowerPoint pode ser interativa. Basicamente, isto significa que o usuário clica em alguma coisa (ou, se você tiver uma tela sensível ao toque, toca em um ponto na tela), e alguma coisa acontece. Você pode ter uma tela onde se clica em um lugar para aprender mais sobre os condomínios de luxo novos em folha para temporada na pitoresca Sibéria, por exemplo, ou clicar em outro lugar para aprender *muito* mais sobre os condomínios.

Capítulo 1 ➤ Afinal de contas o que é o PowerPoint?

Se você está deixando as pessoas verem a sua apresentação através da Web Mundial, pode ter palavras, botões, ou figuras para serem clicados que tirem os espectadores desta apresentação e os mostre coisas nos outros sites da Web.

Melhor na Web

PowerPoint 2000 apresenta os sites da Web muito melhor do que as versões anteriores, mas isto não quer dizer muita coisa. Se o seu objetivo principal é planejar um site da Web, PowerPoint não é a melhor ferramenta para isto (programas como Microsoft FrontPage são melhores). Entretanto, as características do PowerPoint são boas para permitir que você pegue uma apresentação criada para uma outra coisa e também a use na Web.

PowerPoint faz o trabalho

PowerPoint não pode fazer todo o trabalho para você — só você sabe a informação que vai estar na sua apresentação. O que ele pode fazer é tomar conta de muitas das pequenas coisas necessárias para tornar a apresentação atraente, e deixar que você se preocupe com as grandes coisas. PowerPoint tem modelos esperando por você, já estruturados como boas apresentações. Tudo o que você precisa fazer é completar com a informação. Se você estiver fazendo uma apresentação de vendas, por exemplo, pode usar um modelo planejado para apresentações de vendas, dividido em seções onde você fala das forças do seu produto, de como ele preenche as necessidades dos consumidores, de onde ele ganha dos concorrentes, e assim vai. Depois de ter colocado a informação ("Os biscoitos Diggity têm o maior buraco, para segurar melhor;" "Os biscoitos Digitty se ajustam precisamente ao estômago do consumidor," e o que mais quiser), você terá uma apresentação completa, com fundos atraentes e transições já selecionadas para você.

Mas você não está preso em fazer as coisas do jeito que o PowerPoint quer. Você pode começar a sua apresentação do zero, ou pode usar um modelo e depois mudar o que quiser. Você está no controle. PowerPoint é uma ferramenta inteligente, mas ainda é a sua ferramenta (em oposição aquele cortador de grama com poder da inteligência artificial que ficou muito inteligente e agora está governando uma pequena Nação).

Não deixe o poder te fazer esquecer o ponto

Se você vir um anúncio dos cálculos biliares reciclados A-1 surpreendentes, maravilhosos, ultra-finos, de primeira e melhorados, do Broughman, você os compraria? Nem se estivessem pela metade do preço? É claro que não. Nem toda a embalagem fantástica do mundo pode salvar uma idéia ruim. PowerPoint te dá muitas ferramentas excelentes que você pode usar para ajustar bem a sua apresentação, mas é fácil gastar todo o seu tempo ajustando a aparência de um monte de coisas (tornando perigosamente fácil que a informação real que você está apresentando passe desapercebida).

O seu objetivo deve ser comunicar informação, e todos os truques do powerPoint são somente ferramentas para esta finalidade. Você pode gastar muito tempo acrescentando todas as últimas campainhas e apitos (não que as campainhas e apitos sejam novos, mas é mais fácil do que dizer "todos os últimos apetrechos multimídia e coisas interativas"), mas se isto não deixar que reste tempo para descobrir o que tem que estar na sua apresentação, e como tornar isto claro, a sua apresentação será ruim. Gaste mais tempo na informação do que nos detalhes da apresentação.

Mas o material excelente ainda é útil

Se a sua apresentação é tão pobre que não passa a informação, a sua boa idéia estará perdida. As suas palavras e idéias têm que prender a atenção sozinhas, mas o uso inteligente do design e da multimídia pode efetivamente carregar a informação. Ficar totalmente amarrado no seu conteúdo e sem prestar qualquer atenção a como apresentá-lo irá te levar a uma apresentação longa e chata, a qual poucos vão escolher prestar atenção. Tente atingir um equilíbrio entre a substância da sua apresentação e o papel de presente no qual a coloca.

Capítulo 2

Uma apresentação fácil e rápida

Neste capítulo
- Iniciar o PowerPoint.
- Construir uma apresentação simples que não faz nada do que você quer, mas funciona!
- Salvar a sua apresentação, e recuperá-la mais tarde.

Especialistas irão te dizer que a maneira apropriada de iniciar qualquer atividade nova é estudar cuidadosamente o que você está para fazer, ler profundamente sobre todos os materiais, e proceder em passos pequeninos à medida que aprende. É por isto que os especialistas muito raramente parecem estar tendo qualquer tipo de divertimento.

Diversão é feita por pessoas que fazem o bolo sem a receita, pessoas que pulam nos seus triciclos antes de aprender o sinal de mão apropriado para virar à esquerda, pessoas que não estudam a arte sofisticada e histórica da ficção da habilidade e em vez disto só fazem alguma coisa! Vamos jogar a prudência ao vento e pular com os dois pés! (E se pensa que é fácil pular os pés primeiro no vento, você ainda não tentou!)

Neste capítulo, "Como fazer rapidamente uma apresentação simples". Não será uma apresentação que você vá algum dia realmente querer mostrar, e ela certamente não vai te mostrar todas as características do PowerPoint. Entretanto, ela te dará uma idéia básica do que o PowerPoint faz e como ele faz, e isto virá a calhar quando começarmos a falar sobre os passos para a apresentação que você *realmente* quer.

Pulo inicial do PowerPoint

Um programa de computador é diferente de um carro. (Surpresa!) Afinal de contas um carro ainda é útil quando não está correndo; você pode simplesmente sentar no banco da frente e ouvir o rádio (embora isto vá arriar a bateria do carro, e depois você vá ter problemas para conseguir uma faísca), ou pode sentar no banco de trás e namorar (o que irá começar a te fazer faiscar sozinho). Mas até que você comece a percorrer o programa do computador, ele só é um monte de informações no seu disco rígido.

Para iniciar o Powerpoint, clique o botão **Start** (Iniciar). No menu **Start** que aparece, clique **Programs** (Programas). Outro menu aparece à direita do menu Start. Se houver uma entrada no menu dizendo **Microsoft PowerPoint**, esta é a que você quer clicar. Se não houver, clique a entrada que diz **Office ou Microsoft Office** (irá ter uma pequena figura de uma pasta perto dela), e outro menu aparecerá. Este menu terá o comando **Microsoft PowerPoint,** que você pode clicar agora e iniciar o programa!

Ordem do Menu

O menu Program normalmente lista todas as *pastas* (que levam a outro nível de menus) primeiro, em ordem alfabética, seguidas de uma lista de comandos, em ordem alfabética. Encontrar o que está procurando deve ser fácil, se você tiver o alfabeto memorizado!

Conhecer a janela do PowerPoint é amar a janela do PowerPoint

Você pode dizer que o PowerPoint começou quando a sua janela apareceu. Ela está cheia de bons materiais!

A parte superior da janela tem a mesma informação que qualquer janela principal de programa: uma barra de títulos e uma barra de menus. Abaixo disto há uma ou mais linhas de botões, arrumadas em seções agrupadas logicamente chamadas *barras de ferramentas,* com mais espaço para barras de ferramentas na parte inferior da tela. Continue trabalhando com janelas, e logo terá visto mais barras do que os trabalhadores da linha de montagem do Hershey! (Naturalmente, eles também ganham muitos beijos...)

Capítulo 2 ➤ Uma apresentação fácil e rápida   9

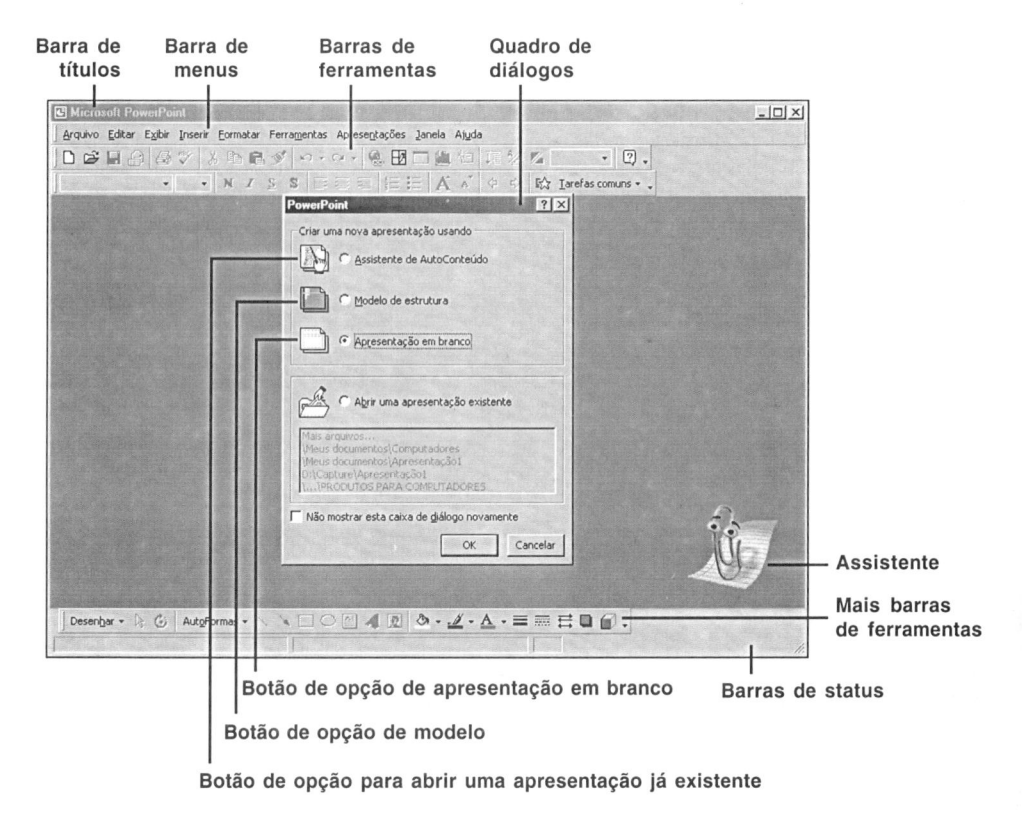

A janela PowerPoint tem uma porção de bons materiais!

Você verá um personagem animado de aparência engraçada (chamado de *Assistente*). Se ele estiver te perguntando o que você quer fazer, clique em **Start Using PowerPoint** (Começar a usar o PowerPoint) para, por enquanto, tirá-lo do caminho. Se não estiver te perguntando nada, ignore-o por hora — você vai aprender mais sobre o Assistente no Capítulo 3, "A ajuda está a caminho" — mas se ele fizer uma careta para você, sinta-se à vontade para fazer uma de volta!

O Wizard está desligado!

Quando a janela do PowerPoint aparece, ela tem um quadro de diálogos no centro. O PowerPoint sabe que você quer trabalhar em uma apresentação, mas não sabe qual apresentação. O quadro de diálogos oferece a escolha entre não uma, nem duas, mas três (nem quatro, nem cinco) formas de iniciar uma nova apresentação, também como a opção de continuar trabalhando na apresentação que você já tenha iniciado.

Neste quadro de diálogos, você percebe que o método AutoContent Wizard para criar uma nova apresentação está no início da lista. *Wizard* é um termo do Microsoft para um procedimento que toma conta de várias partes do trabalho para você. *AutoContent Wizard* é um sistema automático que monta o básico da apresentação para você, desta maneira você só tem que colocar o material original que quer apresentar — ele já tem bons designs e formatos para uma grande extensão de apresentações. Deixar o computador é uma forma incrivelmente preguiçosa de ter alguma coisa feita. Clique no botão de opção **AutoContent Wizard**; depois clique no botão **OK** para fazer o wizard trabalhar para você!

Sem quadro de diálogos?

Se este quadro de diálogos não aparecer depois que você iniciar a sua cópia do PowerPoint, isto quer dizer simplesmente que alguém trabalhando com o seu sistema disse para o quadro de diálogos para ir embora e nunca mais voltar. Você pode iniciar o AutoContent Wizard escolhendo **File** (Arquivo), **New** (Novo), selecionando a tabulação **General** (Geral), e depois clicando duas vezes em **AutoContent Wizard**.

Se você quiser que este quadro de diálogos apareça toda vez que iniciar o programa, escolha **Tools** (Ferramentas), **Option** (Opções), clique na tabulação **View** (Visualização) no quadro de diálogos que aparece, coloque um seletor no quadro de seleção **Startup dialog** (Diálogo inicial), depois clique OK.

Como trabalhar com o Wizard

Depois que você iniciar o wizard, uma janela marcada com AutoContent Wizard aparecerá. Na parte esquerda da tela está uma lista de cinco etapas pelas quais você vai ter que passar para fazer com que o wizard faça o seu trabalho. A primeira etapa é só Start, e você conclui esta etapa clicando no botão **Next** (Próximo) na parte inferior da janela.

Etapa anterior, Jack!

Se você cometer um erro em qualquer uma das etapas do wizard e perceber isso quando estiver trabalhando na etapa seguinte, somente pressione o botão **Back** (Anterior). Ele te levará de volta para a etapa anterior.

Distribuição dos tipos de apresentação

Nesta etapa, você tem que escolher um tipo de apresentação para planejar. No centro há uma lista de categorias de apresentações que o Wizard pode fazer. Clique no botão marcado com **Corporate** (Coletivo). Do lado direito da janela, uma lista de apresentações orientadas por projetos aparecerá. Dependendo da forma como o PowerPoint foi instalado, você pode ver vários tipos diferentes de apresentações que pode querer fazer algum dia (e outros tipos que pode nunca querer fazer, e não pode nem imaginar alguém que queira). Clique na que está marcada **Business Plan** (Plano comercial) para selecionar este tipo de apresentação, e ele fica *destacado* — isto é, aparece em uma cor diferente de maneira que você possa diferenciá-lo do resto da lista. Depois clique no botão **Next** para ir para a próxima etapa.

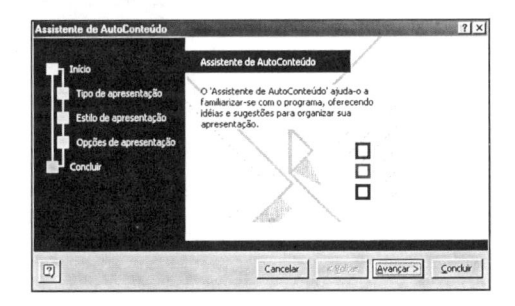

O AutoContent Wizard te ajuda durante as poucas etapas que ele precisa para montar uma apresentação.

Como pular as etapas

A próxima etapa te pedirá para escolher como o projeto será apresentado. O computador já vai ter deduzido o que você quer. A dedução dele estará certa, assim você não terá que corrigi-lo. Clique no botão **Next** para passar direto por esta etapa. Zoom!

Como fazer a sua apresentação se sentir intitulada

Está na hora de escolher um título para sua apresentação, alguma coisa que reflita sobre o que é a apresentação. Agora, você pode ter algumas boas idéias para apresentações, mas eu tenho uma que estou ansioso para fazer, e você pode me ajudar com ela!

Quando a *Editora Que* me contratou para escrever este livro, eles compraram um monte de direitos. Eles compraram os direitos dos E.U.A., direitos de traduções, direitos do livro em fita, mas eles compraram alguma coisa ainda mais valiosa: os direitos de estacionamento de temas! É isto, se a Que e seus sócios quiserem, eles podem fazer agora o *Complete Idiot's Guide to Powerpoint: The Ride!* (PowerPoint para leigos passo a passo: o passeio!) A emoção do ataque dos botões gigantes! Olhe o texto voador! Você está sob ameaça da apresentação da sua vida!

Assim o que eu quero que você digite no campo **Presentation title** (Título da apresentação) é Complete Idiot's Guide to Power Point: The Ride. Digite an amusement ride proposal (uma proposta de passeio de diversão) no campo **Footer** (footer é um termo derivado do Latim para "mais pés").

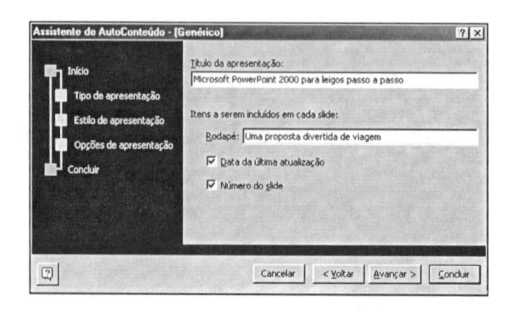

Com este formulário preenchido, você está pronto para clicar Finish (Fim) e deixar que o Wizard faça o trabalho.

Apoós a entrada de toda esta informação, clique no botão **Next** para ir para a última etapa. A última etapa é clicar o botão **Finish**, o que você pode fazer com segurança. (Se você está sem segurança, faça com moderação.)

Até excêntricos podem ter uma visualização normal

PowerPoint monta a apresentação para você. Uma apresentação do PowerPoint é feita de segmentos individuais, chamados *slides*. Embora eles acabem sendo slides em uma exibição de slides, eles também podem se tornar telas de computadores em uma exibição na tela, folhas de papel em um informativo, transparências em uma exibição projetada, ou páginas da Web. Eu presumi que *slidesoutelasoutransparênciasoupáginas* fosse uma coisa muito grande para chamá-los! (E chamá-los de *Morty* seria muito informal.)

A apresentação é mostrada para você em visualização *Normal*. Nesta visualização, a tela é dividida em três porções (chamadas *quadros*). À esquerda está um *esquema* da apresentação, uma lista numerada de slides. Para cada slide, você vê os conteúdos do slide, incluindo o ponto principal de discussão e a lista com *bullets* (pontos) de outros pontos de discussão abaixo dela. À direita disto está uma foto de um dos slides da sua apresentação, e abaixo dela está um espaço para as observações sobre o slide. (Você pode usar outras visualizações, sobre as quais eu vou falar no Capítulo 4, "Como deslocar os slides para os seus lugares.")

Capítulo 2 ➤ Uma apresentação fácil e rápida   13

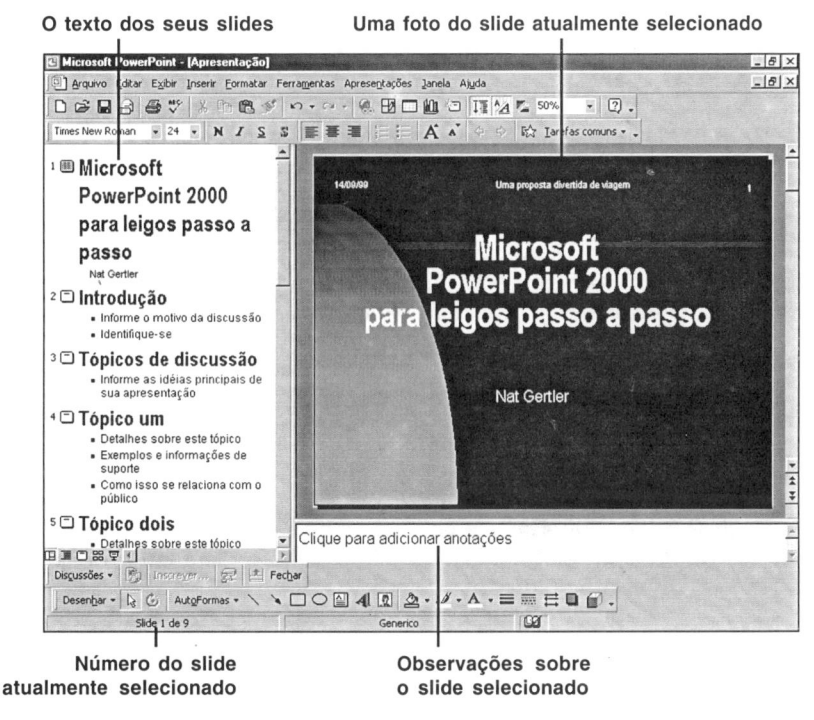

O texto dos seus slides   *Uma foto do slide atualmente selecionado*

Número do slide atualmente selecionado   *Observações sobre o slide selecionado*

Usando o modo de visualização Normal, você pode ver a sua apresentação de três formas simultaneamente, a não ser que feche os olhos.

Note que exceto pelo primeiro slide listado no esquema (que tem o título), os conteúdos dos slides não dizem uma palavra a respeito da aventura sensacional que é *Complete Idiot's Guide to PowerPoint: The Ride*. O wizard não é *tão* inteligente assim. Ele não compreende sobre o que é o seu título — ele não pode adivinhar o que ele significa. (Isto não significa que o wizard seja burro, naturalmente, somente analfabeto. Só porque um wizard pode dispor uma palavra não quer dizer que ele *possa* compreendê-la!) O que o wizard acrescentou é um pouco de texto de normas, que inclui conceitos e normas para os tipos de coisas que devem estar contidas em cada slide.

Normalidade é nova!

Versões mais antigas do PowerPoint não tinham a visualização Normal. Você podia ver o esquema, o slide, ou as observações, mas não podia ver todos os três simultaneamente.

Substituindo palavras por mais palavras

Neste ponto, a sua apresentação é totalmente genérica, exceto pelo título. Você terá que mudar isto antes de realmente poder sentir que ela é sua. Se você estivesse trabalhando em uma apresentação real para mostrar às outras pessoas, você provavelmente substituiria a maioria do texto. Com o interesse de ser eficiente (ou, se você for como eu, preguiçoso), só o modifique um pouco — somente uma linha do texto. Especificamente vá ao slide 2 no esquema (Mission Statement – Declaração da Missão) e mude o texto do primeiro ponto (que começa com A clear statement... – Uma declaração clara...).

Para fazer isto, primeiro você tem que dizer ao computador o que você vai mudar, isto é chamado *seleção*. Deslize o seu ponteiro para a linha que você vai mudar. O ponteiro, neste ponto, vai mudar para um grande I maiúsculo (chamado o *ponto de inserção*). Deslize o ponteiro para a esquerda da primeira letra do que você vai selecionar, aperte o botão esquerdo do mouse, e o arraste para o final da frase. Quando você fizer isto as palavras vão mudar de cor magicamente, misticamente (bem, eletronicamente), para te mostrar quais palavras você selecionou. Em vez de letras pretas em um fundo branco, as letras ficam brancas e o fundo preto. Além disto, quando você selecionar um texto na seção de esquema da janela, o PowerPoint irá exibir este slide no quadro de slides. Solte o botão do mouse uma vez que a frase inteira estiver selecionada.

Instruções de Correção de Seleção

Se você de alguma forma acabar selecionando a coisa errada, não se preocupe! Clique em qualquer texto que não esteja selecionado para apagar a seleção. Depois tente selecionar o que queria selecionar da primeira vez!

Digite Finally, a ride as fun as crafting a presentation! (Finalmente, um passeio tão divertido quanto fazer uma apresentação!) Quando você começar a digitar as palavras, a frase que você selecionou desaparecerá, e o que você digitar aparecerá no lugar dela, tanto no esquema quanto na foto do slide. Agora você tem uma apresentação feita sob medida planejada para vender para o mundo o melhor passeio de entretenimento já concebido! Agora está na hora de ver esta apresentação em ação.

Capítulo 2 ➤ Uma apresentação fácil e rápida   **15**

Apresentando
a sua apresentação!

Agora que você está com tudo no lugar, está na hora de fazer uma apresentação. Clique no menu **View** e selecione o comando **Slide Show** (Exibição do slide). A tela fica em branco, e o computador gasta um pouco de tempo refletindo sobre pequenos pensamentos de computador ("Eu acho, portanto, que eu sou...um esquilo!").

Então o slide título aparece. Lá, em letras grandes, está o nome do passeio pelo qual todos nós estávamos esperando! Sente-se e olhe para ele, com suas letras amarelas grandes e fundos coloridos encantadores. Você pode olhar por um longo tempo, porque ele não vai a lugar algum. É só ficar lá, olhando de novo.

O slide título para este passeio de título.

Como deslizar pelos slides

Há, naturalmente, uma forma de passar para o próximo slide. Eu perguntei à minha amiga expert em técnica como fazer isto. Ela disse, "Alguém começa estendendo o seu dígito de índice. Coloca o dito acessório de membro no dispositivo de entrada mais alongado horizontalmente. Rapidamente aperta e solta o dito sólido retangular."

Mas aqueles de nós que não são tão experts podem apenas *pressionar a barra de espaços*.

Aquele não sou eu!

Se o nome de outra pessoa aparecer no primeiro slide, você pode mudá-lo para o seu quando acabar de ver a apresentação. É o mesmo que mudar qualquer outro texto. Se você quiser se certificar que o seu nome está aparecendo em outras apresentações que planejou, escolha **Tools** do PowerPoint, o comando **Options**, clique na tabulação **General** no quadro de diálogos Options, e digite o seu nome no campo **Name** (Nome). Clique **OK**, e o PowerPoint agora se lembrará do seu nome!

Aleluia, o ponto que nós acrescentamos está sendo apresentado!

O novo slide substitui o slide título com o slide seguinte de uma vez só. (Isto é somente uma forma de se livrar do slide antigo e trazer o novo. Os efeitos usados quando se substitui slides em uma exibição de slides computadorizada são chamados *transições*. Você aprenderá mais sobre isto e outros efeitos especiais no Capítulo 15, "Transições complicadas e controle de tempo terrível.")

Capítulo 2 ➤ Uma apresentação fácil e rápida   **17**

Se você continuar a pressionar a barra de espaços, você irá passar pelos 12 slides que formam a apresentação. Depois do último slide o exibidor ficará preto. Aperte a barra de espaços mais uma vez para retornar para a visualização Normal. A apresentação rápida, fácil, e inútil está completa, e você pode se sentir orgulhoso da sua proeza.

E a boa notícia é que fazer uma apresentação de slides que diga o que você quer que ela diga, em vez de um monte de slides pré-programados, não é muito mais difícil do que isto. Ah, você pode dificultar, se for uma destas pessoas que gostam de organizar e sintonizar bem cada pequeno detalhe. ("Oh, está tudo errado! O vermelho naquele fundo está muito vivo! Eu preciso de um vinho!") Mas você está mais perto de fazer apresentações que deixam o trabalho pronto do que provavelmente percebeu.

Salve a exibição

Agora que você fez a sua primeira exibição, precisa aprender a *salvá-la*, para armazená-la no seu disco rígido. Se não fizer isto, quando sair do programa, o computador esquecerá totalmente a sua exibição. Neste caso, que pode não ser tão ruim; como os seriados de TV *Minha Mãe, O Carro* provaram, algumas exibições vale a pena esquecer. Mas para fazer tudo direito você deve salvá-la.

Clique no botão **Save** (Salvar). Um quadro de diálogos aparecerá, com um nome para a apresentação (ou o título ou **Presentation 1** – Apresentação 1) já no campo **File name** (Nome do arquivo). Digite um nome para a apresentação (PowerPoint Ride deve ficar bem); depois pressione **Enter**. O PowerPoint armazena todas as informações sobre a apresentação em um arquivo chamado *PowerPoint Ride.ppt* (com *ppt* significando PowerPoint.) Eu vou te mostrar depois como recuperar este arquivo, se você alguma vez quiser ver esta apresentação novamente.

Como sair do PowerPoint e voltar ao mundo real

Agora que você terminou de criar a sua apresentação, está na hora de sair do programa. Somente clique no botão **Close** (Fechar) (o botão x na barra de títulos — que estará no canto superior direito da janela do PowerPoint.) O programa *fecha*, o que significa que ele para de rodar e sai da sua tela. O programa ainda está no disco rígido do seu computador, assim você pode percorrê-lo novamente quando quiser. Ele só não está rodando agora. E ei, ele mereceu o descanso!

Informações sobre a regeneração da apresentação

Quando você quiser pegar a apresentação de volta e olhar para ela novamente (ou até trabalhar mais nela), aqui está o que tem que fazer: iniciar o PowerPoint. Quando ele te mostrar o quadro de diálogos de abertura, clique no botão de opção **Open an existing presentation** (Abrir uma apresentação existente); depois clique **OK**. Um outro quadro de diálogos com uma lista de apresentações aparecerá. Clique no nome da apresentação que você quer trazer de volta, clique **Open** (Abrir), e a apresentação será carregada novamente!

Como carregar sem sair

Se você está usando o PowerPoint e acabou de trabalhar em uma apresentação e quer trabalhar com outra, não precisa sair do PowerPoint. Somente salve o trabalho que fez na primeira apresentação, e depois diga ao PowerPoint que quer parar de trabalhar naquela apresentação clicando o botão **Close Window** (Fechar a janela) na barra de menus (não o que está acima dele na barra de títulos!)

Depois, clique no botão **Open**. Ele irá te mostrar a lista de apresentações, deste modo você pode selecionar outra para carregar!

O mínimo que você precisa saber

➤ Você inicia o PowerPoint clicando no botão **Start**, apontando para **Programs**, e depois selecionando **Microsoft PowerPoint** no submenu que aparece.

➤ O AutoContent Wizard pode te ajudar a criar apresentações de uma forma fácil e rápida.

➤ No PowerPoint, o termo *slide* se refere não somente a um slide real em uma exibição projetora de slides, mas também a uma tela de informações em uma exibição de computador, a uma página expressa, a uma transparência para um projeto de transparências, ou a uma página da Web.

➤ O modo de visualização Normal mostra um esquema com todos os textos dos seus slides, uma foto de um slide, e um espaço para digitar observações.

➤ Para mudar o texto, primeiro *selecione* o texto do qual quer se livrar (arraste o mouse através dele com o botão esquerdo pressionado); depois digite o texto que está acrescentando.

➤ Para iniciar a exibição da apresentação no seu computador, abra o menu **View** e selecione o comando **Slide Show**.

➤ Pressione a **Barra de espaços** para passar de um slide para o seguinte.

➤ Para salvar uma apresentação, clique no botão **Save**.

➤ Para recuperar uma apresentação que você salvou, clique o botão **Open**.

Capítulo 3

A ajuda está a caminho

Neste capítulo
- Evitar o pânico.
- Obter respostas para as perguntas do PowerPoint.

Enquanto estiver trabalhando na sua apresentação, é provável que tenha muitas perguntas — algumas como, "Como eu faço um fundo preto?" ou "O que é que este botão faz?" ou "Ainda não está na hora do almoço?" Se você for sortudo, terá por perto um especialista de primeira qualidade que pode responder a todas as suas perguntas. (Se você for *realmente* sortudo, irá encontrar um bilhão de dólares, e poderá contratar um grupo de pessoas para fazer as apresentações para você, assim como para trazer soda gelada e pizza quente — mas isto é um pouco demais para se esperar.)

Infelizmente, nem todos nós temos um especialista de primeira qualidade acessível, e até os especialistas perdem tempo. Além disto, se você perturbar especialistas com toda pequena pergunta, é provável que eles fiquem irritados, e especialistas irritados podem fazer coisas *realmente* ruins para o seu computador.

A referência favorita do autor

Bem perto de você já tem uma fonte de respostas fácil de usar, e tecnologicamente simples. Só olhe ao redor. Ela está perto do livro? Não, verifique do outro lado. Talvez esteja em baixo do livro? Espere, agora eu me lembro — ela *é* o livro! É, *PowerPoint para leigos passo a passo* é mais do que somente um esmagador de insetos de fácil manejo. Ele é muito bom em responder perguntas, por causa das seguintes vantagens:

- Ele tem uma tabela de conteúdos grande e satisfatória.
- Está dividido em capítulos por assuntos.

➤ Tem um índice detalhado no final.

➤ Você pode procurar as respostas mesmo quando estiver longe do seu computador.

Entretanto, você não vai encontrar todas as respostas aqui. PowerPoint tem tantas opções e características pequenas que não teve espaço para espremer todas as pequenas respostas aqui. Além disto, você pode obter uma resposta mais rápida para algumas perguntas no computador. Ademais, você pode não ter sempre o livro com você quando estiver usando o PowerPoint, especialmente se pegou este livro emprestado com um amigo ou em uma biblioteca. (Se você realmente o pegou emprestado, provavelmente não deve usá-lo para matar os insetos...pelo menos, não os grandes.)

O que é este botão?

PowerPoint tem muitos botões na tela, cada um dos quais exibe uma pequena figura que te diz exatamente o que o botão faz ... ou faria, se você pudesse ler as mentes dos planejadores de gráficos. Por exemplo, um botão tem a figura de uma estrela com linhas rápidas saindo dela, fazendo com que ela se pareça com uma estrela cadente. Apertar este botão te dá informações sobre as estrelas cadentes famosas, como John Wayne e Annie Oakley? Não, ele somente acrescenta uma barra de ferramentas de botões de controle de animação ao exibidor. (Este é um design curioso para um botão, porque John Wayne e Annie Oakley não eram animados; eles eram ação viva!)

Entretanto, a maioria das pessoas que está lendo este livro não está interessada em animar (ou até reanimar) Mr. Wayne e Ms. Oalkley. (Pelo menos, eu espero que não! Eu preferiria que o público fosse feito de pessoas que quisessem usar o livro para matar os insetos, porque há provavelmente pseudos eliminadores de insetos aí fora.) Para você cada botão tem um nome que explica, basicamente, o que ele faz. Para ver o nome de um botão que pode ser usado atualmente, somente aponte para ele. Depois de um segundo, o nome do botão aparecerá em um quadro amarelo. Isto é chamado de *Dica de tela*. Aponte para o botão da pequena estrela com linhas, por exemplo, e verá o nome do botão, **Efeitos de Animação**. Isto certamente te dará mais informações do que a figura da estrela.

O que é "o que é isto?"

Se você apertar o menu **Ajuda**, irá encontrar um comando simplesmente conhecido como **O que é isto?** Soa misterioso, né? Se você selecionar este comando, o ponteiro mudará para uma seta com um ponto de interrogação. Se isto fosse tudo o que ele fizesse, poderia ser misterioso, mas seria inútil.

Se você usar este ponteiro para clicar um botão ou selecionar um comando de um menu, o botão ou comando não farão efeito. Em vez disto, um quadro se abrirá com uma pequena explicação sobre o que você clicou. Experimente clicar o botão com a pequena figura da estrela, e terá esta explicação: O botão Efeitos de Animação acrescenta ou muda os efeitos de animação no slide atual. Efeitos de animação incluem som, texto, e movimentos de objetos, e filmes que ocorrem durante uma exibição de slides. Graças a Deus, ele não fala nada sobre trazer os mortos de volta à vida. Clique com o mouse, e esta mensagem desaparecerá.

O seu Assistente do Office na tela, imediato

[?] Enquanto estiver usando o PowerPoint, você provavelmente verá nele um pequeno personagem animado que parece que não tem nada a ver com o PowerPoint. (Se não estiver vendo, clique o botão **Ajuda** e ele aparecerá.)

Este camarada animado é o seu *Assistente de Office*. O Assistente está sempre de olho no que você está fazendo e pode responder às suas perguntas a qualquer hora. Algumas vezes ele só está sentado, algumas vezes ele está dançando para frente e para trás em movimentos animados, mas algumas vezes ele está oferecendo conselhos — e está sempre pronto para responder perguntas.

Os Assistentes de Office oferecem assistência

Algumas vezes o Assistente de Office percebe que você pode não saber a melhor forma de fazer alguma coisa, ou está fazendo de uma forma desajeitada. Quando isto acontece, uma lâmpada acesa aparece — a lâmpada acesa é reconhecida como o símbolo internacional para uma idéia. (Entretanto, ela é uma lâmpada amarela, o que significa que é uma luz para os insetos.)

Clique nesta lâmpada acesa. Aparecerá um balão no estilo das tiras das estórias em quadrinhos com um aviso dentro. Além do aviso escrito, o balão também pode ter alguns botões que você pode clicar para permitir que o Assistente te ajude a fazer o trabalho. O Assistente de Office só vai dar este aviso voluntariamente uma vez, então preste atenção!

(Se mais alguém estiver usando esta cópia do PowerPoint, você pode se certificar que o Assistente de Office não pula as dicas que ele já mostrou para a outra pessoa. Clique o assistente com o botão direito do mouse, selecione **Opções** do menu de atalho, clique o botão **Apague as minhas dicas**, e depois o botão **OK**. O Assistente de repente vai ficar com amnésia, esquecendo que ele algum dia tenha dito qualquer coisa para qualquer pessoa!)

Quando a luz estiver acesa, clique o Assistente de Office para todos os tipos de informações úteis.

Pergunte ao seu Assistente

O Assistente é bastante bom para responder perguntas do tipo "Como eu ...?". Se você tiver uma pergunta como esta, clique o Assistente e um balão aparecerá. O Assistente é esperto o suficiente e o balão pode já ter uma lista de tópicos que ele *acha* que você pode querer saber. Se você estiver interessado em alguma coisa que está na lista, simplesmente clique no tópico, e uma janela com informações se abrirá (quase sempre com uma lista de tópicos mais detalhados para você escolher).

Assistente de Office separado

Na versão anterior do PowerPoint, o Assistente ficava em uma janela separada. Agora ele está bem na frente de tudo, e você pode movê-lo arrastando-o com o mouse.

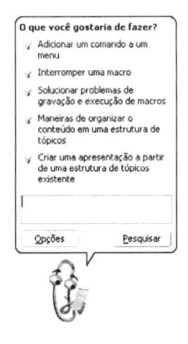

O Assistente de Office realmente quer ajudar, mas ele precisa saber sobre o que você quer ajuda. Ele te dá uma lista inteira de tópicos possíveis. Se quiser mais alguma coisa, você pode digitar.

Mesmo que o Assistente forneça uma lista, ele também oferecerá um espaço para você fazer uma pergunta específica. Basta somente começar a digitar, e a sua pergunta aparecerá neste espaço. Pressione **Enter**, e o Assistente vai tentar responder às suas perguntas.

É aí que você perceberá que o Assistente não é tão esperto.

Os desenhos animados nunca são muito espertos. Até o Mister Peabody, gênio inventor da máquina do tempo, nunca voltou no tempo e investiu no Microsoft nos tempos primitivos. O Assistente não vai criar uma resposta específica para as suas perguntas. Em vez disto, ele irá produzir uma lista de tópicos e torcer para que ela tenha a informação certa.

Capítulo 3 ➤ A ajuda está a caminho   **23**

Viu só, o Assistente não é esperto o suficiente para entender a pergunta. Em vez disto, ele procura por algumas palavras-chave que digam a ele sobre qual tópico você está falando. Se você perguntar, How do I add a button to the toolbar? (Como eu acrescento um botão à barra de ferramentas?), ele te dará uma lista de tópicos, um dos quais é o certo (Acrescentar um botão à uma barra de ferramentas). Entretanto, se você perguntar, How do I button my shirt? (Como eu fecho a minha blusa?) ou até Button, button, who's got the button? (Botão, botão, quem pegou o botão?) aquele tópico também aparece. O Assistente só reconhece a palavra *button* e abrirá a sua lista de tópicos relacionados a botões.

Como mudar o seu Assistente

Dependendo de como a sua cópia do PowerPoint foi instalada, você pode escolher entre Assistentes de Office diferentes. Todos eles oferecem o mesmo aviso, a única diferença é a aparência. Alguns parecem mais patetas e engraçados, e alguns parecem mais sérios — como os seus colegas de trabalho da vida real!

Para mudar o seu (o seu Assistente de Office, não os seus colegas de trabalho), clique com o botão direito do mouse no seu Assistente para obter um menu de atalho. Deste menu, selecione o comando **Escolher Assistente**. Um quadro de diálogos aparecerá com uma tabulação com o nome de **Galeria** sendo exibida. Há dois botões marcados com **Voltar** e **Avançar** que você pode usar para passar por todos os Assistentes do seu sistema. Depois de encontrar o que quer, clique no botão **OK** para usá-lo. (Se o Assistente te falar que ele precisa do CD Microsoft Office, pegue este CD, coloque no seu disco, e clique **OK**.)

Menos Assistentes?

Cada Assistente instalado no seu sistema ocupa muito espaço de disco. É por isto que alguns dos Assistentes que você está vendo aqui podem não estar instalados.

Estes são os diferentes Assistentes de Office que estão disponíveis
com o Microsoft Office. Eles podem parecer diferentes,
mas todos dão os mesmos avisos!

Como usar
o que você conseguiu

Quando a informação de ajuda aparece, ela pode ser simplesmente alguma coisa que você lê, e quando termina, clica o botão **Fechar** (**X**).

Entretanto, algumas informações de ajuda têm mais do que isto. Algumas têm uma lista de etapas que você pode deixar aberta enquanto estiver trabalhando para fazer o que ele disse. Outras têm *hiperlinks*, lugares que você clica para obter mais informações. Você pode reconhecer estes hiperlinks porque eles têm um botão cinza ou um texto colorido. O ponteiro muda para um dedo apontando quando você passa por cima deles (obviamente ninguém nunca disse para o seu computador que não é educado apontar.)

Clique em um hiperlink que você pode ver aparecer, em um quadro, uma explicação pequena e rápida sobre o que clicou. Ou a janela Help inteira pode mudar para uma outra página de informação sobre o que você clicou. Se ela se mudar para outra página, você pode voltar para a página que você estava clicando no botão **Back**. E aí estava você torcendo para que o botão Back fizesse o computador coçar as suas costas! Cara, quando os computadores puderem fazer isto, eles serão *realmente* amigáveis!)

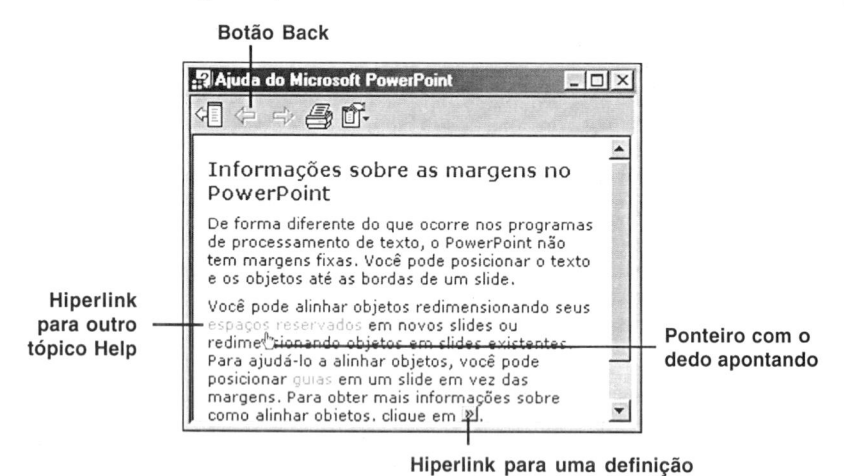

O exibidor Ajuda tem muitas coisas que você pode clicar para ter mais ajuda.

Conteúdos e índice:
um conjunto cheio de ajuda

O aviso do Assistente de Office é ideal se você tem uma pergunta rápida para fazer. Entretanto, se quiser fazer uma pesquisa mais profunda sem ficar toda hora fazendo perguntas para o Assistente, você pode. Este é um trabalho de referência completamente indexado pronto para você usar. E para sua sorte, é um trabalho de referência sobre o PowerPoint! (A princípio, antes de apresentar este distúrbio mental, a Microsoft ia colocar no sistema *O guia dos iniciantes para cuidar e alimentar os insetos mortos.*)

Capítulo 3 ➤ A ajuda está a caminho 25

Para acessar a tabela de conteúdos e o índice deste trabalho de referência, faça uma pergunta para o Assistente. Depois na janela Help, clique no botão **Exibir** (se estiver usando o Windows 98) ou o botão **Tópicos de Ajuda** (se tiver uma versão mais antiga do Windows).

Ajuda para imprimir a ajuda

Para imprimir um tópico da ajuda, o clique com o botão direito do mouse e selecione **Imprimir** ou **Imprimir tópico** no menu de atalho. Um quadro de diálogos Imprimir aparecerá. Clique **OK**!

Conteúdos: eles não são mais só para o café da manhã!

As informações no sistema de ajuda são organizadas como um livro, mas você não vai querer lê-lo inteiro. Há duas formas principais de encontrar o que você quer: olhar na tabela de conteúdos ou procurar no índice.

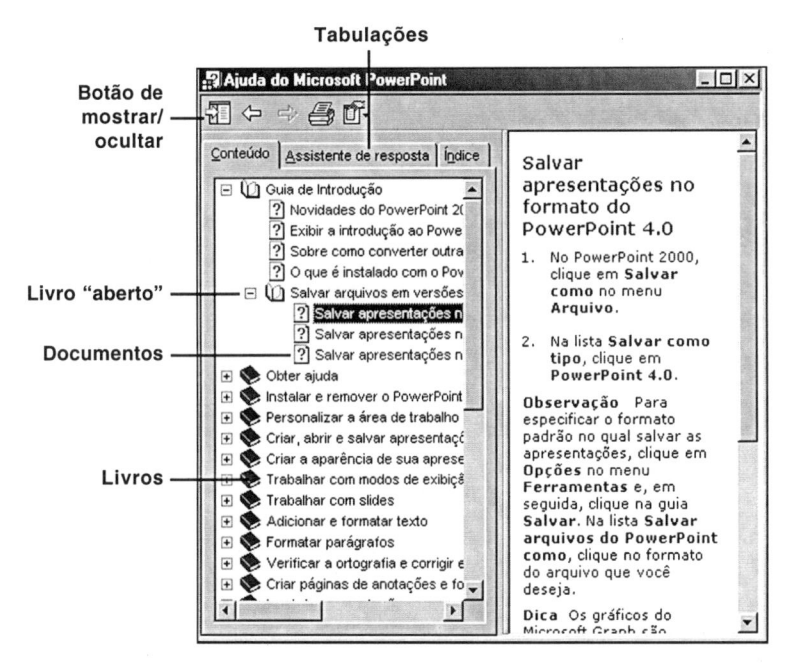

O sistema de ajuda, organizado como um livro, com capítulos e seções sobre vários tópicos.

Para chegar à tabela de conteúdos, clique na tabulação **Conteúdos** no quadro de diálogos Ajuda. Uma lista de tópicos aparecerá, cada um com um pequeno livro do lado. Este livro significa que este é um tópico grande, e que é dividido em seções. Clique duas vezes no livro, e a lista se expandirá para mostrar todas as seções daquele livro. Clique duas vezes o nome de uma seção, e esta seção mostrará uma janela de ajuda.

Se você quiser saber como acrescentar um botão a uma das barras de ferramentas do PowerPoint, por exemplo, abra o livro **Barras de ferramentas e Menus**. Lá tem um documento marcado **Acrescentar um botão a uma barra de ferramentas**. Clique duas vezes aí. Um exibidor com a informação que você quer aparecerá.

Se você quiser fechar um livro que você abriu, novamente clique nele duas vezes. A lista de seções deste livro desaparecerá mais rápido do que uma tigela de camundongos em uma festa de pítons.

Como usar o índice de forma habilidosa

O índice pode encontrar qualquer artigo baseado em qualquer palavra importante no artigo. Para procurar alguma coisa usando o índice, clique na tabulação **Índice** no quadro de diálogos Ajuda. Esta tabulação tem três áreas: um campo de entrada de texto, uma lista de alfabética de palavras-chaves, e uma área de lista para os tópicos de ajuda. Se você souber bem a ordem tradicional do alfabeto, você pode usar a barra de rolagens para percorrer a lista e clicar duas vezes em uma palavra-chave que descreva sobre o que você quer ajuda.

Se você quiser encontrar um tópico mais rápido, pode clicar a primeira palavra do que estiver procurando no quadro de texto. A medida que você digita, a parte da lista de palavras-chaves que começa com esta palavra irá aparecer na seção de lista. Você pode digitar mais de uma palavra, clique em **Procurar** para encontrar os tópicos que tenham todas as palavras.

Quando você encontrar o tópico que estava procurando (ou se encontrar um tópico que não estava procurando mas que de qualquer forma pareça fascinante!), clique duas vezes nele. Você pode ir direto para a informação de ajuda que queria, ou pode ser levado para uma lista de tópicos relacionados, da qual você pode selecionar um tópico.

Se quiser usar o índice de novo, pressione o botão **Apagar** antes de selecionar as suas palavras. Isto reseta o índice de modo que ele não vai te limitar somente aos artigos com as palavras que você entrou anteriormente.

Mate o seu Assistente

Se você achar que a tabela de conteúdos e o índice são mais acessíveis do que usar o Assistente, clique com o botão direito do mouse no Assistente, escolha **Opções,** e depois apague o quadro de seleção **Usar o Assistente de Office.** Daí em diante, clicar no botão **Ajuda** irá te levar direto para a janela de ajuda.

A Web Mundial é um refúgio enorme e útil

O sistema Ajuda está cheio de informações que as pessoas precisam. Bem, na realidade, ele está cheio de informações que os camaradas da Microsoft *acharam* que nós iríamos precisar quando eles estavam fazendo o sistema de ajuda. As duas coisas são parecidas, mas não exatamente iguais.

Afinal, não importa quanto esforço você faça para imaginar como alguém vai usar alguma coisa, ele ainda vai te surpreender. Eu lembro de um brinquedo que nossos pais compraram para nós. Era uma delicada boneca de uma pequena senhora, uma daquelas que você puxa a corda e ela fala. Era um presente perfeito para crianças agitadas: delicado, que não oferecia perigo, que prendia a atenção, respeitoso, e principalmente, que não era violento. Então o que nós fizemos com ele? Usamos como uma granada de mão! Puxe a corda, conte até três, e jogue-o nas salas de outras crianças. Se a boneca terminasse de dizer a sua frase antes de ser retirada da sala, nós considerávamos que a granada tinha "detonado" e que as pessoas que estavam na sala tinham "explodido".

Usuários de computador são bem parecidos com isto. As pessoas que planejam os programas gastam muito tempo tentando descobrir como vocês vão usar o programa, e então vocês mudam tudo e tentam fazer alguma coisa que eles nunca haviam imaginado. Isto pode criar dois tipos de perguntas que podem ser feitas nos arquivos de ajuda: "Como eu faço tal e tal?" e "Quando eu faço tal e tal, porque o programa para de funcionar?"

Porque novas perguntas surgiram, a Microsoft criou um site da Web dedicado a respondê-las. Se você está com o seu sistema ajustado para acessar a Web Mundial, pode chegar a ela puxando o menu **Ajuda** e selecionando o comando **Serviço na Web.** Quando você pegar isto, o PowerPoint carregará o seu browser (programa que permite navegar na Web) e fará com que ele exiba o site de Office. (Você pode ter que entrar a sua senha da Internet.)

Como melhorar um ponto

É uma boa idéia verificar o site de Office da Web de vez em quando, mesmo que você não tenha uma pergunta. Microsoft freqüentemente oferece arquivos adicionais para acrescentar características aos seus produtos, disponíveis gratuitamente, é só fazer o download no site da Web!

PowerPoint 9-1-1

Algumas vezes a resposta simplesmente não pode ser encontrada. Você procurou no livro, perguntou ao Assistente de Office, passou pelo índice de ajuda, verificou o site da Web, perguntou ao especialista no final do corredor, perguntou ao cara que estava roubando um biscoito do especialista do final do corredor, e o que você precisa saber simplesmente parece que não está em lugar nenhum. O que fazer?

É hora de ligar para a Microsoft! Se ninguém sabe, eles devem saber! Microsoft tem uma frota completa de pessoas sentadas ao lado do telefone, esperando você ligar. (Bem, não só você. Mas eu tenho certeza que eles vão adorar te ouvir também!) O pessoal de apoio técnico da Microsoft é amigável, rápido, e sabe muitas e muitas respostas.

Mas é por isto que você deve usá-los por último. O problema não é o fato deles saberem as respostas, e sim o fato de todo mundo saber que eles sabem as respostas, assim todo mundo liga para eles. Algumas vezes você bem rápido consegue falar com eles; mas outras vezes, leva bastante tempo, porque todo mundo está tentando fazer perguntas ao mesmo tempo. Você pode esperar muito tempo na linha esperando para ser atendido.

Para obter informações sobre como ligar para eles, puxe o menu **Help** e selecione o comando **Sobre o Microsoft PowerPoint**. Uma janela se abre, dando uma certa informação sobre a sua cópia do PowerPoint (o número de revisão e coisas deste tipo). Na parte inferior da janela está um botão **Apoio técnico**). Pressione este botão, e verá uma lista de tópicos de ajuda de como contatar os ajudantes úteis da Microsoft! (Deixe a janela Sobre Microsoft PowerPoint aberta, entretanto, o pessoal do apoio técnico precisará de algumas daquelas informações para te ajudar.)

Capítulo 3 ➤ A ajuda está a caminho

O mínimo que você precisa saber

➤ Clicar no ícone **Botão de Ajuda** faz com que o personagem animado do Assistente de Office apareça.

➤ Quando o Assistente de Office estiver com uma lâmpada acesa, clique nele para obter algumas sugestões sobre o que está fazendo.

➤ Se você precisar de ajuda para descobrir como fazer alguma coisa, clique no Assistente de Office e digite a sua pergunta.

➤ O comando **Ajuda, O que é isto?** muda o seu ponteiro para uma seta e um ponto de interrogação. Clique a seta ou o ponto de interrogação em qualquer coisa que você quer descobrir o que é.

➤ Clicar no botão **Tópicos de Ajuda** ou no botão **Show** na resposta do Assistente faz aparecer uma tabela de conteúdos e um índice para ajuda.

➤ Quando estiver usando a tabela de conteúdos, clique duas vezes em um livro para ver mais informações sobre um tópico. Clique duas vezes em um documento para ver informações de ajuda sobre aquele tópico.

➤ O comando **Ajuda, Office na the Web** abre uma página da Web de informações de ajuda se você estiver devidamente conectado.

➤ Para descobrir como conseguir o suporte técnico, use o comando **Ajuda, sobre Microsoft PowerPoint** e clique no botão **Suporte técnico**.

Parte II

Como construir a sua apresentação

Uma apresentação é como uma salada. Você pode colocar muitas coisas dentro dela e torná-la extravagante, ou pode colocar poucas coisas e mantê-la simples. E algumas pessoas te olham de forma esquisita se você der a salada para elas sem molho.

Nesta parte, você vai aprender a colocar o básico na sua salada de apresentação — o alface, aqueles pequenos tomates que vão se desfazer na sua boca. Nós chegaremos ao material extravagante, as endívias e as anchovas, mais tarde.

Capítulo 4

Como deslocar os slides para os seus lugares

Neste capítulo
- ➤ Criar novos slides.
- ➤ Se livrar de slides antigos.
- ➤ Deslizar um slide de um lugar para outro.
- ➤ Visualização dos seus slides de várias forma diferentes (frente, trás, e formas do slide!).

Um *slide* é uma única parte de uma apresentação. Se você está lidando com uma apresentação impressa, é uma única página. Se você tem uma apresentação na tela, é uma única exibição de tela. E se está usando um projetor de slides, um slide é um slide!

Uma *exibição de slides* é um grupo de slides, organizados em uma ordem específica ou com uma escolha específica de caminhos de um slide para outro. Uma *apresentação* é uma ou mais exibições de slides, armazenadas juntas, que pode também conter observações sobre as exibições de slides. Um punhado completo de apresentações, organizadas juntas com uma parada para o almoço, é um *simpósio longo e chato* (mas isto está, graças a Deus, fora do que este livro cobre).

Como ver as formas do slide

PowerPoint fornece um número de diferentes formas para você ver os slides. Cada uma é boa para algumas coisas e não tão boa para outras, assim é uma boa idéia se acostumar a todas elas. Pular de uma forma de ver as coisas para outra é fácil; você pode mudar a sua visualização mais rápido do que um político muda de opinião. Na parte inferior esquerda da tela do PowerPoint está uma série de botões, cada um deles te dá uma visualização diferente para os seus slides.

Você já está na visualização Normal, que pode voltar a qualquer momento se usar o botão **Visualização normal**. Porque ela te mostra o esquema da apresentação e uma figura de um único slide, esta é uma visualização útil se você está trabalhando no texto e no ajuste do visual simultaneamente. Entretanto, porque ela está tentando mostrar várias coisas de uma só vez, há um pequeno espaço para cada coisa. É como ter um daqueles pratos de plástico com compartimentos separados para carne, purê de batatas, e um ramo de salsa; isto é muito útil se você está tendo uma refeição completa, mas não tão bom se o que quer é um prato inteiro cheio de salsa.

Visualização de slides? Não são todas elas visualizações de slides?

Clicar este botão **Visualização de slides** te coloca em uma *visualização de slides*, onde você pode ver os slides na tela um de cada vez. Cada slide aparece com aproximadamente a metade do tamanho que apareceriam em uma exibição de slides na tela. Você pode mudar a visualização de um slide para outro, usando a barra de rolagem à direita para mover para cima ou para baixo a sua exibição de slides, ou clicando um slide específico de uma lista numerada à esquerda.

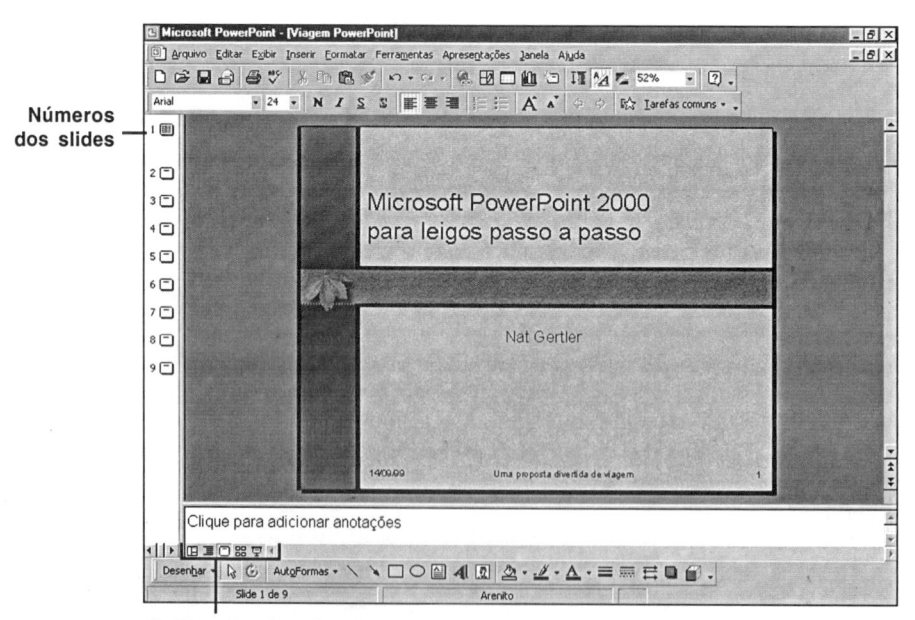

Na visualização de slides, você consegue uma boa visão de um slide de cada vez.

Capítulo 4 ➤ Como deslocar os slides para os seus lugares　　　　　　　　　　**35**

A visualização de slides é boa para mudar os conteúdos de um slide. Isto te dá a maior visualização de um slide (aproximadamente a metade do tamanho que o seu slide vai ter em uma apresentação na tela), facilitando a localização precisa de textos, gráficos, filmes, e outros elementos que fazem o seu slide.

Entretanto, a visualização de slides tem seu lado fraco. Você só pode ver um slide de cada vez nesta visualização, o que significa que não é muito boa para encontrar um slide, acrescentar novos slides, se livrar de slides antigos, ou mudar a ordem dos slides. E porque ela te mostra o máximo de detalhes que pode, pode ser lenta se você está usando slides complicados, principalmente se estiver usando um computador lento. (Não é engraçado que você não se lembre de *comprar* um computador lento? Você se lembra de comprar uma máquina rápida como um raio, super desenvolvida! Apesar disto através dos anos ela foi de alguma maneira substituída por um computador lento ....)

Ver o esquema não está fora de cogitação

A *visualização do esquema*, que você pode ver a qualquer momento simplesmente clicando o botão **Visualização de esquema**, é bem parecida com a visualização normal. A diferença principal é que ela mostra o slide bem pequeno, deixando espaço para mostrar mais o esquema.

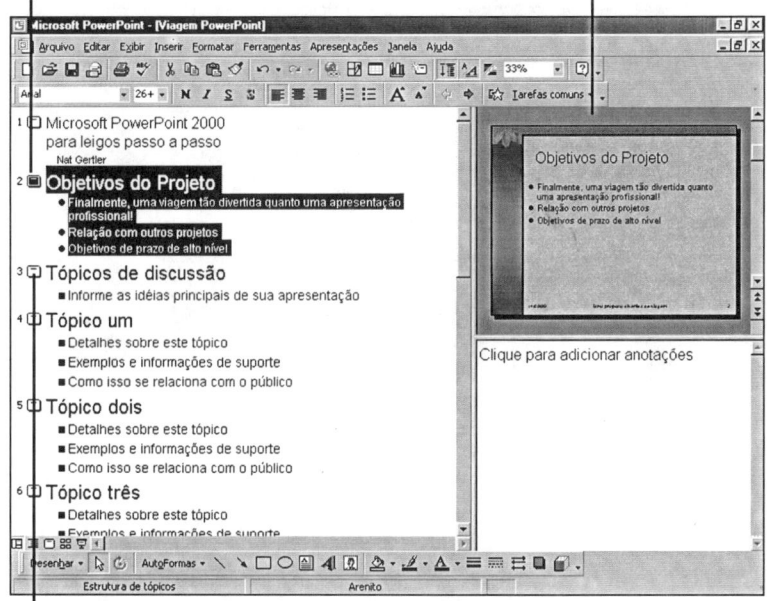

Com a Visualização do esquema, você tem uma idéia da apresentação inteira.

Você freqüentemente usará a visualização do esquema porque ela mostra muita coisa ao mesmo tempo e você pode fazer muita coisa com ela. Para cada slide, ela te mostra um pequeno ícone de um slide seguido pelo texto. Isto é bom para ter noção da apresentação inteira de uma única vez, porque você pode ver o texto de um número de slides em um mesmo momento e de uma forma fácil de ler. Você também pode fazer mudanças rápidas de texto, deletar slides, e mover os slides. (Entretanto, a visualização do esquema não é nada boa para acrescentar figuras, sons, diagramas, animação, ou condimentos do Caribe exóticos.)

Use o classificador de slides para ordenar os slides!

A *visualização do classificador de slides* é boa para rearrumar os seus slides. Clique no botão **Visualização do classificador de slides** e verá pequenas versões dos seus slides, verá vários deles na tela ao mesmo tempo. Os slides ficam arrumados em linhas, com o primeiro slide indo da esquerda para direita na primeira linha, os slides seguintes na segunda linha, e assim por diante. Você pode usar a barra de rolagem para ver mais slides que estão na exibição.

A visualização do classificador de slides é boa para rearrumar os slides e para encontrar um slide específico na série. Aqui você não pode mudar o que está em nenhum dos slides, mas pode rearrumar os slides de acordo com o desejo do seu coração (se rearrumar os slides fizer o seu coração ficar contente).

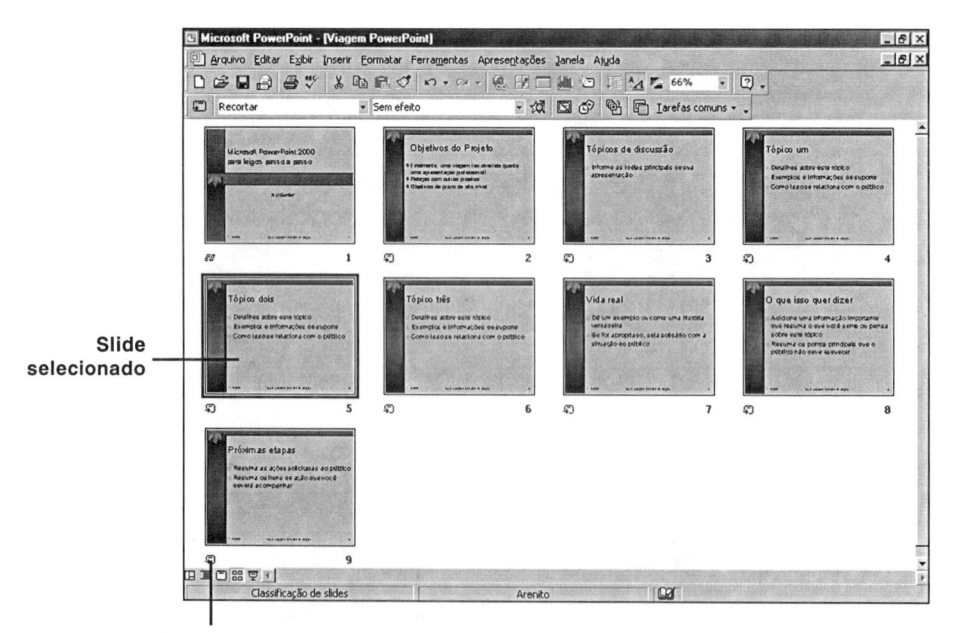

Slide selecionado

Indicador de transição

Na visualização do classificador de slides, você pode ver vários slides de uma vez — e pode embaralhá-los rapidamente.

Capítulo 4 ➤ Como deslocar os slides para os seus lugares   **37**

Transição automática

Na visualização do classificador de slides, se você ver um pequeno ícone de slide em baixo de um dos slides, tente clicá-lo. Lá na mini versão do slide, você verá como se faz a transição do slide anterior para este! Isto aparece somente se uma transição tiver sido escolhida. (Você vai aprender mais sobre transições no Capítulo 15, "Transições complicadas e controle de tempo terrível.")

Observe a visualização da página de observações

O PowerPoint pode imprimir uma folha de cola, assim você pode ter uma lista de observações sobre cada slide para servir de referência enquanto você estiver fazendo a sua apresentação. A visualização da página de observações é planejada somente para permitir que você trabalhe com estas notas, exibindo um slide e um lugar para editar as observações para cada página. Para ver esta visualização, escolha **Visualização, Página de observações**.

Para aprender mais sobre como fazer as observações da página de observações, consulte o Capítulo 20, "Como atingir uma multidão: slides, transparências, telas de projeção, e apresentações da rede." (Não, não consulte isto *agora*! Espere até aprender a criar slides antes de tentar acrescentar observações a ele.)

A visualização da página de observações é muito boa para acrescentar observações, mas não é boa para mais nada. Algumas pessoas consideram que ser bom só para uma coisa é ser *especializado*; outros consideram que isto é ser *preguiçoso*.

Exibição de slides: a visualização de exibição

Clicar neste botão inicia a sua exibição de slides. Também há comandos para iniciar a sua exibição de slides no menu Visualização e no menu Visualização de slide, mas este botão tem uma importante diferença: ele inicia a exibição de slides com qualquer slide que você estiver trabalhando atualmente. Se você estiver na visualização da página de observações e estiver olhando o terceiro slide da sua exibição, por exemplo, clicar neste botão te mostrará a exibição de slides começando no terceiro slide. Para mudar para o slide seguinte, pressione a **barra de espaços**.

Esta é a exibição mais clara de como a sua apresentação final irá parecer, porque ela é basicamente a sua apresentação final. Entretanto, não é nada bom para mudar as coisas. Tentar mudar as coisas enquanto a exibição de slides está passando seria como tentar mudar os seus pneus enquanto estiver dirigindo.

Como selecionar os slides

Antes de você começar a mudar, mover, ou mutilar de outra maneira os slides, tem que dizer ao PowerPoint com qual slide está trabalhando. As diferentes visualizações tem formas diferentes de fazer isto, só para te manter informado:

➤ Na visualização de slides e na visualização da página de observações, você não tem que selecionar os slides. Porque cada uma exibe somente um slide de cada vez, PowerPoint conclui que você quer trabalhar com o slide exibido ... e ele está certo!

Interromper a apresentação

Para interromper a apresentação de slides, clique com o botão direito do mouse e depois selecione **Finalizar apresentação** no menu de atalho, ou apenas tecle **Esc**.

➤ Na visualização Normal ou na visualização do esquema, clique o pequeno ícone do slide que está à esquerda do texto do slide. O texto do slide que você selecionou irá mudar de cor.

➤ Na visualização do classificador de slides, clique somente a figura do slide que você quer selecionar. Você não pode fazer com que isto seja mais fácil! (Bem, você poderia contratar um pessoal completo para selecionar slides, mas provavelmente você tem um melhor uso para o seu dinheiro. Se não tiver, poderia me enviar algum?)

Como selecionar mais de um slide

Se você quiser selecionar mais de um slide de cada vez (se quiser mover ou deletar um grupo de slides, por exemplo), e estiver em uma visualização do classificador de slides, segure a tecla Ctrl enquanto estiver selecionando. Você pode continuar selecionando quantos quiser (mas deixe algum espaço para a sobremesa). Na visualização normal ou de esquema, selecione um grupo de slides clicando o primeiro e depois segurando **Shift** e clicando o último. Em ambas as visualizações, para selecionar todos, pressione **Ctrl+A**.

Capítulo 4 ➤ Como deslocar os slides para os seus lugares   **39**

Como acrescentar um slide

Você pode acrescentar um novo slide em qualquer visualização exceto na visualização de exibição de slides. Para acrescentar um novo slide, primeiro selecione o slide depois do qual você quer que o novo slide apareça. Clique neste botão **Slide Novo** e um quadro de diálogos aparecerá.

Um novo slide para começar

Se você quiser acrescentar um novo slide como o primeiro na sua exibição de slides, tem que acrescentá-lo em algum outro lugar, e depois movê-lo para a primeira posição. (Você verá como movê-lo, mais tarde neste capítulo.)

O quadro de diálogos resultante oferece diferentes layouts possíveis para o seu slide. Alguns destes layouts contêm espaços para diagramas, figuras, ou filmes. Clique duas vezes em um layout que pareça com o modo que você quer que o seu slide apareça. Não se preocupe se não for exato; depois você pode rearrumar as coisas o quanto quiser.

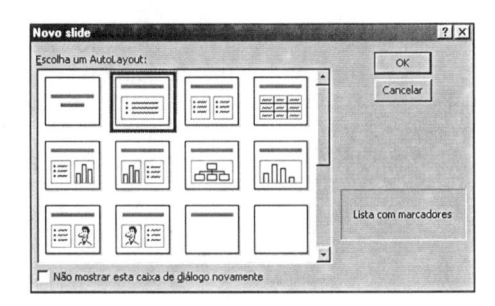

O quadro de diálogos do Novo Slide mostra pequenas figuras dos diferentes layouts de slides que você pode acrescentar. Selecionar uma figura faz aparecer uma descrição do slide à direita do quadro de diálogos.

Não se preocupe agora em acrescentar o texto ou outros conteúdos do slide; eu vou te mostrar como fazer isto no próximo capítulo.

Como deletar slides

Para deletar um slide, vá para a visualização do classificador de slides, selecione o slide, e pressione **Delete**. Boom! Ele foi embora, nunca mais será visto novamente!

Nunca diga nunca?

Se você deletar um slide que não queria deletar, clique no botão **Undo**! Ele é bom para desfazer todos os tipos de erros! Você pode até clicar repetidamente nele para desfazer as últimas etapas, uma de cada vez.

Como deslocar os slides

Algumas vezes, você quer rearrumar a sua exibição de slides para colocar as coisas em uma ordem mais lógica. Outras vezes, você quer rearrumar as exibições de slides de outras pessoas, de modo que eles fiquem realmente confusos quando estiverem fazendo as suas apresentações. Vamos encarar os fatos: você é malvado!

Para fazer isto, vá para a visualização do classificador de slides, porque é para classificar os seus slides que serve esta visualização. Selecione o slide (ou slides) que você quer mover e depois os arraste. Os slides não se movem realmente quando você os arrasta, mas você verá uma linha vertical se mover entre os slides, seguindo o ponteiro da melhor forma possível. Coloque esta linha em frente ao outro slide que você quer que estes slides fiquem na frente, e depois solte o botão do mouse. Os slides estarão rearrumados exatamente como você quer que eles estejam!

Como duplicar o seu slide

Para fazer uma cópia de um slide, selecione o slide, e depois puxe o menu **Editar** e selecione **Duplicar**. (Se **Duplicar** não aparecer no seu menu **Editar**, clique as setas dobradas na parte inferior do menu para ver um menu mais longo.) A segunda cópia aparecerá imediatamente após a primeira. Depois você pode movê-la para onde quiser.

Por que você iria querer fazer isto? Algumas vezes, você simplesmente quer que um slide apareça mais de uma vez na sua exibição de slides. Você pode querer finalizar a sua exibição com uma cópia do slide título, por exemplo, de modo que as pessoas saiam com uma lembrança de sobre o que foi toda esta apresentação.

Algumas vezes, entretanto, você pode querer simplesmente criar efeitos excelentes. Vamos dizer, por exemplo, uma apresentação baseada em computadores com um slide que diga Complete Idiot's Guide To PowerPoint: The Ride is the world's fastest (PowerPoint para leigos passo a passo: o passeio é o mais rápido do mundo). Faça duas cópias dele. Agora você tem três slides idênticos em um linha. Mude a palavra fastest (mais rápido) por biggest (maior) no segundo slide, e por best (melhor) no terceiro. Quando você passar pela exibição de slides irá parecer que é um único slide, somente com a última palavra mudando. Interessante, heim?

Como deslizar pelo primeiro, e depois roubar o segundo

Se você quiser roubar uma cópia de um slide de uma outra apresentação e colocá-la na sua, pode! (Certifique-se que tem a permissão de quem fez o slide.) Você pode reutilizar todos os slides que quiser. Você pode até criar uma retrospectiva "melhores momentos" dos seus slides favoritos.

Para fazer isto, primeiro selecione o slide depois do qual você quer que o(s) slide(s) apareça. Depois puxe o menu Inserir e selecione o comando **Slides dos Arquivos**. O quadro de diálogos Descobridor de Slides aparecerá. Clique no botão **Tabela**. Uma lista dos seus arquivos de apresentação aparecerá. Selecione aquele em que estiver o(s) slide(s), e depois clique no botão **Abrir**.

Agora, o nome da apresentação que você selecionou aparecerá no quadro de texto Aquivo no quadro de diálogos Localizador de slides. Os três primeiros slides na apresentação aparecem na metade inferior da exibição (se eles não aparecerem instantaneamente, clique no botão Exibir). Você pode rolar pela apresentação com a barra de rolagem abaixo dos slides. Selecione os slides que quer clicando neles. (Você pode selecionar mais de um, e não tem nem que segurar a tecla **Shift**.) Depois clique o botão **Inserir**, e o slide (ou slides) será acrescentado à sua apresentação!

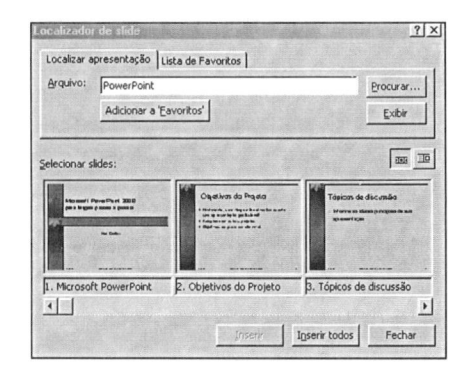

*O quadro de diálogos Localizador de slides mostra os slides na apresentação da qual você está copiando. Se quiser copiar todos eles, clique no botão **Inserir tudo**.*

O mínimo que você precisa saber

➤ Há seis diferentes modos de visualização de slide:

    Clique para a visualização Normal. Para selecionar um slide neste modo, clique no pequeno ícone de slide no esquema.

    Clique para a visualização de esquema. A seleção é como na visualização Normal.

    Clique para a visualização de slide. O slide que você está vendo é automaticamente considerado selecionado.

    Clique para a visualização do classificador de slides, e depois clique em um slide para selecioná-lo.

    Para usar a visualização de exibição de slides começando pelo slide selecionado atualmente, clique no botão **Apresentação de slides**. Você não pode selecionar slides nesta visualização.

Para visualização das páginas de observações, escolha **Visualização, Página de observações**. O slide que você está vendo é automaticamente considerado selecionado.

➤ Para acrescentar um slide, selecione o slide que você quer que apareça antes dele, e depois clique no botão **Inserir slide novo**.

➤ Para deletar um slide, selecione o slide e pressione **Delete**.

➤ Para mover um slide, use a visualização do classificador de slides. Selecione o slide, e arraste-o até que uma linha vertical apareça; arraste esta linha vertical até o local em que você quer colocar este slide.

➤ Para copiar um slide, selecione o slide, e depois selecione **Editar, Duplicar**.

Capítulo 5

O mundo das palavras

Neste capítulo
- ➤ Colocar palavras nos seus slides.
- ➤ Tornar as palavras maiores e menores.
- ➤ Colocar as palavras em negrito e em itálico.
- ➤ Criar listas de modo que você não vai estar mais sem listas!
- ➤ Corrigir as palavras com erros de ortografia (e confundir as certas, se quiser!)

Palavras são muito importantes. Algumas vezes, elas são muito, muito importantes. Se você é pago por palavra, elas podem ser muito, muito, muito, muito, muito, muito, muito importantes. (Isto vale 75 centavos!)

É possível criar uma apresentação sem nenhum texto escrito. Entretanto, na maioria das vezes, você não só usa texto, usa muito texto.

Novas palavras valentes para novos slides valentes

Se você acabou de criar um novo slide, a melhor visualização para acrescentar palavras é a visualização de slide. Nesta visualização, você verá que o seu novo slide tem a frase *Clique para acrescentar texto*, independente do lugar em que o texto vai ficar no slide. Esta frase é tão profunda e cheia de significado, que se reduz a isto: para acrescentar texto, clique aqui!

Mas você tem que fazer mais do que simplesmente clicar lá! Isto foi muito fácil! Depois de clicar lá, você tem que digitar o texto. Enquanto você digita, o texto aparece na tela. Se você cometer um erro, pressione a tecla **Backspace** para se livrar dele, e continue digitando (Se você decidir não acrescentar nenhum texto, pressione a tecla **Esc** e escape disto!)

Algumas áreas de texto são planejadas especificamente para listas. Se você começar a digitar em uma destas, um *ponto* vai aparecer antes do que você digitar. Toda vez que você pressionar a tecla **Enter**, uma nova linha irá começar com outro ponto.

Como trabalhar novamente as suas palavras (ou como reescrever o seu trabalho)

Algumas vezes, você quer mudar as palavras de um dos seus slides. Talvez você tenha descoberto palavras melhores. Ou talvez somente descobriu que é alérgico à palavra *agenda*. Qualquer que seja a razão, mudar o que você digitou é fácil.

Primeiro, *selecione* o texto que você vai mudar. (Lembre-se de que isto é feito apontando para o início da primeira palavra que você quer mudar, segurando o botão do mouse, e arrastando até o final da última palavra que quer mudar.) As palavras selecionadas irão aparecer em uma cor diferente. Comece a digitar o novo texto; o texto antigo, se sentindo rejeitado, irá embora imediatamente.

Truques de seleção

Para selecionar uma palavra rapidamente, clique nela duas vezes. Para selecionar um parágrafo inteiro, clique três vezes. E se você clicar cem vezes na palavra, você terá ... um dedo cansado de clicar!

Variações das palavras: como dar estilo ao seu texto

Lembra que a tempos atrás, no tempo da sua bisavó, existia um aparelho chamado *máquina de escrever*. Este método de colocar palavras em um papel criou letras que eram todas parecidas. Uma lista de compras datilografada tinha a mesma aparência de um contrato, que tinha a mesma aparência de uma carta de amor. Palavras realmente importantes como *Um terço fora* tinham a mesma aparência de palavras sem importância como *até agora*. Isto era uma excelente maneira de ser entendido, mas uma maneira absolutamente horrível para parecer atualizado e na moda.

Capítulo 5 ➤ O mundo das palavras

Felizmente, o PowerPoint tem uma série completa de ferramentas para fazer as suas palavras parecerem fantásticas. Agora você pode tornar as suas palavras planejadas de forma tão pesada que elas fiquem tão difíceis de ler quanto um daqueles anúncios das revistas modernas! Você pode até criar o tipo de texto pequenino que eles usam para te dizer que o uso deste produto pode levar a combustão humana espontânea.

Como mudar as letras: negrito, itálico, sublinhado, e sombreado

Você pode rapidamente acrescentar alguns efeitos básicos ao seu texto. Selecione o texto que você quer enfatizar, e depois clique

N Para conseguir texto em **negrito** (ou pressione **Ctrl+B**)

I Para conseguir texto em *itálico* (ou pressione **Ctrl+I**)

S Para conseguir texto sublinhado (ou pressione **Ctrl+U**)

S Para dar ao texto um pequeno sombreamento como se ele estivesse pairando sobre a página.

Você pode combinar estes efeitos clicando em mais de um botão. Se quiser se livrar do efeito, somente selecione o texto e clique no botão novamente. O botão irá pular para fora, e o texto voltará ao normal.

Botões, botões, quem pegou os botões?

Se você não estiver vendo estes botões de formatação de texto na tela, pode ser por uma de várias razões. Alguém pode ter dito ao PowerPoint para esconder a barra de ferramentas. Clique com o botão direito do mouse os botões que estiver vendo, verifique se **Formatar** tem um marcador do lado no menu que aparecerá. Se não tiver, o selecione, e a barra de ferramentas de formatação aparecerá. (Você agora tem a habilidade de fazer as barras de ferramentas aparecerem e desaparecerem — mas isto não é tão divertido quanto fazer barras de chocolate desaparecerem.)

Formatação fantástica

Use o comando **Formatar, Fonte** para obter um quadro de diálogos que você pode usar para fazer com que o texto fique *em relevo* (erguido), *subscrito* (menor e abaixo do resto do texto), ou *sobrescrito* (menor e acima do resto do texto).

Se a barra de ferramentas de formatação estiver na tela mas estiver faltando alguns dos botões, experimente clicar o botão **Mais botões** no final da barra de ferramentas. Uma série de botões, para os quais não tinha espaço, aparecerá; clique o que você quiser.

Se você não encontrar o botão que quer na lista *Mais botões*, clique em **Acrescentar ou remover botões** no final desta lista. Outra lista aparecerá, mostrando todos os botões possíveis para a barra de ferramentas de formatação. Selecione o botão que quer ver, e ele será acrescentado ou aos botões exibidos ou à lista *Mais botões*. (Estas técnicas funcionam para qualquer barra de ferramentas, não só para a de formatação.)

Se você ainda não encontrar o botão que está procurando, certifique-se que os seus olhos estão abertos.

Linguagem colorida

Há poucas coisas que podem fazer o seu texto sobressair mais do que as cores. Vermelha é uma cor particularmente boa; é por isto que temos termos como dias de letras vermelhas, tinta vermelha, e *A carta escarlate*. O PowerPoint automaticamente usa uma cor que contraste bem com o fundo, mas você pode mudar esta cor a qualquer momento.

Capítulo 5 ➤ O mundo das palavras   47

Quando estão faltando botões em uma barra de ferramentas, use o botão Mais Botões desta barra de ferramentas para ver os botões adicionais.

Como interferir no Mais botões

Escolha **Ferramentas, Personalizar**, e na tabulação **Opções** apague o quadro de seleção **Barras de ferramentas de formatação dividem a mesma linha**, e o PowerPoint irá colocar estas barra de ferramentas em linhas separadas. Isto te mostrará mais botões, assim você não precisará usar a lista Mais botões.

Para mudar a cor do texto, primeiro o selecione. Depois dirija-se à parte inferior da tela e clique na pequena seta drop-down à direita do botão Cor da fonte. Um pequeno menu se abrirá, com uma porção de pequenos quadrados coloridos nele. Somente clique o quadrado da cor que você quer. Se você quiser mudar mais textos para esta cor, você pode selecionar o texto e clicar no botão **Cor da fonte**. (Se você não encontrar este botão na parte inferior, clique com o botão direito do mouse em qualquer botão que estiver vendo, e selecione **Desenhar** no menu que aparecer. O botão, agora, será visto.

Texto invisível

Um truque interessante é ligar o sombreamento, e depois colocar o seu texto da mesma cor que o fundo. Vai parecer que o texto desapareceu, somente as sombras ficam visíveis, mas isto é suficiente para que ele seja lido claramente. Experimente!

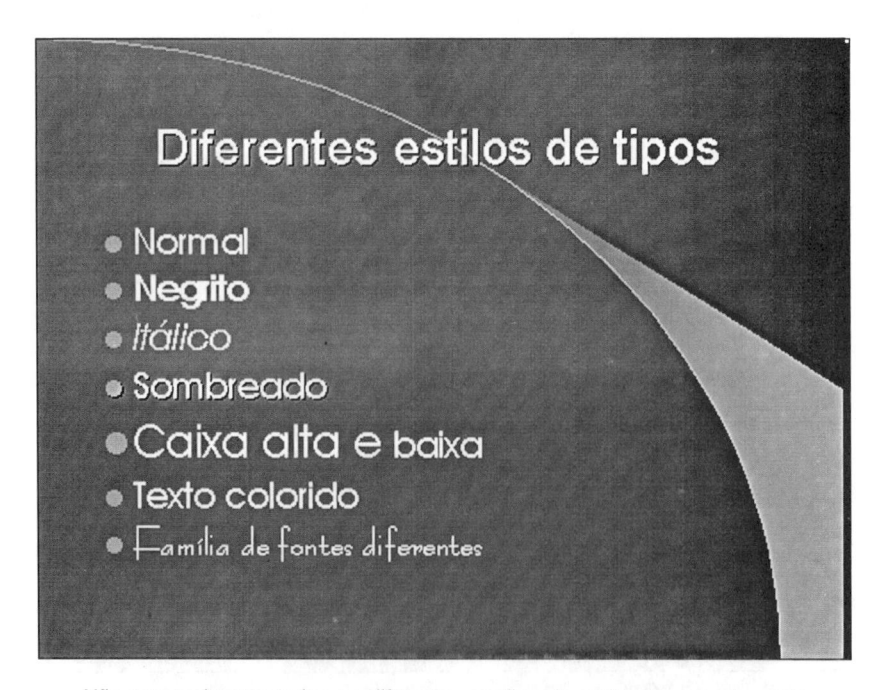

Diferentes estilos de tipos

- Normal
- Negrito
- Itálico
- Sombreado
- Caixa alta e baixa
- Texto colorido
- Família de fontes diferentes

Não use realmente todas as diferentes opções de estilos no mesmo slide. Se você misturar mais de três em um slide, ele ficará tão difícil de ler quanto uma tigela de sopa de letrinhas!

Capítulo 5 ➤ O mundo das palavras   **49**

Como aumentar (e diminuir) as suas palavras

Alguns conceitos pedem palavras grandes, como *Eu te amo!* ou *Biscoitos grátis!* Outros pedem um pouco mais de delicadeza, como *Eu só te amo porque você me dá biscoitos de graça.* Mudando o *tamanho da fonte* (o tamanho das letras), você pode criar uma idéia de importância e se certificar que a coisa mais importante é vista primeiro. Fique clicando os botões **Aumentar o tamanho da fonte** e **Decrease Font Size** até que o texto selecionado esteja tão grande ou tão pequeno quanto você deseja.

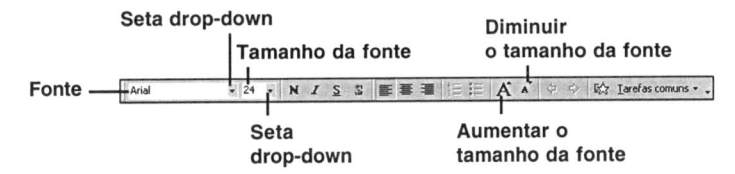

```
                Seta drop-down          Diminuir
                    | Tamanho da fonte   o tamanho da fonte
    Fonte ——— [Arial ▼ 24 ▼ N I S ≡ ≡ ≡ ≡ ≡ A A ⇦ ⇨ ☆ Tarefas comuns ▼ ]
                    Seta                Aumentar o
                    drop-down           tamanho da fonte
```

A barra de ferramentas de formatação tem vários botões para controlar a aparência do seu texto.

O campo de tamanho da fonte te mostra com qual tamanho as suas letras estão (medido em *pontos*, 1/72 de uma polegada). Você pode sintonizar o tamanho mudando o número neste campo.

Questões de tamanho

Lembre-se de que quando você estiver trabalhando com a visualização de slides, estará vendo o slide com metade do tamanho. Textos que são muito pequenos para serem lidos neste tamanho podem ficar com um tamanho bom quando exibidos na tela do computador, e textos grandes podem parecer enormes. Você não deve colocar muita coisa em um slide para não ter que diminuir muito a fonte — a não ser que esteja usando o PowerPoint para criar um daqueles anúncios de arrendamento de carros com todos os detalhes legais sobre como você pode pagar milhares de dólares todo mês por 10 anos e ainda não ganhar a maldita coisa!

Simplesmente compare as fontes

Há muitas *fontes* diferentes (projetos de tipos), variando da maçante a ilegível. Entre estas, em algum lugar há algumas que você realmente deve pensar em usar. Clique no botão drop-down perto do campo de fontes, e verá uma lista de fontes do seu sistema. Marque uma delas, e o texto selecionado aparecerá nesta fonte.

A juventude das fontes

Uma nova característica desta versão do PowerPoint é que a lista de fontes tem cada um dos nomes escrito na própria fonte, facilitando a identificação de que tipo de fonte é aquela. Algumas fontes que parecem feias na lista de fontes, ficarão melhores no seu slide, onde estarão maiores e mais detalhadas.

Se você não está familiarizado com as fontes que tem, deve perder algum tempo conhecendo-as. Quando tiver algum tempo disponível, selecione uma frase e veja como ela fica com cada uma das fonte do seu sistema. Algumas irão ficar melhores que as outras. Algumas das mais extravagantes podem só ter letras maiúsculas e vão substituir todas as letras minúsculas por quadrados. Lembre-se de quais pareceram boas, assim você poderá usá-las novamente quando precisar. Você poderá usar as feias quando colocar o nome do seu competidor no slide!

Fontes e fontes

Há muitas fontes disponíveis para serem baixadas da Internet. Você também pode conseguir CD-ROMs com centenas ou até milhares de fontes. Muitas são consideradas *fontes de exibição*, as quais são muito extravagantes para escrever uma carta, mas podem ser boas para títulos.

A hortografia é importante

Todas as letras mais lindas do mundo não vão fazer nenhum efeito se não formarem palavras. Palavras com erros de ortografia são difíceis de entender, e fazem você parecer burro e relaxado. E algum dia, a sua antiga professora de Português da escola primária pode estar assistindo às suas apresentações, e seria horrível que ela te arrastasse para a aula de ortografia da terceira série a esta altura!

O PowerPoint tem um *verificador de ortografia*, uma característica do programa que verifica todas as palavras dos seus slides e se certifica de que elas são todas palavras de verdade, mostrando que você não cometeu um erro e que o seu gato não andou pelo teclado enquanto

Capítulo 5 ➤ O mundo das palavras								51

você não estava olhando. (Uma vez eu estava preenchendo meu formulário de Registro de Animais do Município quando o meu gato pulou na máquina de escrever, fazendo com que o gato, a máquina de escrever, e minha última garrafa de vinho branco caíssem no chão de uma só vez. Coitado do pequeno fejo;lwwq/'vv!)

Você não precisa dizer ao PowerPoint para verificar o seu trabalho. Enquanto você digita, o PowerPoint está sempre olhando por cima dos seus ombros, só esperando que você cometa um erro para que possa apontar o erro e rir de você. OK, ele não ri alto, mas você sabe que em algum lugar, lá no fundo, ele está rindo. Quando você digitar alguma coisa que ele achar que é um erro, ele irá sublinhar a palavra com uma linha ondulada.

Como consertar o erro

Se você reconhecer o seu erro, pode simplesmente consertá-lo, e a linha ondulada sumirá. Se você não souber qual é a grafia certa, ou se achar que escreveu certo, clique a palavra com o botão direito do mouse e um menu aparecerá.

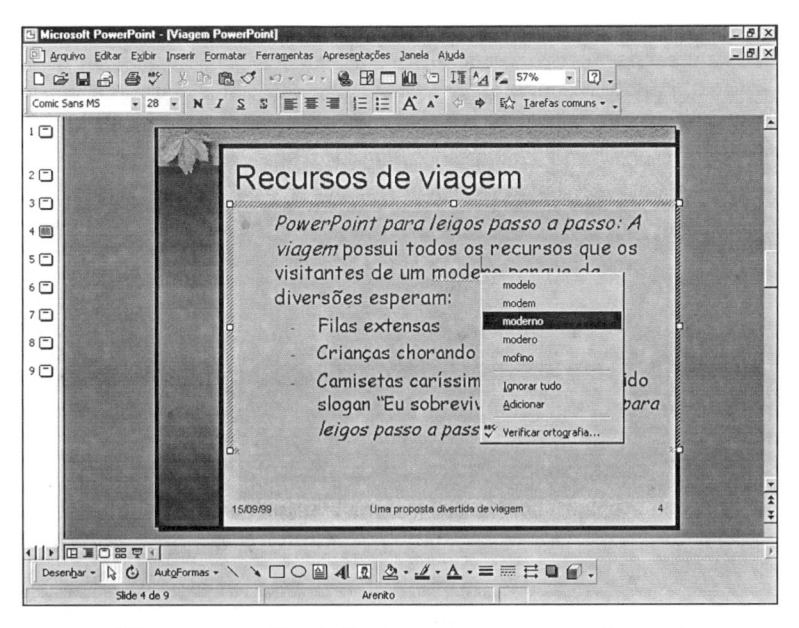

Clicar com o botão direito do mouse em um erro faz surgir uma lista de sugestões de consertos.

Na parte de cima do menu está uma lista de palavras que ele acha que você queria escrever. Se a palavra certa estiver lá, simplesmente a selecione do menu. O PowerPoint irá tirar a palavra errada e colocar a certa, e ninguém será mais sensato! Se o PowerPoint não recomendou a palavra certa, experimente trocar a palavra por outra na tentativa de encontrar a grafia certa. Mesmo que você não acerte, pode chegar perto o suficiente para que o PowerPoint faça a sugestão correta.

A minha grafia está certa, bem feito!

O PowerPoint é um sabichão. Ele acha que só porque ele não reconhece uma palavra, ela tem que estar errada. Algumas vezes ele está certo, e algumas vezes está errado. Há muitas coisas que o PowerPoint não conhece, incluindo muitos nomes. Se o PowerPoint te corrigir incorretamente, sinta-se a vontade para rir dele.

Se o PowerPoint chamar alguma coisa de erro, e não for, você pode fazer três coisas:

➤ Ignorar a linha ondulada. (Não se preocupe, a linha ondulada não vai aparecer na exibição de slide concluída!) O problema é que se você ignorar a linha ondulada quando não for um erro de ortografia, vai ser difícil perceber quando realmente houver um.

➤ Clicar com o botão direito do mouse na palavra e selecione **Ignore All** (Ignorar tudo) do menu. Isto fará com que o PowerPoint não conte mais aquela palavra como erro de novo nesta apresentação. (Ele ainda vai contar como um erro se você usá-la em outra apresentação.)

➤ Clicar na palavra com o botão direito do mouse e selecione **Add**. Isto diz ao PowerPoint para acrescentar a palavra ao seu dicionário, assim da próxima vez ele não vai contar como um erro.

Erros que passaram desapercebidos

Você pode cometer erros que o PowerPoint não tem como perceber. Isto acontece porque muitos erros transformam uma palavra em outra. Se você colocar, vamos dizer, Compete Idiom's Glide (Competição do deslizamento de idiomas) em um slide, o PowerPoint não vai reclamar nem um pouco, porque todas estas são palavras conhecidas. O PowerPoint não é inteligente o suficiente para reconhecer que nenhuma delas é a palavra certa. Parabéns! Você é esperto o suficiente para ser mais esperto do que a tecnologia de detecção de erros!

Estes erros são melhor combatidos com o poder do cérebro humano. Leia a sua apresentação, ou ainda melhor, peça a alguém para ler para você. A Lei de Murphy diz que qualquer erro que você não pegar será visto por todos os membros do seu público!

Um dicionário para todo o Office

Todos os produtos Microsoft Office usam o mesmo arquivo de dicionário para verificar a ortografia. Se você acrescentar uma palavra ao dicionário no PowerPoint, o Word (por exemplo) também irá reconhecê-la.

Escolha do alinhamento

Normalmente, nós vemos textos onde cada nova linha começa exatamente abaixo da linha anterior, mas o final de cada linha está em um lugar ligeiramente diferente, dependendo do tamanho das palavras da linha. Isto é a coisa mais fácil para a maioria das pessoas ler. Mas tivemos que trabalhar muito para planejar esta apresentação, deste modo talvez ela deva dar somente o mesmo trabalho para ser lida!

Você tem três diferentes escolhas de como as linhas do texto estarão alinhadas. Enquanto estiver trabalhando em um bloco de texto, pode clicar:

Para ter *alinhamento à esquerda* — as linhas do texto ficam alinhadas da forma usual.

Para ter *alinhamento centralizado* — cada linha do texto é centralizada na área do texto, dando uma aparência balanceada. Isto é bom para títulos.

Para ter *alinhamento à direita* — os finais das linhas ficam arrumadas elegantemente, mas os inícios das linhas não ficam alinhados. Isto cria uma aparência diferente para listas curtas, mas não é muito útil.

Ânsia por listas!

As listas são muito populares nas apresentações. Não há nada como dizer que o seu produto irá tornar o consumidor:

- rico;
- saudável;
- irresistível para os membros do sexo apropriado.

Muitos dos layouts de slides que a característica AutoLayout do PowerPoint oferece tem áreas de listas. Você pode reconhecê-las nas figuras de layouts no quadro de diálogos New Slide porque elas mostram linhas de texto que começam com um ponto.

Entrar texto em uma lista funciona exatamente como entrar texto regular, exceto pelo fato de que toda vez que você apertar **Enter**, uma linha é pulada e um ponto é colocado na frente da linha. Logo, você terá mais pontos que o escritório do examinador médico de Tombstone no Velho Oeste!

Subdivisão da lista

Itens individuais da sua lista podem ter as suas próprias listas que seguem com eles. Quando a lista anterior diz ao consumidor que o seu produto irá torná-lo saudável, você pode querer listar os benefícios individuais para a saúde (uma cor saudável, a força de um marinheiro, e o fim das cáries). Esta sublista deve estar mais recuada do que uma lista normal.

Clique nisto, o botão **Subdividir**, para ter o efeito de recuo e para mostrar que está trabalhando em uma lista menos significante. Depois de clicá-lo, tudo o que entrar estará mais recuado.

Quando terminar de entrar a sublista, pressione **Retornar** para ir para a próxima linha, e depois clique no botão **Promover** para mostrar que está trabalhando na lista mais significante.

Como cortar o ponto

Listas não têm que ter pontos. Para tirar os pontos de uma lista, selecione a lista, e depois clique neste botão. Os pontos desaparecerão. Clique no botão novamente, e eles reaparecerão.

Se quiser usar um ponto de aparência diferente, você pode! Selecione a lista inteira, e depois puxe o menu **Formatar** e selecione o comando **Pontos e Numeração**. O quadro de diálogos Ponto exibindo uma meia dúzia de outros estilos de pontos aparecerá. Você pode clicar no que quiser. Se não encontrar nenhum que queira, há um botão Caracter, que você pode clicar para selecionar qualquer caracter de símbolo de qualquer fonte para usar como um ponto. Há também um botão drop-down Color, que você pode clicar para escolher a cor do ponto, e um campo Tamanho, onde você pode entrar o calibre ... uh, *tamanho* do ponto! Depois de ter selecionado o seu ponto, clique no botão **OK** para usá-lo!

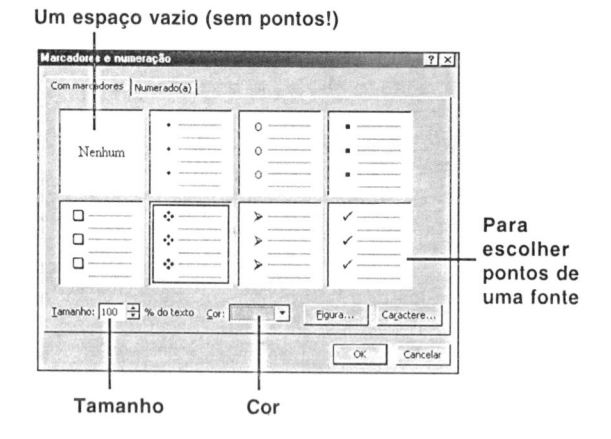

Com tantos pontos diferentes disponíveis, você está bem armado para fazer uma boa apresentação.

Capítulo 5 ➤ O mundo das palavras

Como numerar os seus milhões de pontos de luz

Selecione a sua lista com pontos, e depois clique no botão **Numeração**. Em vez de receber marcadores, sua lista, seus pontos, e até seus dias serão numerados!

O mínimo que você precisa saber

➤ Para começar a colocar texto em um novo slide, clique aonde diz Clique para adicionar texto.

➤ Para mudar o texto de um slide existente, selecione o texto que quer mudar, e depois digite por cima dele.

➤ Se você não vir a barra de ferramentas de formatação, clique com o botão direito do mouse em qualquer outra barra de ferramentas e selecione **Formatar** do menu que aparece.

➤ Os botões da barra de ferramentas de formatação são usados para formatar e manipular o texto.

➤ A seta drop-down no final esquerdo do campo Fonte abre uma lista drop-down da qual você pode selecionar um tipo de fonte completamente diferente.

➤ Se você digitar uma palavra que o PowerPoint não conhece, uma linha ondulada aparecerá sob ela. Clique com o botão direito do mouse na palavra para ver um menu que deixará que você escolha a palavra certa, ou ensine esta palavra ao PowerPoint.

➤ Quando estiver entrando uma lista, cada vez que você pressionar enter, iniciará um novo item da lista. Cada item começa com um ponto, a não ser que você clique no botão **Pontos** para parar com os pontos.

Capítulo 6

Layout: não é apenas alguma coisa que você faz ao sol

Neste capítulo
- ➤ Arrumar quadros de texto e outros conteúdos dos slides.
- ➤ Mudar o tamanho de cada quadro.
- ➤ Sobrepor os quadros.
- ➤ Acrescentar os quadros, remover os quadros, e até agrupar os quadros!

Aprender como fazer o layout dos seus slides é muito importante. Extremamente importante. O destino da civilização pode depender disto.

Bem, OK, isto não é *tão* importante. Droga, com todos os projetos de slides embutidos interessantes que o PowerPoint oferece, você pode nem precisar saber isto mesmo. Mas ainda, saber isto poderia te ajudar a dar uma aparência bem melhor à sua apresentação — e isto não é mais importante que a civilização?

Quadros em slides? Eu pensei que os slides viessem em quadros!

O design de um slide é dividido em áreas chamadas *quadros*. Cada quadro possui um *objeto*, um pedaço do seu slide. Se você tiver um slide com um título, uma lista, e um diagrama, por exemplo, terá três quadros: um para o título, um para a lista, e um para o diagrama. Você poderia ter um slide sem quadros, mas isto seria um slide em branco.

Cada quadro é uma forma retangular, mesmo que possua alguma coisa que não seja retangular, como uma figura circular ou New Jersey. (Não que você possa realmente colocar New Jersey em um slide, mas se pudesse, seria em um quadro retangular.) Nos projetos de slides que o PowerPoint inicia para você, nenhum dos quadros se sobrepõem, mas você pode fazer a superposição se quiser.

Como selecionar e mover os quadros

Para selecionar um quadro, vá para a visualização de slides e clique nos conteúdos de quadros. (Você também pode fazer isto na visualização normal ou na visualização do esquema, mas o slide está menor e mais difícil de trabalhar nestas visualizações.) Quando você fizer isto, oito pequenos quadrados brancos irão aparecer ao redor das bordas dos quadros. Estes quadrados brancos são *manipuladores de tamanho*, que você usa se quiser mudar o tamanho do quadro. Em alguns quadros, uma linha aparece nas bordas do quadro também.

Use estes manipuladores de tamanho para mudar o tamanho de um quadro.

Aponte para uma borda do quadro, e o seu ponteiro tomará a forma do ponteiro Mover.

A linha e os quadrados pequenos ao redor da lista mostram que ela está selecionada. Não confunda isto com a linha pontilhada ao redor do espaço de um diagrama, que só está lá para mostrar até onde ele vai.

Capítulo 6 ➤ Layout: não é apenas alguma coisa que você faz ao sol   59

Mover os quadros é fácil. Somente aponte para uma borda de um quadro, e o seu ponteiro deverá mudar para uma seta com as pontas das setas apontando para as quatro direções (útil, eu acho, para caçadores desajeitados). Aperte o botão do mouse e arraste o retângulo para qualquer lugar que queira! Você pode até arrastá-lo para fora das bordas do slide; mas se fizer isto, ele não estará na sua exibição de slides! (Embora você possa fazer alguns efeitos excelentes arrastando-o bem para cima da borda do slide de modo que uma *parte* dele apareça na exibição.)

Como deslizá-lo de um slide para outro

Se você quiser mover um quadro de um slide para outro um método diferente entra em ação. Somente siga estas etapas fáceis:

➤ Primeiro, selecione o quadro que quer mover (se estiver fazendo um quadro de texto, o selecione novamente pegando a borda de modo que o PowerPoint não pense que você quer selecionar somente uma parte do texto).

➤ Depois, clique no botão **Recortar**, que irá *recortar* o quadro do slide, armazenando uma cópia dele em uma área de memória chamada *área de transferência*.

➤ Finalmente, vá para o slide no qual você quer colocar o quadro, e clique no botão **Colar**, que pega a última coisa armazenada na área de transferência e *cola* na página. Depois, você pode mover o quadro para o lugar que desejar.

Supercortes e supercolas

A área de transferência agora armazena 12 itens, não somente um. Clique com o botão direito do mouse em qualquer menu e selecione **Área de transferência** do menu pop-up. Uma barra de ferramentas da área de transferência aparecerá com ícones representando os últimos 12 itens recortados ou copiados. Aponte para um ícone, e uma descrição do item aparecerá. Clique nele, e o item será colado no seu slide.

Como alterar o tamanho dos quadros: quando o tamanho importa

Algumas vezes, você descobre que quer um quadro maior, como quando tem mais texto do que irá caber no quadro que tem. Algumas vezes você quer um quadro menor. Vamos encarar os fatos, você nunca está satisfeito!

Torne o quadro mais largo ou mais estreito — Pegue um dos manipuladores de tamanho no meio dos lados do quadro. Use o manipulador de tamanho para arrastar o tamanho para onde quiser.

Torne o quadro mais alto ou mais baixo — Pegue o manipulador no meio da parte de cima ou de baixo do quadro e use-o para arrastar esta borda para onde quiser.

Encolha ou aumente o quadro inteiro — Para fazer isto e manter o mesmo formato básico e a proporção, segure a tecla **Shift** e arraste um dos manipuladores dos cantos. PowerPoint garantirá que a razão entre a largura e a altura permaneça a mesma.

Sinta-se a vontade para experimentar a mudança de tamanho do seu quadro. Afinal, se você não gostar do novo tamanho, pode simplesmente clicar no botão Undo para apagar as suas mudanças! (O mesmo vale para experimentar outras coisas também!)

É hora de brincar de girar o quadro!

Só porque um quadro tem que ser retangular isto não significa que ele tenha que estar ajustado em cima e em baixo. Você pode inclinar o quadro, ou gira-lo, para colocar seu título em um ângulo vistoso, ou somente para inclinar um pouco o seu diagrama para irritar as pessoas meticulosas (você sabe, do tipo que anda pela sua casa, endireitando os quadros).

Para fazer isto, primeiro selecione o quadro que quer pegar para girar. Clique no botão **Rotação livre** na borda inferior da sua tela. Os manipuladores de tamanho no quadro vão desaparecer, e você vai começar a ver pontos verdes diante dos seus olhos. Não se preocupe, estes pontos são *manipuladores de rotação*. Pegue um destes manipuladores e arraste-o. Um contorno vai mostrar como o quadro gira, girando o centro do quadro, que ainda permanece. Quando você estiver com o contorno no lugar que quer, solte o botão. O quadro vai se inclinar para esta posição. Os conteúdos do quadro também ficam inclinados, assim você tem palavras inclinadas, figuras inclinadas, New Jersey inclinada, e o que mais quiser.

Depois de ter inclinado o quadro, clique, novamente, no botão **Rotação livre** para retornar para um ponteiro normal.

Inclinação precisa

Se você segurar a tecla Shift enquanto estiver girando o quadro, ele irá girar precisamente para o grau 15 das etapas, de modo que só há 24 posições diferentes para qual você pode girá-lo. Isto vem a calhar se você quiser dar a mesma inclinação para várias coisas.

Capítulo 6 ➤ Layout: não é apenas alguma coisa que você faz ao sol   61

O quadro é uma presa fácil

Se você quiser empurrar um quadro em cima do seu slide, clique no quadro **Draw**. Um menu vai aparecer. Selecione **Girar ou Mover**, e um submenu aparecerá. Deste menu, selecione ou **Girar para a direita ou Girar para a esquerda**, e o objeto será girado 90 graus. Para virá-lo de cabeça para baixo, somente faça isto duas vezes. E se fizer isto quatro vezes seguidas, o quadro voltará ao lugar que estava quando começou e você desperdiçou com sucesso 20 segundos!

Quadros em cima de quadros

Você pode criar efeitos interessantes fazendo *superposição*. Não, superposição não significa lamber a casquinha quando todo o sorvete tiver acabado — significa colocar um quadro em cima de outro quadro. Fazendo isto, você pode colocar texto em cima de figuras, texto em cima de outro texto, figuras em cima de figuras, ou até New Jersey em cima de Idaho (se você pudesse colocá-los em quadros).

Colocar um quadro em cima de outro não é um problema: somente mova-o para cima. O problema real é como você vai escolher qual quadro ficará em cima e qual ficará embaixo.

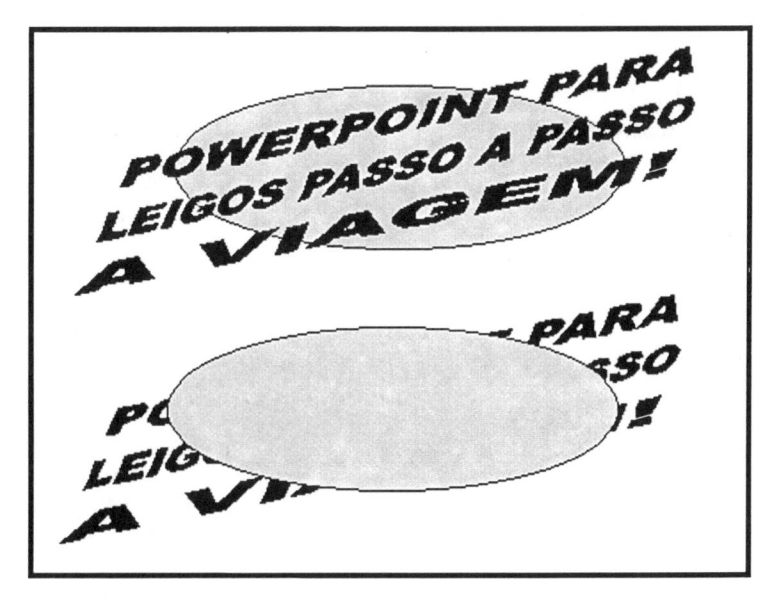

A ordem na qual as coisas são empilhadas faz uma grande diferença. Estas duas pilhas têm a mesma superposição de objetos; na de baixo, entretanto, o círculo está em cima, escondendo o texto.

Quadros indo para cima e para baixo (estes não são chamados de elevadores?)

Para mover o quadro que está em uma pilha, primeiro o selecione. Depois clique nele com o botão direito do mouse, e um menu de atalho aparecerá. Selecione **Ordenar** neste menu, e verá um submenu com quatro comandos nele.

Se você só tiver dois quadros na sua pilha (agora isto não é bem uma pilha, é?), vai selecionar **Enviar para o final** (que pega o quadro selecionado e coloca por baixo na pilha) ou (**Trazer para a frente**) (que o coloca-o no topo da pilha).

Se você tiver uma pilha realmente séria, dois outros comandos vêm a calhar. Selecionar **Trazer para frente** moverá o quadro selecionado para uma posição para frente na pilha. Assim, se você selecionar o terceiro quadro da pilha, ele vai trazê-lo para frente, de modo que o quadro passe a ser o segundo. **Enviar para trás** fará exatamente o oposto, moverá o item selecionado para uma posição para trás.

Busca do quadro que está faltando

Para trabalhar com um quadro, você tem que ser capaz de selecioná-lo. Normalmente, isto é fácil, mas se você tiver um quadro pequeno escondido em baixo de quadros grandes, pode não haver nenhuma parte visível para clicar. New Jersey pode estar completamente escondida em baixo do Alasca. O truque é selecionar o quadro que está por cima, e depois começar a pressionar **Tab**. Cada vez que você pressiona Tab, um quadro diferente é selecionado. Finalmente, o quadro que você quer será selecionado!

Grupos: quadros cheios de quadros

Algumas vezes você vai querer pegar vários quadros e tratá-los como um só, exatamente como quando quer juntar um monte de marshmallows e tratá-los como um grande megamarshmallow. Isto é muito útil quando você tem uma mistura de textos e figuras que você quer copiar e mover juntos, ou se estiver fazendo os maiores megas.

Para fazer isto, primeiro tem que selecionar vários quadros para mostrar o que você quer colocar em um grupo. Este é um truque digno de ter um título próprio, assim aqui está:

Capítulo 6 ➤ Layout: não é apenas alguma coisa que você faz ao sol   **63**

Como selecionar vários quadros de uma vez

Primeiro, selecione um dos quadros. Depois, enquanto estiver segurando a tecla **Shift**, clique nos outros quadros. Os manipuladores de tamanho de cada quadro vão aparecer, mostrando que eles estão selecionados.

Seleção rápida de uma porção

Se todos os quadros que você quiser selecionar estiverem próximos, e não houver quaisquer outros quadros misturados a eles, você poderá selecionar todos eles com um movimento fácil. Aponte para um lugar no alto e à esquerda dos quadros, segure o botão do mouse, e arraste para baixo e para a direita dos quadros. Solte o botão do mouse e verá manipuladores de tamanho em todos os quadros selecionados.

Como formar os grupos

Quando todos os quadros estiverem selecionados, está na hora de agrupá-los. Clique no botão **Draw**, e selecione o comando **Agrupar** do menu que aparece.

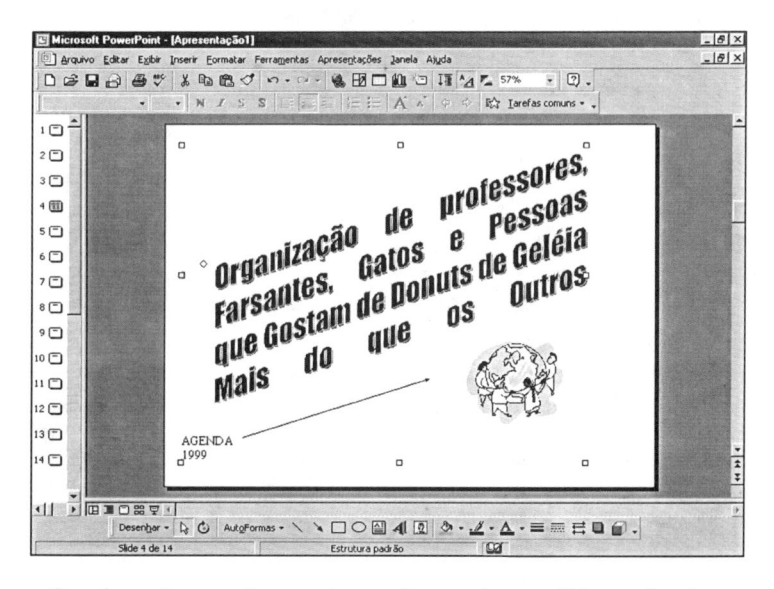

Se nós podemos colocar palavras, figuras, formas, linhas e logotipos dentro de um único quadro, por que não podemos ter a paz mundial?

Kazowie! De repente, todos estes quadros estão em um grande quadro! Em vez de ter uma porção de manipuladores diferentes, eles têm uma série de manipuladores. Tudo o que pode fazer aos quadros individuais, você pode agora fazer a um grande quadro.

Como trazer os que estão sozinhos para dentro do grupo

Qualquer quadro que a característica AutoLayout do PowerPoint embutiu no slide não vai querer se juntar ao grupo. Se você tiver um destes selecionados, não conseguirá usar o comando do grupo. Entretanto, você pode enganar o PowerPoint fazendo ele esquecer que um quadro foi colocado lá pelo AutoLayout. Para fazer isto, escolha Formatar, Slide Layout. No quadro de diálogos Slide Layout, clique duas vezes na imagem do slide em branco.

Depois, selecione o objeto problemático. Clique no botão Recortar, depois no botão Colar. O quadro deve agora estar com a sua aparência original, mas o PowerPoint agora esqueceu que ele é um quadro especial. Se você selecionar, novamente, as partes para o seu grupo, poderá agrupá-los bem! (E não se preocupe por ainda não saber o que é aquela característica Autoformas. Eu vou estar te ensinando isto no Capítulo 8, "Linhas e formas: coisas boas em quadros de tamanhos variáveis.")

Como separar o grupo

Há sempre uma forma de separar os grupos. Você poderia se tornar a Yoko Ono do ajuste de quadro do PowerPoint com esta capacidade! Selecione o grupo, clique no botão **Draw**, e selecione **Desagrupar**.

Todos os quadros do grupo estão separados novamente, cada com um com os seus próprios manipuladores. Se você quiser fazer alguma coisa com apenas um destes quadros, clique fora do lado do slide (para apagar a seleção), e depois selecione o quadro.

O grande circuito de reunião: como reunir o grupo novamente

Teoricamente, você não deve nunca formar um grupo antes de estar absolutamente certo de que todas as partes do grupo estão perfeitas. No mundo real, entretanto, se você esperar até que tudo esteja perfeito para fazer alguma coisa, nunca vai ter nada pronto!

Se você realmente descobrir que aquela parte do grupo precisa ser mudada, ter as medidas alteradas ou ser movida, você terá que separar o grupo usando o comando Desagrupar descrito anteriormente. Depois de fazer a alteração, entretanto, você não precisa passar por todos os contratempos de selecionar tudo. Somente clique o botão Draw e pegue o comando **Reagrupar**. Todos os quadros do grupo vão se reagrupar!

Capítulo 6 ➤ Layout: não é apenas alguma coisa que você faz ao sol

Como dar ao grupo um novo membro

Se você já tiver um grupo, e quiser acrescentar outro quadro a ele, você não precisa quebrar o grupo. Somente selecione o grupo e o novo quadro, e depois selecione **Draw, Agrupar**.

O mínimo que você precisa saber

- ➤ Os itens de um objeto são chamados *objetos*. Cada objeto tem o seu próprio *quadro*.
- ➤ Para selecionar um quadro, clique nele. Para selecionar vários quadros de uma vez só, segure a tecla **Shift** e clique em um de cada vez.
- ➤ Para mover um quadro, selecione-o, clique na sua borda, e arraste-o.
- ➤ Para mudar o tamanho de um quadro, clique nos **manipuladores de tamanho** (quadrados brancos) e arraste para a posição.
- ➤ Selecionar um quadro e depois clicar no botão Recortar irá recortar o quadro do slide, armazenando uma cópia dele na Área de transferência.
- ➤ Você pode colar uma cópia da última coisa que você recortou em qualquer slide indo para o slide e clicando no botão Colar.
- ➤ Para girar um quadro, clique no botão **Rotação livre**, e depois arraste um dos botões verdes no canto do quadro.
- ➤ *Agrupar* coloca uma porção de quadros em um único quadro. Para fazer isto, selecione os quadros, e depois clique no botão **Draw** e selecione o comando **Agrupar**. O comando **Desagrupar** no mesmo menu quebra o grupo de novo em quadros separados.

Capítulo 7

WordArt: o seu amigo para fazer logotipos de baixa calorias

> **Neste capítulo**
> ➤ Criar títulos e logotipos coloridos fantásticos.
> ➤ Estender e moldar as suas palavras.
> ➤ Dar até mesmo às frases superficiais um visual profundo.
> ➤ Colocar fogo na metade do seu departamento de arte.

Um bom logotipo ou um título com uma aparência impressionante pode realmente preparar o palco para uma apresentação boa e impressionante. A característica WordArt do PowerPoint faz estes logotipos impressionantes em um estalo. É uma ferramenta excelente para quando você está tentando passar a sua pequena companhia como um grande conglomerado.

Logotipo instantâneo

Você pode fazer um logotipo em poucos segundos, o que é particularmente bom se você já tiver dito ao seu patrão que levaria uma semana.

Para iniciar, vá para a visualização de slides e pegue o slide onde você quer que o seu logotipo apareça. Clique no botão **WordArt** na barra de ferramentas de desenho, e uma grade de 30 logotipos diferentes aparecerá. Todos eles dizem as palavras *WordArt*, mas todos têm uma aparência diferente. Há WordArts curvados, WordArts reluzente, WordArts coloridos com as cores do arco-íris, WordArts mais diferentes do que você jamais imaginou que fosse ver ou, francamente, que você jamais quis ver!

WordArt está em todos os lugares

A função WordArt não está disponível somente no PowerPoint, mas também em outros programas da Microsoft como Word e Excel. As coisas que você aprender neste capítulo também servem para estes outros programas, e os projetos que você fizer em qualquer um destes programas podem ser usados com os outros.

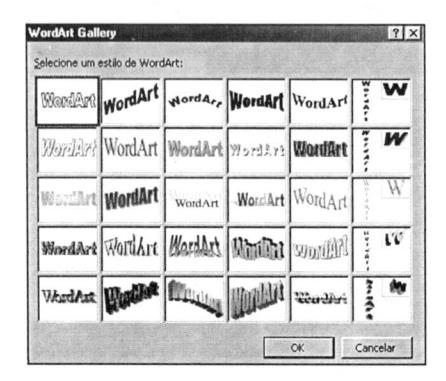

O quadro de diálogos WordArt te oferece 30 projetos diferentes para você trabalhar.

Imediatamente, você pensa que esta é uma ferramenta excelente para ser usada se você estiver criando um logotipo para uma companhia chamada WordArt, mas de outra maneira.... Mas não tema: você pode mudar o texto para qualquer coisa que queira. Clique duas vezes no estilo de logotipo que você quer, e um quadro de diálogos se abrirá perguntando pelo texto que você quer usar. O campo de texto diz ou Your Text Here (Seu texto aqui) ou qualquer outras palavras que estejam atualmente selecionadas no seu slide e se você realmente quer que o seu logotipo diga isto, somente vá em frente e clique agora no botão **OK**.

Naturalmente, se a sua companhia não se incomodar em ser chamada de *Your Text Here* (e por que não? É um nome que parece que ninguém está usando!), você pode digitar o nome da companhia, o título, ou quaisquer outras palavras que queira que sejam um trabalho de arte. Se você quiser que o seu logotipo tenha várias linhas de texto, somente pressione **Enter** entre as linhas. (O quadro de texto automaticamente mudará de linha se você digitar linhas longas, mas as novas linhas que ele iniciar só apareceram no quadro de texto, não no logotipo pronto.)

Capítulo 7 ➤ WordArt: o seu amigo para fazer logotipos de baixa calorias   **69**

Clique no botão **OK**, e a sua obra de arte WordArt aparecerá! E uau, ela terá uma aparência impressionante, não é mesmo? E ela ficaria ainda melhor se fosse de outra cor? Ou um pouco mais larga? Ou se as letras estivessem um pouco mais espaçadas?

Ajustes do WordArt

Para mover e alterar o tamanho do seu WordArt faça como com qualquer outro objeto. Quando você mudar o tamanho do quadro, o logotipo vai automaticamente se redesenhar para refletir o novo tamanho. Mas o logotipo não cabe necessariamente dentro do quadro; o quadro é do tamanho que o WordArt seria se fosse plano. Entretanto, porque muitos WordArt tem um ângulo e são tri-dimensionais, os logotipos podem se estender além das bordas do quadro.

Manipuladores de tamanho

Barra de ferramentas WordArt

Diamantes de formatação

O WordArt freqüentemente se estende além das bordas do quadro.

Além dos quadrados brancos ao redor das bordas da arte, você também deve ver um ou dois diamantes amarelos. Arrastar estes diamantes mudará o formato do seu logotipo. Exatamente o que ele muda depende do tipo de projeto que você escolheu. Se experimentar um diamante, você rapidamente verá o que ele faz (ou, se não experimentar, pode continuar ignorante, o que deve ser interessante).

Botões para os indecisos

Quando você selecionar o objeto WordArt, uma *barra de ferramentas* (grupo de botões) WordArt aparecerá na tela. Dois destes botões são para refazer coisas que você já tenha feito. Estes botões só são úteis se você não fizer as coisas perfeitamente da primeira vez. Eu vou te falar sobre eles, somente para o caso de haver qualquer pessoa imperfeita por aí.

Se você clicar no botão **Galeria WordArt**, a galeria dos 30 projetos diferentes reaparecerá. Clique duas vezes em qualquer projeto para mudar as suas palavras para aquele projeto. Se você olhar para todos os projetos e decidir que estava certo da primeira vez (e simplesmente subestimou a sua perfeição), clique no botão **Cancel**.

O botão **Editar texto** traz o quadro de diálogos Editar Texto WordArt novamente. Naturalmente, você pode usar isto para mudar as palavras do seu logotipo, mas isto não é tudo. Agora que nós não estamos correndo para tentar quebrar o recorde mundial de rapidez na feitura de logotipos, podemos verificar algumas outras características que este quadro de diálogos tem a oferecer.

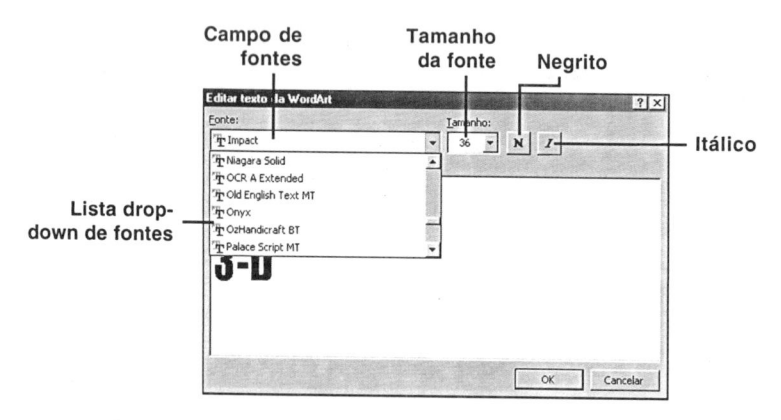

O quadro de diálogos Editar Texto WordArt permite que você mude as suas palavras e a sua aparência básica.

Um par de botões permite que você faça com que o seu texto fique em negrito ou em itálico. O itálico é um pouco complicado porque normalmente faz a palavra ficar inclinada, mas alguns projetos de logotipos vão acertá-las novamente. Versões em itálico das letras são um pouco mais pomposas do que as versões normais em algumas fontes, como na Times New Roman, assim pode valer à pena tentar a mudança para ver qual o efeito que ela tem.

A real casa de força aqui é a lista drop-down de fontes. Abra-a e verá uma lista de fontes que você pode usar para o seu logotipo. Selecione uma fonte, e o seu texto aparecerá na fonte no campo de texto. (O seu logotipo fica melhor se você selecionar uma fonte com um TT perto do nome do que uma sem.) Clique no botão **OK**, e esta fonte será inclinada, esticada, e colorida para fazer o seu logotipo.

Capítulo 7 ➤ WordArt: o seu amigo para fazer logotipos de baixa calorias **71**

Se você tiver um estilo de logotipo muito extravagante, com muitas curvas ou 3D ou outros truques, é melhor que use uma fonte bem simples. Uma fonte extravagante pode ser difícil de ler depois de você ter feito tudo isto com ela.

Aeróbica das palavras: como colocar o seu logotipo em forma

O botão WordArt Shape é usado para mudar a forma da aparência exterior do seu logotipo. Você pode não ser capaz de colocar o seu logotipo no formato de um navio, mas pode colocá-lo no formato de uma onda, no formato de uma ponte, ou em qualquer um das dúzias de outros formatos. Clique neste botão, e um menu visual vai aparecer com figuras de todos os diferentes formatos. Clique no formato que quer, e o seu logotipo será colocado neste formato.

Fatos verídicos sobre TrueTypes

Quando uma letra é mostrada na tela ou impressa, o que você vê é um padrão de pontos que fazem a letra. Algumas fontes estão armazenadas em disco nos arquivos que tem padrões de pontos para todas as letras em cada um dos números de tamanho. Com as fontes TrueType (marcadas com TT) e outras fontes de contorno, está armazenada uma precisa descrição matemática do contorno de cada letra. Quando o Windows exibe texto usando uma fonte de contorno, ele estica o contorno para o tamanho que ele quiser, e depois descobre que pontos vai pegar para completar o contorno. É muito fácil para o computador alterar as medidas, esticar, entortar, e trabalhar com o contorno de outras formas que seriam difíceis de fazer com um padrão de pontos. É por isto que o WordArt fica melhor com as fontes de contorno.

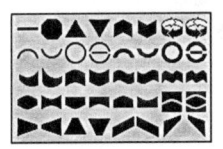

*Escolha o seu formato
do WordArt destes 40 belos formatos.*

Rotação livre: giros sem nenhum custo

O botão Rotação livre na barra de ferramentas WordArt é o mesmo que está na barra de ferramentas de desenho. Entretanto, ele tem um efeito um pouco diferente em um WordArt do que você pode esperar. Arrastar um dos pontos verdes não gira a imagem inteira do logotipo. Em vez disto, ele gira o design básico da parte externa do logotipo. Se você der uma olhada na próxima figura, verá a diferença que isto faz. A versão de baixo do logotipo é somente uma versão girada da que está em cima. Observe que a versão inferior tem efeito de perspectiva 3D, apontado ainda para cima em vez de estar apontado para baixo como você pode esperar depois de ter virado ele de cabeça para baixo. Observe ainda que a graduação da cor ainda vai de cima para baixo, ainda que o que era a parte de baixo seja agora a parte de cima. Finalmente, observe que um logotipo de cabeça para baixo é uma idéia idiota, a não ser que esteja planejando passar a sua apresentação na Austrália.

Virar o logotipo de cabeça para baixo não te dá simplesmente a mesma figura, de cabeça para baixo. (Mas se você colocar os dois logotipos na apresentação, as pessoas que estiverem assistindo poderam ainda lê-lo enquanto a apresentação estivesse fazendo um loop!

Capítulo 7 ➤ WordArt: o seu amigo para fazer logotipos de baixa calorias   **73**

Ajustar para impressão

Há um ditado Egípcio sobre como uma pessoa determina o tamanho das suas letras. Infelizmente, eu não conheço nenhum Egípcio antigo, deste modo eu não sei que ditado é este, mas tenho certeza de que ele é enérgico e sábio.

Aqui estão alguns botões da barra de ferramentas que podem ser usados para ajustar como as letras se encaixam no formato:

|Aa| O botão Mesmas alturas das letras do WordArt estica todas as letras menores de uma linha (como as letras minúsculas) para a mesma altura da maior letra. Isto fica bastante interessante se você estiver planejando um logotipo de uma banda de rock dos anos 60 (apesar de que se eles não têm um logotipo até agora, pode ser que seja muito tarde!), mas parece um pouco bobo para a maioria das coisas. Além disto, ele estica coisas como pontos, vírgulas, e apóstrofos até que eles fiquem ilegíveis.

|Ab| O botão Texto vertical do WordArt muda o logotipo pegando as letras que estão dispostas horizontalmente e colocando-as verticalmente. Horizontalmente é normalmente melhor. Se você precisar de um logotipo alto, normalmente, é melhor fazer um logotipo mais largo e girá-lo. Isto é o que a maioria dos editores fazem com os títulos que vão na lombada dos livros. (Naturalmente, se você der uma olhada na lombada deste livro, irá ver que eu não consegui decidir em qual *direção* as palavras deveriam ficar, assim você tem que sacudir o livro para ler!)

Como aproximar o espaço

Esticar todas as letras para ficarem do mesmo tamanho da maior tem um efeito colateral que pode ser útil. Se você tiver um logotipo com mais de uma linha de texto, isto diminuirá o tamanho entre as linhas. Se você tiver um logotipo com várias linhas sem pontuação, experimente este botão e veja como ficará!

|≡| Em um logotipo de várias linhas, uma linha sempre será menor do que as outras e não ficará em todo o espaço fornecido. Se você não quiser esta aparência irregular, clique no botão **Alinhamento do WordArt** para escolher a forma de lidar com este problema. Ele abre um menu com uma lista de seis formas de lidar com isto. As três primeiras opções movem a linha menor para a esquerda, para o meio, ou para a direita do logotipo, respectivamente. A opção **Justificar as palavras** expande o tamanho dos espaços entre as palavras da linha menor, empurrando a primeira e a última palavras para as bordas. (Isto não faz nenhum efeito se você só tiver uma palavra na linha.) A opção **Justificador de letras** aumenta o tamanho dos espaços entre as letras da linha menor, esticando a linha para se ajustar ao espaço. A última opção é normalmente a melhor: **Justificador de extensão**, que estica as próprias letras para se ajustarem ao espaço.

Finalmente, o botão Espaçamento de caracteres do WordArt é para ajustar o espaço entre as letras. Quando você clicar neste botão, um menu aparecerá, listando cinco níveis de distância. Escolher **Muito afastado** criará uma aparência muito aberta, formal. Do outro lado da escala, Muito apertado fechará tanto o espaço que as letras podem na realidade se sobrepor, criando um efeito muito enérgico. Agora está muito mais fácil de conseguir letras apertadas do que era antes do WordArt ser inventado; naquele tempo, era necessário o quinto uísque para conseguir que elas ficassem realmente apertadas.

Comentário sobre as cores: como preencher as letras

Até aqui, nós nos preocupamos principalmente com o formato do seu logotipo, mas há mais coisas para um logotipo do que formas. Afinal de contas, os arco-íris seriam tão impressionantes se fossem todo cinza em vez de ter as cores das trutas encantadoras das quais eles obtiveram os seus nomes?

Para preencher as suas letras com as suas escolhas de cores, clique na seta para baixo à direita do botão **Cores para preencher** na barra de ferramentas de desenho. Um menu vai aparecer. Este menu tem de 8 a 16 pequenos quadros coloridos. Clique em um destes quadros, e as suas letras ficarão desta cor.

Mas ei, o que é este material com 16 cores? A caixa de lápis de cor *barata* sempre tinha 16 cores. Você deve exigir mais cores para poder escolher! Você vai ter isto, também, porque neste menu também tem uma seleção marcada com **Mais cores para preencher**. Selecione isto, e um quadro de diálogos de cores aparecerá com duas tabulações. A primeira tabulação mostrará centenas de hexágonos coloridos dos quais você poderá selecionar. Clique duas vezes no que quiser, e esta cor vai preencher seu texto.

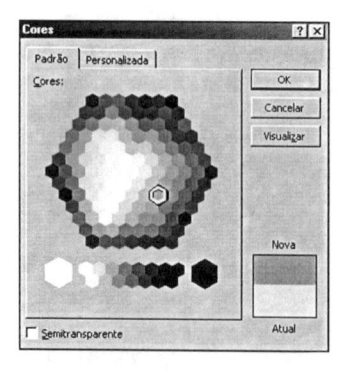

Você pode escolher qualquer cor do espectro.
Bem, todas as cores do hexágono.

Capítulo 7 ➤ WordArt: o seu amigo para fazer logotipos de baixa calorias **75**

Se você não vir a cor certa lá, tente a tabulação **Custom**, que tem milhares de tonalidades diferentes espalhadas por uma grade do tipo arco-íris. A cor que você clicar vai aparecer em uma banda à direita, em uma variação de brilho do mais escuro para o mais claro. Clique nesta banda no nível de brilho que quiser, e depois clique no botão **OK**. Entre o ajuste de cor e o ajuste de brilho, você na realidade tem mais de 16 *milhões* de cores disponíveis. Agora sim *é* um monte de lápis de cor!

Complementos incrementados para um divertimento fabuloso

Ter 16 milhões de cores nas suas mãos é desagradável quando você só pode usar uma de cada vez. Se você clicar na seta para baixo à direita do botão **Cores para preencher** e selecionar o comando **Efeitos de preenchimento**, lá encontrará o lugar onde o material realmente poderoso se esconde! O quadro de diálogos **Efeitos de preenchimento** aparecerá, listando quatro tabulações que contêm ainda mais opções assombrosas de preenchimento:

➤ **Gradiente** cria a graduação de uma cor para outra. Para usar isto, primeiro clique no botão de rádio **Duas Cores**. À direita, dois menus drop-down aparecerão, marcados Color 1 e Color 2. Abra **Color 1** e selecione uma cor das que estão exibidas. (Se você não gostar de nenhuma, pode selecionar **Mais Cores**; isto traz o mesmo quadro de diálogos de cores descrito na seção anterior.) Repita isto com Color 2.

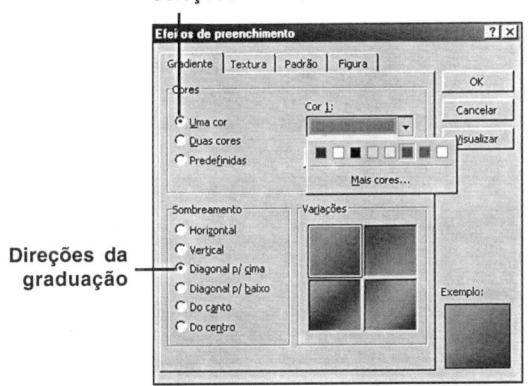

*O quadro de diálogos **Efeitos de preenchimento** está cheio de efeitos!*

Na parte inferior esquerda do quadro de diálogos há uma lista de direções na qual a graduação pode ser feita. Você pode escolher uma graduação horizontal, que vai te dar um efeito do tipo pôr-do-sol, ou uma graduação começando do centro, que dá uma idéia de irradiação. Graduações começando dos cantos estão "na moda" agora; isto é o que você pode chamar de uma novidade de graduação! Quando você selecionar uma graduação, verá duas ou quatro variações deste tipo de graduação nos quadrados da direita. Clique na variação que quiser, e depois clique no botão **OK**. Você verá esta variação no seu trabalho!

➤ **Textura** é a próxima tabulação da lista. Clique nela para dar ao seu logotipo a aparência digna de confiança de um mármore sólido, a aparência poderosa do enorme carvalho, ou a aparência frágil de uma bolsa de compras enrugada. Uma variedade de texturas é exibida. Clique duas vezes em qualquer uma delas, e o seu texto vai ficar com esta aparência.

Graduações mais fantásticas para aficionados em graduações

Clique em **Pré-ajuste** para acessar a lista drop-down Preset Colors de combinações de cores pré-planejadas, incluindo algumas como Gold (Dourado) e Chrome (Cromado) planejadas para parecerem metal. Silêncio pode ser dourado, mas se você quer que as suas palavras fiquem douradas, este é o caminho a seguir. (A seleção da direção da graduação e a variação continuam sendo feitas da mesma forma de antes.)

Como colocar as suas texturas no Textura

A tabulação Textura tem um botão **Outras Texturas** para você acrescentar as suas próprias *texturas*. Texturas são somente imagens que repetem bem (isto é, se você colocar uma bem do lado da outra ou uma em cima da outra, não vê onde termina uma e começa outra; parece uma figura contínua.) Use qualquer programa de arte para criar uma imagem como esta. (Você também pode pegá-las emprestado de séries de fundos da Web.) Clicar no botão Outras Texturas traz um navegador de arquivo Select Texture para selecionar o arquivo com a imagem. Selecione a imagem e clique no botão OK. Esta imagem será acrescentada ao grupo de texturas que você tem para escolher.

➤ Use a tabulação **Padrão** para preencher o seu logotipo com um padrão de duas cores, como listras ou tabuleiros. Na parte inferior da tabulação há duas listas drop-down de seleção de cores: uma para **Primeiro Plano** e uma para **Segundo plano**. Use estas duas listas para selecionar duas cores diferentes. Você verá uma matriz de padrões usando aquelas cores acima dos menus. Clique duas vezes no padrão que quiser, e ele irá preencher as letras.

Capítulo 7 ➤ WordArt: o seu amigo para fazer logotipos de baixa calorias

➤ A tabulação **Figura** é para preencher o seu logotipo com qualquer figura que você quiser. Somente pense: o seu logotipo poderia ter uma foto sua nele! Você sempre foi uma pessoa (ou uma forma de vida alternativa) de palavra, e agora será uma pessoa *na* sua palavra! Para fazer isto, você vai precisar já ter a foto armazenada em formato digital (como um arquivo JPEG, por exemplo) no seu disco rígido. Depois é só seguir estes passos:

1. Na tabulação Figura, clique no botão **Select Picture**. Um navegador de arquivos Select Picture aparecerá. Clique no botão drop-down no final do campo Look In para obter uma lista dos discos dos seus sistemas.
2. Selecione o disco que tem o arquivo. Uma lista de pastas que estão neste disco aparecerá abaixo dele. Clique duas vezes na pasta que tem o arquivo da foto.
3. Quando a pasta se abrir, uma lista de arquivos será exibida. Clique duas vezes no nome do arquivo da foto. O navegador de arquivos irá embora, e a sua foto aparecerá na tabulação.
4. Clique no botão **OK**, e a foto que você selecionou vai estar esticada e preparada para preencher o seu logotipo!

Quando você colocar uma foto em um logotipo, lembre-se de qual será o tamanho que o logotipo vai aparecer na apresentação real. Fotos pequenas ficam com uma aparência ruim quando são muito esticadas. Até esta foto de tamanho médio fica com uma aparência indistinta quando é esticada para preencher a tela.

Pensando no contorno

Você pode colocar um contorno ao redor de todas as letras do seu logotipo. Isto é particularmente interessante quando você tem um logotipo extravagante em um fundo extravagante; isto cria um limite claro entre eles.

Para escolher uma cor para o seu contorno, clique na seta para baixo à direita do botão **Cor da linha** na barra de ferramentas de desenho. Um menu de seleção de cores aparecerá permitindo que você escolha uma das várias cores ou selecione **Mais cores da linha** para obter o quadro de diálogos de cores. Depois de você selecionar uma cor, o PowerPoint usará todo o seu poder cerebral para descobrir que se você quis uma cor para o contorno, deve querer um contorno, e o contorno aparece! (Para se livrar do contorno, clique no botão **Cor da linha** e escolha **Sem linha** no menu.)

Para ajustar a grossura da linha, clique neste botão. Um menu mostrando diferentes grossuras de linhas aparecerá. Pegue a que quiser. (Você pode pegar a que não quer, se quiser, mas eu não sei porque você iria querer fazer isto.)

Você pode até fazer com que a linha vire uma linha pontilhada clicando neste botão, mas linhas pontilhadas normalmente ficam com uma aparência ruim como contornos das letras do WordArt. Então novamente, algumas vezes o feio é feliz! (Foi mais ou menos disto que eu tentei convencer minhas paqueras!)

Quem sabe onde se esconde os sombreamentos nos WordArts dos homens?

Sombreamentos são frescos. É porque o sol está bloqueado deles.

Para construir este frescor no seu logotipo, clique neste botão. Aparecerá um menu de quadros verdes com quadros cinzas por baixo deles. Alguns dos sombreamentos fazem com que o logotipo pareça que está pairando sobre a página, projetando uma sombra nela. Outros fazem parecer que o logotipo está parado verticalmente, projetando uma sombra no chão. Clique no projeto de sombreamento que quiser, e este tipo de sombreamento aparecerá no seu logotipo. Quando você quiser se livrar do sombreamento, clique em **Sem sombreamento** neste menu. (Naturalmente, a única coisa que não projeta uma sombra é um vampiro. Você realmente quer um logotipo vampiro?)

Para ajustar a sombra, clique no botão **Ajustes de sombreamentos** neste menu. Uma nova barra de ferramentas aparecerá. Esta tem quatro botões com figuras de quadros verdes com setas, um com uma seta em cada direção. Elas são usadas para mover o sombreamento, como se você estivesse mudando a luz. (É muito mais fácil mover o sol em um computador do que na vida real!) Clique no botão no final do lado direito para selecionar a cor do sombreamento; isto funciona como todos os outros menus de seleção de cores. Ele também tem uma opção a mais chamada **Semi-transparente**. Clique nele, e o seu sombreamento ficará com a aparência de uma sombra em um quarto bem iluminado, uma que somente escurece levemente as coisas, em vez de bloquea-las completamente!

Capítulo 7 ➤ WordArt: o seu amigo para fazer logotipos de baixa calorias

Com 3D ou sem 3D, eis a questão

As características 3D do WordArt permitem que você faça duas coisas: a *extrusão* do seu logotipo de modo que ele pareça que tem uma profundidade física assim como largura e altura, e a *rotação* do seu logotipo. Certamente, você já pode girar o seu logotipo no mesmo plano do slide (o mesmo tipo de direção dos ponteiros de um relógio de pêndulo). Usando 3D, você também pode gira-lo em oposição ao eixo vertical (como quando você gira um relógio para consertá-lo) ou em oposição ao eixo horizontal (como quando você empurra um relógio de pêndulos para frente, de modo que ele seja destruído no chão).

2 coisas negativas do 3D
Há duas coisas que não funcionam quando você está usando o 3D no se logotipo: sombreamentos e contornos. Ambos desaparecem quando você muda o seu logotipo para 3D.

3-D para você

Para empurrar o seu logotipo rapidamente para 3D, clique no botão **3-D** na barra de ferramentas de desenho, que é o botão principal para todas as operações 3D. Um menu vai se abrir, mostrando um quadrado transformado em 3D com várias rotações e extrusões. Clique na forma que você quer que o seu logotipo 3D fique, e o PowerPoint vai começar a trabalhar. (Se você tiver muito texto no seu logotipo, ele pode levar alguns segundos para o logotipo mudar. Lembre que Roma não foi feita 3D em um dia!)

Estação de criação de rotação

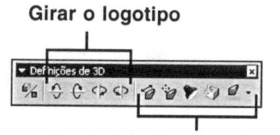

Girar o logotipo

Controles de extrusão e de iluminação

O quadro de diálogos Efeitos de preenchimento está cheio de efeitos!

Se você clicar no botão **3-D** e selecionar **Ajustes 3D** do menu, uma nova barra de ferramentas aparecerá na sua tela. Esta barra de ferramentas tem todas as ferramentas que você precisa para ajustar os aspectos 3D do seu logotipo. Nela há quatro botões com figuras de setas enroladas em volta de varas. Clique em qualquer um destes botões para girar um pouco o logotipo na mesma direção da seta.

Extrusão e intrusão

Os cinco botões à direita da barra de ferramentas Ajustes 3D controlam a extrusão. Clicar no botão **Profundidade** fará surgir um menu dos diferentes tamanhos para a extrusão. Você pode escolher vários tamanhos, do zero ao infinito! É, as suas palavras podem seguir para sempre!

Clicar no botão **Direção** fará surgir um menu para escolher a direção da extrusão. Ela pode ir direto para trás, ou para frente em qualquer uma das oito direções. Este menu também tem dois comandos chamados: *Perspectiva* e *Paralelo*. Estes afetam a aparência das partes mais distantes do objeto 3D. Se você escolher **Paralelo**, as partes mais distantes vão parecer que têm o mesmo tamanho das partes mais próximas. Se você escolher **Perspectiva**, as coisas vão ficando menores à medida em que estão mais distantes. Normalmente, Perspectiva é melhor. (Ora, todas as coisas parecem melhores depois que você as coloca em perspectiva.)

O PowerPoint finge que uma lâmpada está brilhando na extrusão, criando áreas iluminadas e escuras. Para mover a lâmpada não é difícil; afinal de contas, é trabalho iluminado! Somente clique no botão **Iluminação** para escolher entre as oito direções da lâmpada. Há também três escolhas para o brilho da luz.

Clicar no botão **Superfície** fará surgir um menu com quatro escolhas do que a sua extrusão é feita. Tudo isto realmente afeta na quantidade de brilho que ela tem. Fosca não é muito brilhante, Plástica é um pouco, e Metal é bastante brilhante. A Quarta escolha é Quadro de arame, que só mostra as bordas do seu logotipo inteiro.

O último botão, **Cor do 3D**, é a cor da extrusão. Clicar na seta à direita deste botão te dá as opções de seleção de cores normais. Entretanto, ele não permitirá que você selecione quaisquer graduações, padrões, ou texturas; extrusões tem que ser de cores sólidas.

Por que um arame?

Muito poucos logotipos ficam bem no modo Quadro de arame. Entretanto, um logotipo neste modo é exibido muito rápido, porque o computador tem menos coisas para calcular. Se você tem um computador lento, pode querer usar este modo enquanto trabalha em acertar a rotação, e depois mudar para um dos modos sólidos.

Capítulo 7 ➤ WordArt: o seu amigo para fazer logotipos de baixa calorias 81

Logotipos A-Go-Go

Tome cuidado! Agora que você sabe como fazer, vai ficar tentado a escrever todas as suas letras em perspectiva metálica 3D com frentes de mármore!

O mínimo que você precisa saber

- ➤ Clique no botão **WordArt** para começar a fazer um logotipo. Depois clique duas vezes em um estilo, e entre o seu texto.
- ➤ Você pode selecionar uma fonte no quadro de diálogos Text Entry.
- ➤ Use o botão **Word Alignment** da barra de ferramentas WordArt para selecionar como o WordArt lida com uma pequena linha de texto em um logotipo de várias linhas.
- ➤ Clique a seta para baixo à direita do botão Cor para preencher a fim de selecionar uma cor para preencher o logotipo, ou para escolher fantásticos Efeitos de preenchimento.
- ➤ Efeitos de preenchimento inclui *graduações* (para passar de uma cor para outra), *padrões* (padrões de duas cores simples), *texturas* (representações coloridas de pedra, madeira, e outros materiais), e *figuras* (para preencher o logotipo com qualquer figura que você fornecer).
- ➤ Clique na seta para baixo à direita do Cor da linha para selecionar um contorno colorido para o seu logotipo. Clique no botão **Estilo da linha** para selecionar a grossura da linha.
- ➤ Para escolher um estilo de sombra para o seu logotipo projetar, clique no botão **Sombreamento**.
- ➤ Clique no botão **3-D** para transformar o seu logotipo em um objeto 3D. Isto fará surgir um menu das rotações e extrusões básicas do 3D.
- ➤ Selecionar **Ajustes 3D** no menu 3-D fará surgir uma barra de ferramentas 3-D. Esta tem botões para controlar a rotação e a cor, o material, o tamanho, e o ângulo da extrusão.

Capítulo 8

Linhas e forma: coisas boas em quadros de tamanho variáveis

Neste capítulo
- ➤ Colocar círculos, estrelas, quadrados, setas, e outras formas de cereais de marshmallow no seu slide.
- ➤ Colorir estas formas, colocar contorno nelas, e fazer com que elas pareçam tridimensionais.
- ➤ Ponteiros de construção e dísticos para chamar a atenção para as coisas.
- ➤ Preencher os formatos com palavras.

Lembra que eu te falei que você poderia pegar e escolher quais os capítulos iria ler? (O que? Você não leu a introdução? *Ninguém* nunca lê a introdução!) Se você viu ou não quando eu te falei isto, eu menti. Se você vai ler este capítulo, deve ler o capítulo anterior primeiro.

Por que? A característica Autoformas funciona praticamente do mesmo jeito que a característica WordArt. Assim, a maioria do material que eu coloquei no capítulo anterior também se aplica aqui, e eu não quero desperdiçar o seu tempo dizendo a mesma coisa duas vezes. (OK, eu não quero desperdiçar o *meu* tempo digitando tudo duas vezes!)

As formas simples

As coisas que são simples você usa a toda hora. Você usa uma faca de cozinha várias vezes em um dia, pode ser para cortar galinha, abrir a embalagem plástica de salsicha, ou fixar um bilhete escrito "Você comeu todos os meus folheados Krunchy!" na cabeceira da cama do seu companheiro de quarto. Por outro lado, o surpreendente aparelho de descascar frutas eletrônico de luxo com 37 acessórios fica acumulando poeira nas prateleiras da copa, uma perfeita lembrança do mau gosto para presentes da tia Edna.

Com as formas, é a mesma coisa. As simples (retangulares, ovais, linhas, e setas) você provavelmente vai usar o tempo todo, assim cada uma destas tem o seu próprio botão de fácil manejo e de primeira qualidade na linha inferior de botões (a *barra de ferramentas de desenho*).

Linhas e setas e barras, oh meu Deus!

Linhas retas são muito úteis, e não só para ajustar linhas furadas. Com o PowerPoint, você pode rapidamente desenhar muitas linhas de modo que não possa sacudir uma vara nelas. (Embora, para mim, sacudir uma vara nas linhas parece um grande desperdício de tempo.)

➤ Para desenhar uma linha, clique no botão **Linha**. Aponte para onde a linha começa, e depois arraste o mouse para onde a linha termina; a sua linha vai aparecer.

➤ Setas são simplesmente linhas com final com pontas. Os caçadores podem não perceber isto, mas o PowerPoint percebe. Desenhar uma linha com uma seta é exatamente igual a desenhar uma linha sem seta: clique no botão **Seta**, e depois arraste no slide.

➤ Depois de desenhar uma linha (com ou sem um final com ponta), você pode decidir se ela é uma linha ou uma seta clicando no botão **Estilo de Seta**. Um menu de diferentes estilos de setas aparecerá. Você pode escolher uma seta com um número de diferentes tipos de final com pontas. Você pode escolher uma seta com os dois lados com pontas. (Os caçadores detestam flechas como estas, porque elas sempre furam o seu dedo enquanto você as está disparando.) Você pode até escolher setas sem nenhum final, neste caso elas voltam a ser uma linha.

➤ Para mudar a grossura da linha, clique no botão **Estilo de linha** e escolha uma grossura.

➤ Para fazer uma linha pontilhada (ou uma seta pontilhada!) clique no botão **Estilo Pontilhado** e escolha um estilo pontilhado.

➤ Finalmente, você pode ajustar a cor da linha clicando na seta para baixo perto do botão **Linha de cor**.

Linha que pula?

Se o final da sua linha parece pular enquanto você está desenhando, é porque você está com a característica *Grade* ligada. Esta característica trata o slide como um pedaço de papel de gráfico, mantendo todos os seus pontos e cantos nas interseções das linhas. Você pode desligar isto clicando no botão **Desenhar** e selecionando **Encaixar, Na grade**, ou pode deixar isto de lado segurando o botão **Alt** enquanto desenha as formas.

Formas ovais ótimas e retângulos corretos

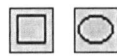

Use os botões Retângulo e Oval para desenhar retângulos e formas ovais, respectivamente. Clique um deles, aponte para onde você quer que um canto do retângulo esteja, e depois arraste para o canto oposto. Se estiver desenhando uma forma oval, será uma que vai para as bordas da área retangular que você arrastou.

Um quadrado é somente um retângulo planejado por alguém que não conseguiu decidir qual lado deveria ser maior. Um círculo é somente uma forma oval que esqueceu de se esticar. Desenhar um quadrado e um círculo é o mesmo que desenhar um retângulo ou uma forma oval, somente segure a tecla **Shift** enquanto estiver fazendo isto. O PowerPoint vai garantir que ele esteja com todos os lados iguais.

O centro para corrigir a centralização

Algumas vezes você pode precisar de um retângulo ou uma forma oval com o seu centro em algum ponto preciso. Agora, se você é muito bom em desenhar estes objetos da maneira normal, você mesmo pode centralizá-los. Mas se você não é uma pessoa que centraliza bem, tente desenhá-los apontando o lugar onde quer que o centro esteja, e depois segure a tecla **Ctrl** enquanto você arrasta o mouse para o canto mais distante.

Cores, linhas, preenchimentos, sombras, e outras coisas supérfluas

Agora que está com a sua forma no lugar, você quer que ela tenha a cor certa e o contorno certo e talvez até queira sombras e efeitos 3D. O modo como você faz todas estas coisas é exatamente o mesmo que usou para o WordArt! É isto, somente volte algumas páginas, as instruções estão todas lá. Eu vou esperar aqui enquanto você vai lá e relê estas páginas.

(Larali-lálá, lari-lálá, lá lá lá lá!) Você está te volta? Que bom! Agora vamos para:

Formas extravagantes: elas não são mais somente para os marshmallows!

Círculos e quadrados são bons para o uso diário, mas uma companhia está a caminho, e você precisa de alguma coisa mais extravagante! Você precisa de linhas onduladas e setas e rostos alegres! O PowerPoint está equipado? Pode crer! Somente clique no botão **Autoformas** na barra de ferramentas de desenho, e você irá obter um menu de tipos de formas. Cada tipo tem o seu próprio submenu, te mostrando todas as formas que ele pode oferecer! Vamos examinar a lista parte por parte.

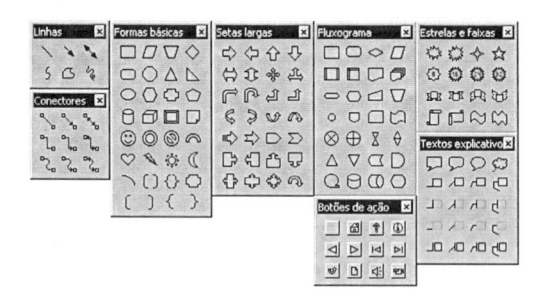

Cento e cinqüenta e uma formas nas pontas dos seus dedos, agrupadas por tipos.

Lines

A primeira linha do submenu Linhas te mostra linhas retas, mas droga, nós já sabemos como fazer isto. Mas abaixo delas, nós temos linhas curvas de vários tipos, e estas são bem mais excitantes. A primeira delas faz curvas homogêneas: somente clique onde você quer que fiquem alguns pontos-chave da linha (clique duas vezes no último ponto), e o PowerPoint vai moldar a curva para seguir estes pontos. Use as outras duas para desenhar qualquer linha que queira — pelo menos, qualquer linha que possa fazer com o seu mouse, que não é a ferramenta para desenhar mais fácil de usar do mundo. Somente selecione uma delas, e depois segure o botão esquerdo do mouse enquanto desenha.

Capítulo 8 ➤ Linhas e forma: coisas boas em quadros de tamanho variáveis **87**

Como alterar a linha

Se você criou a sua própria linha e quer fazer ajustes nela, clique a linha com o botão direito do mouse e selecione **Editar Pontos** do menu de atalho. Os pontos principais da sua linha vão aparecer como quadrados pretos. Em uma linha reta, só há dois: um em cada final. Entretanto, você pode clicar em qualquer lugar da linha e arrastar para criar um novo ponto principal, e depois arrastá-lo para onde quer que ele fique. Com o uso deste método, você pode transformar uma simples linha reta em um zigzag de qualquer proporção que queira.

Se você quiser fazer a sua própria forma de objeto, use uma daquelas opções de linhas que não são retas, e termine a sua linha no mesmo lugar que começou. PowerPoint vai considerar que você está fazendo uma forma, e vai permitir que você a preencha.

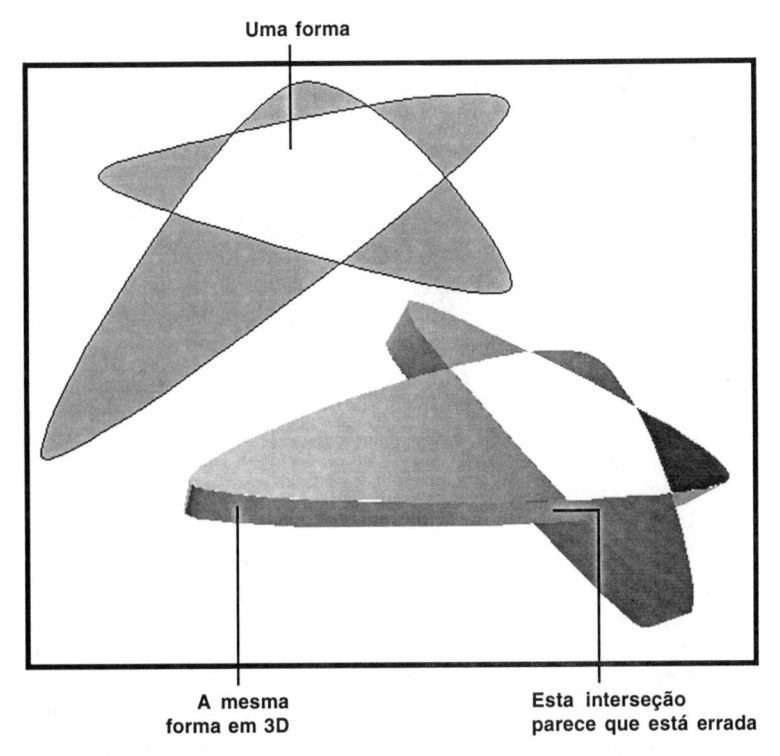

Uma forma

A mesma forma em 3D

Esta interseção parece que está errada

Se você cruzar linhas enquanto estiver criando uma forma, o PowerPoint considera que algumas áreas estão fora da sua forma, como pode ser visto na figura superior. As interseções não parecem certas quando você torna a forma tridimensional.

Conectores

Diagramas são muito importantes em uma organização. Sem um diagrama organizacional, a única forma de dizer quem é o patrão é ver quem pode chegar atrasado sem que ninguém grite com ele. Muitos diagramas precisam de linhas conectoras para mostrar como as coisas estão relacionadas. O submenu Conectores tem uma variedade destas linhas. Algumas destas são linhas retas básicas; outras são linhas curvas ou com ângulos. Você as usa exatamente como as linhas retas. Aponte para o ponto inicial, e arraste para o ponto final. Diferente de uma linha regular, os conectores se "agarram" aos objetos existentes no seu slide, assim os conectores nitidamente atam um objeto ao outro. Você pode até fazer uma linha pontilhada ou mudar as pontas das setas usando os botões apropriados.

Muitos conectores vão mostrar diamantes amarelos no meio quando forem selecionados. Arrastar este diamante amarelo vai mudar o padrão que este conector usa, o que é muito útil quando você está tentando fazer com que ele passe ao redor de outros objetos em um diagrama.

Basic shapes

Esta é uma coleção de várias formas. Duas delas têm sombreamentos embutidos para conseguir um efeito 3D sem usar as características 3D. Se você escolher uma destas, lembre-se de que elas ficam melhores sem um contorno. A maioria delas tem controles de diamantes amarelos que permitem que você as mude de uma maneira interessante. A minha favorita é a cara feliz (uma escolha estranha de uma "forma básica" para começar!) onde você pode usar o diamante amarelo para transformar o sorriso em uma carranca. Que sentimento de poder!

Setas em blocos, Diagrama de fluxo, Estrelas, e Faixas

Estes três menus tem o tipo de formas padrão que os seus nomes descrevem. Setas em blocos são setas grandes, grossas, e com estilos decorados. O submenu Diagrama de fluxo tem todas as figuras especiais que você vai precisar para computar e processar diagramas. Estrelas e Faixas têm rolos de pergaminho, faixas e estrelas — não estrelas de verdade, que são grandes bolsas de gás inflamável, mas estrelas do tipo medalhão laminado bem exatas. Algumas das imagens das estrelas no menu têm números dentro delas; estes números indicam quantas pontas a estrela vai ter. O número não vai aparecer na forma propriamente dita.

Dísticos

Dísticos são membros especiais da nossa pequena família Autoformas, porque eles são planejados para ter texto dentro da forma. Dísticos não incluem somente quadros simples com linhas saindo deles (útil para explicar parte de uma figura), mas também palavras no estilo de livros cômicos e balões de pensamentos (úteis para mostrar que parte do seu desenho está pensando).

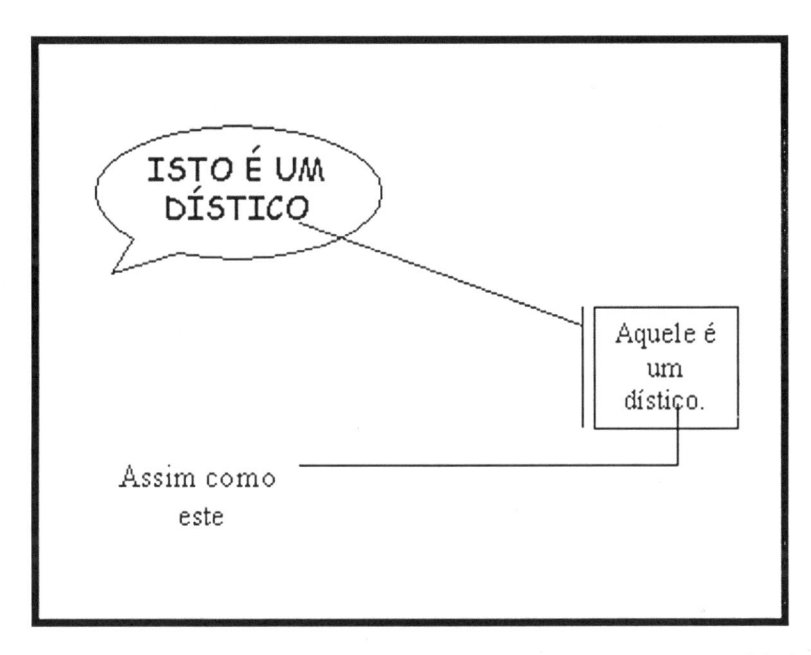

Capítulo 8 ➤ Linhas e forma: coisas boas em quadros de tamanho variáveis   **89**

Três tipos de dísticos: um balão de palavras, um dístico com um quadro visível, e um dístico sem um quadro visível.

Depois de desenhar o seu dístico, você pode começar a digitar, e isto aparecerá na área de texto. Dísticos são como outros quadros de texto; você pode alterar os seus tamanhos, justificar o texto, usar fontes diferentes, e assim por diante.

Os dísticos ficam fixos

Como com qualquer outra forma, você pode usar as características 3D nos dísticos. Entretanto, o 3D não vai afetar o texto que está no dístico. Se você só está fazendo a extrusão do dístico, isto não vai ser um problema, mas se girar o dístico, o texto não vai girar com ele. Se você quiser um texto que possa ser girado, precisa usar o WordArt, descrito no capítulo anterior.

Botões de ação

Botões de ação são planejados especificamente para serem usados com características de apresentações interativas, que é alguma coisa que não aparece neste livro até o capítulo 13, "Clique aqui para interatividade". Eu explico esta matéria lá, onde ela vai fazer mais sentido.

Mais Autoformas

A última entrada no menu Autoformas é **Mais Autoformas**. Selecione isto, e um quadro de diálogos se abrirá exibindo mais formas, na maioria, coisas com um objetivo especial como figuras de telefones e cadeiras e coisas do tipo. Clique com o botão direito do mouse em uma destas formas e selecione **Inserir** para acrescentá-la ao seu slide, e depois clique no botão Fechar (x) no quadro de diálogos.

A boa notícia é que você pode acrescentar formas à exibição do Mais Autoformas, ou formas que você conseguiu fazendo download ou as que conseguiu em disco. Isto acontece porque esta é uma parte da *Galeria ClipArt,* uma coleção de imagens, sons, e vídeos que pode ser ampliada. Você vai aprender como usar esta galeria no Capítulo 9, "Como colocar as figuras nos seus devidos lugares".

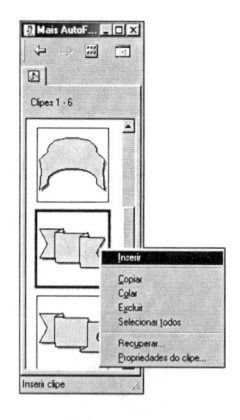

A característica Mais Autoformas te dá acesso a muitas e muitas figuras de contorno ... ou estes são fechos e fechos? Dependendo da sua instalação, as formas que você vê podem variar.

A má notícia é que a maioria das formas aqui não é tão boa quanto as Autoformas usuais. Com praticamente qualquer uma das seleções principais da forma automática, você pode girar, colorir, transformar em 3D, ou ajustar com um diamante. Com a maioria das seleções do Mais Autoformas, entretanto, você só pode fazer algumas destas coisas, se puder. Elas aparecem

Capítulo 8 ➤ Linhas e forma: coisas boas em quadros de tamanho variáveis

automaticamente onde elas querem aparecer e no tamanho que elas querem ficar, em vez de permitir que você as arraste para o lugar, impedindo que você mova as figuras e altere os seus tamanhos. Levando tudo em consideração, você provavelmente não vai *Mais Autoformas* muito freqüentemente; terá que se arranjar com as 151 formas que já tem.

Como colocar o seu texto em forma, literalmente

Você pode colocar texto em qualquer uma destas formas, exceto nas linhas (que não têm nenhum espaço para texto). Para fazer isto, clique primeiro no botão **Quadro de texto**, e depois na forma. O retângulo ao redor da forma se transforma em um quadro de texto, e você pode começar a digitar.

A grande diferença entre isto e um quadro de texto normal é que o texto começa no meio do quadro em vez de começar no topo. Deste modo, é mais provável que termine dentro da forma do que nas suas bordas. Se você acrescentar mais texto, o PowerPoint mantém o texto centralizado no retângulo.

Como mudar a forma: eu nunca fiz metamorfose, eu não gostava

Se você mudar de idéia a respeito da forma que quer, pode mudá-la sem ter que refazer todos os contornos, cores, e texto que você escolheu. Somente clique no botão **Desenhar** e selecione **Mudar Autoformas** no menu. Lá você vai ver um menu de todas as formas padrão (exceto Linhas e Conectores — este processo não te permite trabalhar com linhas e conectores de modo algum) e poderá escolher o que você quiser.

Lembre: você também pode girar e mover formas rapidamente, como qualquer outro quadro. Todos os comandos estão no menu **Desenhar**.

O mínimo que você precisa saber

➤ Para desenhar uma forma você só precisa selecionar a forma da barra de ferramentas ou do menu Autoformas, e depois arrastar o mouse de um canto ao outro de onde você quer que a forma fique.

➤ Se você segurar o botão **Ctrl** enquanto estiver desenhando a forma, o lugar onde você começou a arrastar será considerado o centro da forma em vez de ser considerado o canto.

➤ Se você segurar a tela **Shift** enquanto estiver desenhando uma forma oval, ela será um círculo perfeito.

➤ Se você segurar a tecla **Shift** enquanto estiver desenhando um retângulo, ele será um quadrado perfeito.

➤ Muitas formas mostram diamantes amarelos quando você as seleciona. Eles podem ser arrastados para ajustar a forma de diferentes maneiras.

➤ As cores, efeitos de preenchimento, contornos, sombreamentos, e efeitos 3D funcionam com as formas do mesmo jeito que funcionam no WordArt.

➤ Dísticos são formas com ponteiros e áreas de texto. Depois de criar um dístico, é esperado que você entre o texto.

➤ Você pode colocar o texto em qualquer forma clicando no botão **Caixa de texto**, e depois na forma.

➤ Se você desenhar uma linha ou uma seta, clique no botão **Estilo de seta** para obter um menu onde possa selecionar quais os finais que têm pontas de setas e que tipo de ponta de seta eles têm.

Capítulo 9

Como colocar as figuras nos seus devidos lugares

Neste capítulo
- Colocar figuras no seu slide.
- Colocar as figuras no tamanho apropriado.
- Projetar uma sombra para a sua figura (Não, eu não quis dizer "Neste filme, Alec Baldwin vai interpretar A Sombra".)
- Completar as formas com palavras.

Dizem que uma imagem vale por mil palavras, mas você alguma vez já tentou trocar uma imagem por mil palavras? Onde você tirou aquela foto antiga da Mary Friedman comendo bolo no bar da sua prima para conseguir, vamos dizer, mil opções de advérbios? Mais uma vez, *as pessoas* não sabem o que dizem.

Uma figura *é* digna de receber atenção. Colocando a figura certa na sua apresentação, você não só vai conseguir esta atenção, como vai fazer bom uso da atenção que conseguir. Uma vez que tenha a atenção deles, você pode atingir o seu objetivo principal: vender para eles o seu espaço de condomínio para temporada no terreno de pântano no melhor lugar da Flórida.

De onde vem as figuras?

Para colocar uma figura nos seus slides, você precisa ter uma figura, e ela terá que estar armazenada em um arquivo que o seu computador possa ler. Por *figura*, nós não queremos dizer necessariamente fotografia. Pode ser um desenho, um logotipo, uma renderização ray-trace; qualquer item visual plano é considerado uma figura. (O pessoal de computação freqüentemente se refere a isto como *imagem* e o pessoal de editoração chama de *gráficos*, mas nós seremos humanos genuínos a chamaremos de figuras.)

Como obter figuras pré-prontas

Muitas figuras já estão aí fora no formato de computador. Muitos camaradas vendem CD-ROMs cheios de fotos e desenhos especificamente destinados para que pessoas como você (e até pessoas mais baixas que você) usem como parte das criações dos seus próprios computadores. Além disto, a Internet está cheia de figuras que você pode baixar para o seu PC e usar. (Só porque você *pode* baixar e usar a figura não quer dizer que esteja *autorizado* a fazer isto. Se o criador disser que a figura é de *domínio público*, significa que os direitos autorais dela foram renunciados, e ela está livre para ser usada. De outra forma, você tem que obter permissão.)

O PowerPoint ainda vem com uma biblioteca de desenhos chamada *clip art* que você pode usar na sua apresentação. O clip art funciona de uma maneira um pouco diferente das outras figuras. Eu vou explicar como usar as figuras do clip art mais tarde neste capítulo.

PC: criador de figuras

Muitos programas aí fora permitem que você crie as suas próprias figuras. Há até um básico que você recebeu de graça com o Windows, chamado Paint. (Você vai encontrá-lo no seu menu **Acessórios de programas** se você clicar no botão **Start**. Alguns destes programas permitem que você desenhe uma nova figura usando o mouse. Outros permitem que você crie objetos ou áreas imaginários na memória do computador, e depois permitem que você escolha um ponto de onde fotografar o objeto (estes são *programas de renderização de 3D* ou *de ray-trace*).

Se você usar um destes programas, tem que se certificar de que ele pode salvar os arquivos em um formato de gráfico que o PowerPoint possa usar. Centenas de formatos diferentes estão aí fora. A boa notícia é que quase todos hoje em dia armazenam em um formato que o PowerPoint entende. Se o programa cria arquivos que terminam em .bmp, .cgm, .cdr, .dib, .drw, .emf, .eps, .fpx, .gif, .jpeg, .jpg, .pcd, .pct, .pcx, .png, .rle, .tga, .tif, .wmf, ou .wpg, o PowerPoint pode lê-los. (Se você pode pronunciar a última sentença de uma vez só, cumprimente-se!) Se você tiver arquivos que não estão nestes formatos, programas de tradução (como Graphics Workshop) podem ser capazes de pegar o seu arquivo e transformá-lo em um arquivo que o PowerPoint possa ler.

Qual é o melhor formato?

Muitos programas deixam você escolher em qual formato vai salvar um arquivo. Se você tiver um desenho simples com apenas algumas cores diferentes, o formato Graphics Interchange File (.gif) será o melhor. Se você tiver mais cores e quiser uma reprodução exata, use o formato PC Paintbrush (.pcx). Se você tiver muitas cores (particularmente se estiver trabalhando com uma fotografia digitalizada) e está preocupado com a quantidade de espaço que o seu arquivo vai tomar, use o formato Joint Photographic Experts Group (.jpg ou .jpeg).

Capítulo 9 ➤ Como colocar as figuras nos seus devidos lugares   95

Copiadores: como usar uma figura de fora

Se você tiver um desenho, uma fotografia, ou qualquer tipo de documento que não esteja no formato de computador (você ainda tem papel? Como está atrasado!), você pode colocá-lo no computador usando um *scanner*. Um scanner tira uma foto da sua foto e armazena no computador. Scanners se tornaram uma verdadeira barganha ultimamente, e até os que estão abaixo dos U$100 devem satisfazer as suas necessidades do PowerPoint.

Se você já tem um scanner, não tem que iniciar outro programa para escanear. Somente clique no menu **Insert**, selecione **Picture**, e depois do submenu selecione **Do scanner ou da câmera**; o PowerPoint vai iniciar o seu software de scanner. (Como o seu software de scanner funciona depende de qual scanner você tem. Verifique o manual do seu scanner para maiores detalhes.)

Como obter a figura: obter a figura?

Para obter uma figura existente em um disco e colocá-la em um slide, selecione o menu **Insert** e do submenu **Picture** selecione **From File**. O quadro de diálogos Insert Picture se abrirá te mostrando uma lista de arquivos. Clique na seta drop-down no final do campo Look In, e selecione o disco com o arquivo desta lista. Uma lista de pastas e arquivos de figuras aparecerá. Se os seus arquivos de figuras estiverem em uma pasta, clique duas vezes na pasta. Continue navegando até encontrar os seus arquivos. Depois clique no arquivo que quer e no botão **Insert**.

Agora, se você é perfeitamente organizado, os seus arquivos têm todos estes excelentes nomes grandes que te dizem exatamente o que eles são, você pode encontrar a pasta mais facilmente. Para o resto de nós (e nós somos a maioria, portanto não deixe estes tipos piegas pegarem você!), você se encontrará diante de uma lista de nomes de arquivos como *test3.gif*, *feb273.jpg*, e *other.pcx*, sem uma pista do que estas figuras contêm. Não se preocupe, o PowerPoint tem uma característica de visualização rápida da figura para pessoas como você.

Para visualizar as figuras, clique na seta drop-down que esta próxima ao botão **Views**, e selecione **Visualizar** na lista que aparecerá. A área da lista de arquivos se quebrará em dois painéis. Clique um arquivo de figura na lista de arquivos (o painel esquerdo), e uma visualização desta figura aparecerá na área de visualização (o painel direito). Deste modo, você pode continuar clicando nos arquivos até encontrar o que quer, e depois clique **Insert**.

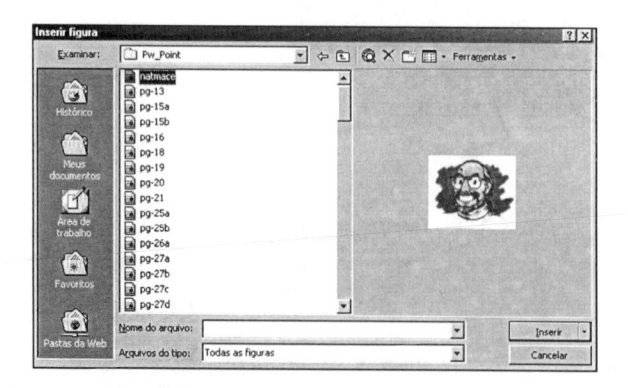

Clique no arquivo de figura, e a figura será exibida. Certifique-se que você não tem nenhuma foto minha nos seus diretórios (como esta feita pelo Ted Slampyak), pois elas podem assustar crianças pequenas e animais de estimação.

Como arrumar a cena

O tamanho de uma figura de computador é medido em *pixels*, os pequenos quadrados que formam a imagem na tela do computador. A figura do computador é formada por uma grade de pontos, e o PowerPoint considera que você quer que a figura seja exibida no seu tamanho *natural*, um ponto da figura por um ponto da tela. Mas este pode não ser o tamanho que você quer que ela fique.

Quando você insere a figura no seu slide, ela tem manipuladores de tamanho (quadrados brancos) nos quatro cantos e no centro de todos os quatro lados. Somente arraste um destes manipuladores para mudá-la para o tamanho que você quer. Arraste um manipulador que está no centro de um lado para mudar este lado, ou arraste um canto para mudar duas dimensões de uma vez só.

Capítulo 9 ➤ Como colocar as figuras nos seus devidos lugares　　　　　　**97**

Manipuladores de tamanho

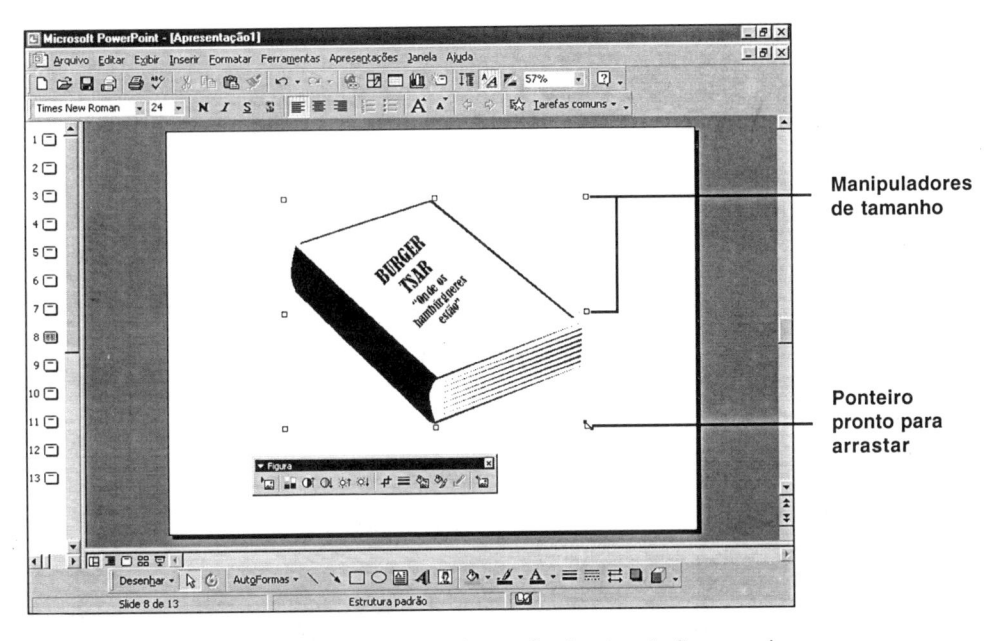

Ponteiro pronto para arrastar

Os quadrados brancos ao longo das bordas da figura podem ser arrastados para que o tamanho da figura seja alterado.

Natural é bom

As figuras ficam melhores nos seus tamanhos naturais. Diminuir a figura significa dizer que não haverá espaço para exibir alguns dos pontos da figura, e os detalhes se perderão. Aumentá-la significa dizer que os seus pontos foram esticados para cobrir vários pontos da tela, o que torna a figura granulada.

A barra de ferramentas de figuras: uma linha de figuras para trabalhar com figuras

Se você quiser fazer mudanças maiores na figura como desenhar um bigode e um óculos em todo mundo que estiver na foto (ou, no caso de uma foto minha, apagar o bigode e o óculos), o PowerPoint não é o lugar para fazer isto. Inicie o seu programa de arte favorito e trabalhe na foto lá antes de acrescentá-la ao seu slide.

Entretanto, se você só quiser arrumar a figura ou ajustar as cores, não há nenhuma necessidade de usar outro programa. Você pode encontrar a maioria das ferramentas que precisa na barra de ferramentas de figuras. Para ver esta barra de ferramentas, somente clique com o botão direito do mouse na figura e selecione **Exibir a barra de ferramentas de figuras.**

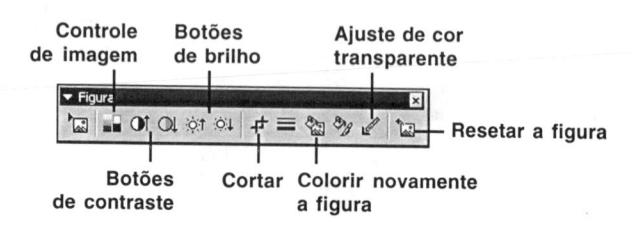

```
         Controle      Botões        Ajuste de cor
         de imagem     de brilho     transparente
                                                    — Resetar a figura
         Botões        Cortar   Colorir novamente
         de contraste           a figura
```

A barra de ferramentas de figuras.

Figura diet:
como cortar a sua figura

A Microsoft deve supor que mais planejadores de gráficos do que fazendeiros vão usar o PowerPoint, porque a sua ferramenta de *corte* é usada para diminuir em vez de ser para aumentar. Corte é o que você usa quando tem uma figura de uma rosca inteira e o que quer é a figura do buraco da rosca.

Para fazer isto, clique no botão **Cortar** na barra de ferramentas de figuras. O seu ponteiro vai mudar para comparar a figura ao botão. Use o ponteiro para arrastar um dos manipuladores de tamanho na direção do meio da figura. Quando você liberar o manipulador, toda a figura que estiver fora do novo retângulo desaparecerá. (Estas partes da figura que estiverem faltando estão fora na mesma terra invisível que os palavrões que eles cortam dos filmes na TV.) Cortando por todos os quatro lados, você pode isolar a parte da figura que quiser.

Como esquematizar para mudar
o esquema colorido

PowerPoint te dá um número de formas para mexer com as cores, para fazer com que elas fiquem mais do jeito que você quer. Algumas vezes, cores que ficam bem quando a figura está sozinha não ficam tão bem quando ela está no meio do seu slide, cercada e atormentada por outras figuras, formas, e fundos.

Uma das mudanças de cores mais intensas que você pode fazer é tornar uma cor da sua figura invisível (ou, como a Microsoft chama, *transparente*). Agora, por que você iria querer fazer isto? Se tiver uma figura que seja tão feia que não queira nem ver, você simplesmente não a coloca no slide, certo?

Capítulo 9 ➤ Como colocar as figuras nos seus devidos lugares

Não é para isto que a transparência serve. A razão principal para tornar uma cor invisível é que isto te permite ter uma figura que não tenha aparência retangular. Se a sua figura é de uma rosca, e tudo o que está fora das bordas da rosca é vermelho, você pode tornar todo este vermelho invisível clicando no botão Ajustar cor transparente, e depois em uma parte vermelha da figura. De repente, você não vê mais o vermelho; aonde quer que o vermelho estivesse, você pode ver através a próxima coisa do slide! Você só pode tornar uma cor invisível em cada figura, e somente aqueles pixels que combinam exatamente com aquela tonalidade desaparecem. (Tome cuidado! Tentando tornar uma parte da sua figura invisível, você pode fazer o mesmo com as outras partes que forem da mesma cor. Você pode ter que usar um programa de desenho livre para mudar a cor da parte que quer que fique invisível, para ter certeza que ela não é da mesma cor de mais nada.)

Com a cor branca ficando invisível, a figura perdeu a sua borda branca. Entretanto, porque a mesma cor é usada em outros lugares da figura, meus dentes e meus olhos foram nocauteados também (ai!).

Se você achar que tem muitas cores na figura toda, experimente clicar no botão **Controle de Imagem**. Isto fará surgir um menu de estilos de cores diferentes. Clicando em **Escala cinza**, você pode se livrar de todas aquelas cores lindas e transformar a sua figura em uma versão em preto, branco e cinza. Se até o cinza for muito extravagante para o seu gosto, experimente **Preto e Branc**. Ou, se só quiser uma coisa bem mais clara, selecione **Marca d'água**; você terá uma versão clara da sua figura. (Marca d'água é realmente útil se você quiser usar a figura como pano de fundo para palavras ou para outras imagens, porque as cores claras provavelmente não vão tirar a atenção do que você colocar na frente delas.)

Quatro outros botões na barra de ferramentas de figuras permitem que você ajuste a figura de acordo com o contentamento do seu coração (não confundir com *conteúdo* do seu coração, que seria sangue):

> ➤ 🔆 **Mais brilho** — Faz com que todas as cores da figura fiquem mais brilhantes.

> ➤ 🔅 **Menos brilho** — Faz com que todas as cores fiquem mais escuras.

> ➤ ◐ **Mais contraste** — Faz com que as partes brilhantes da sua figura fiquem mais brilhantes, enquanto faz com que as partes escuras fiquem mais escuras. Isto pode fazer com que algumas coisas se sobressaiam melhor.

> ➤ ◑ **Menos contraste** — Clicar neste botão diminui o contraste.

Se você quiser aumentar o brilho das cores ou diminuir muito o contraste (ou qualquer outra coisa), tem que continuar clicando no botão — pode somente mantê-lo pressionado.

Como colocar moldura na sua figura

Colocar moldura na sua figura no PowerPoint é fácil, e custa bem menos do que colocar a moldura na vaca roxa que o seu filho desenhou para você no acampamento de verão! Os seguintes botões na barra de ferramentas de desenho podem te ajudar a aperfeiçoar a sua apresentação de figuras:

> ➤ ≡ Use o botão **Estilo de linha** para colocar uma borda ao redor da figura.

> ➤ ✏️ Use a seta para baixo que está à direita do botão Estilo de linha para selecionar a cor da borda. Entretanto, a linha será sempre retangular. (A linha não sabe se você ajustou uma das suas cores para ser invisível.)

> ➤ ▣ Por outro lado, se você usar o botão **Sombreamento** para criar uma sombra, somente as porções visíveis da sua figura vão projetar uma sombra. A sombra sabe!

> ➤ Você também pode usar as ferramentas **Cores para preencher** e **Efeitos de preenchimento** para trocar a cor invisível por outra cor, textura, ou padrão. As ferramentas funcionam da mesma forma que funcionam com as formas.

Como girar a sua figura

Você não pode. As figuras não giram. Entretanto, você pode abrir algumas imagens em um programa que suporte rotação, como o Microsoft Photo Editor que vem grátis com algumas versões do Office, e fazer a sua rotação lá.

Capítulo 9 ➤ Como colocar as figuras nos seus devidos lugares   **101**

Clip Art: pode ter seu tamanho alterado, pode ser reutilizado, mas não pode ser reembolsado (porque ele é grátis!)

Com o PowerPoint, a Microsoft te dá uma porção de figuras já prontas, que eles chamam de *clip art*. Quando a Microsoft diz clip art, entretanto, ela quer dizer alguma coisa um pouco mais específica do que quando as outras pessoas dizem clip art. Clip art é geralmente usado para se referir a qualquer pedaço de arte que você esteja autorizado a usar no seu trabalho. A Microsoft usa isto para se referir a pedaços de arte que estão em um formato determinado e especial, um formato que é bastante útil.

As figuras do clip art da Microsoft não são definidas como séries de pontos. Em vez disto, linhas e curvas matematicamente definidas as definem. Por causa disto, uma figura do clip art não tem um tamanho natural. Você pode pegar uma figura do clip art e colocá-la do tamanho que quiser, e o computador vai desenhar as linhas e curvas para este tamanho. Desta forma, a figura não fica com uma aparência granulada, e a não ser que você a torne razoavelmente pequena, ela não perde detalhes.

Clip art, oh clip art, onde estás tu?

Para encontrar o clip art, clique no botão **ClipArt** na barra de ferramentas de desenho. O quadro de diálogos Galeria Clip Art se abrirá, com tabulações para figuras, sons, e vídeos. Se você estava prestando atenção ao assunto em pauta, pode provavelmente deduzir que quer a tabulação Clip Art, e está certo!

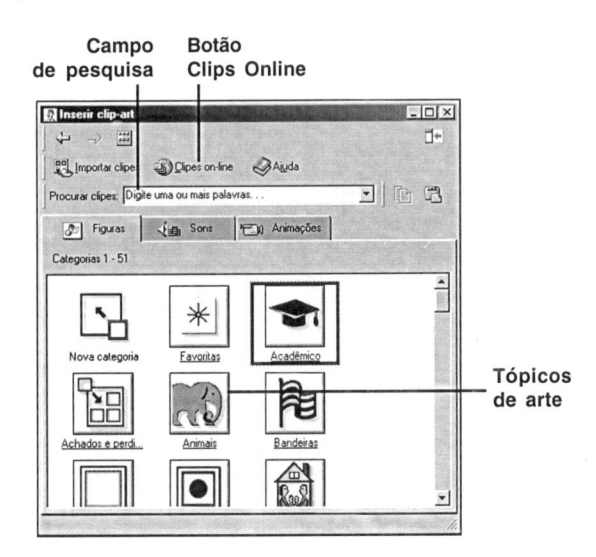

O quadro de diálogos Clip Art permite que você veja todas as figuras por categorias e escolha a que quiser.

A parte principal do quadro de diálogos é uma lista de assuntos. Clique em qualquer um destes, e o quadro de diálogos vai exibir as peças do clip art que têm alguma coisa a ver com este tópico. Ou, se quiser, pode digitar palavras sobre o tipo de figura que está procurando no campo de pesquisa, e aparecerão figuras que têm alguma coisa a ver com estas palavras. Isto não é somente arte grátis, é organizada!

Você pode usar a barra de rolagem para ver as imagens se houver muitas para serem exibidas simultaneamente. Depois de encontrar a peça que quer, somente clique nela com o botão direito do mouse e selecione **Insert**. Bum! Ela aparecerá no seu slide, pronta para ser trabalhada.

Clip Art grátis na Web
Se você tem uma conexão da Internet, experimente clicar no botão Clips Online na barra de menus. Isto irá te levar para o banco de dados da Microsoft de clip art grátis!

Clip Arte

Dois formatos diferentes de clip art estão misturados na Galeria Clip. Alguns podem ser girados, e alguns não podem. Para descobrir se o clip art que você acrescentou pode ser girado, clique no botão Draw. Se Ungroup estiver acizentado, ele não pode ser girado. Senão, para girar, escolha Ungroup. Clique em Yes no quadro de diálogos que aparecerá. Depois escolha Draw, Group. Finalmente, clique no botão Rotação livre e faça a rotação!

Você pode mudar todas as cores no mesmo tipo de clip art que pode ser girado, mas tem que colorir novamente o clip art antes de desagrupá-lo. Clique no botão **colorir novamente a figura** na barra de ferramentas de figuras. (Lembre-se, se você não vir a barra de ferramentas, deve simplesmente clicar com o botão direito do mouse no objeto e selecionar **Exibir a barra de ferramentas de figuras**. O quadro de diálogos colorir novamente a figura aparecerá com um botão drop-down para cada cor. Abra uma lista drop-down para ver um menu de cores pelas quais você pode trocá-las. (Você pode selecionar **Mais Cores** neste menu para ver mais cores, se nenhuma das que estiverem listadas te agradar.) Uma janela de visualização permite que você veja o efeito das cores nas coisas. Depois de escolher as cores que quiser, clique no botão **OK**.

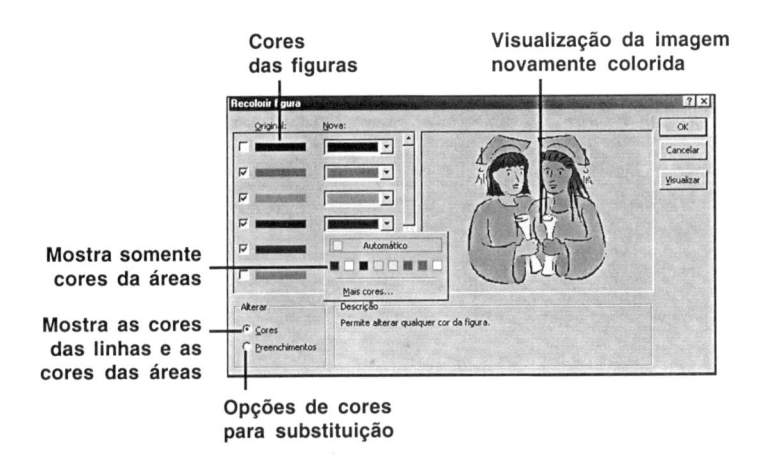

Capítulo 9 ➤ Como colocar as figuras nos seus devidos lugares   103

Cores das figuras

Visualização da imagem novamente colorida

Mostra somente cores da áreas

Mostra as cores das linhas e as cores das áreas

Opções de cores para substituição

O quadro de diálogos Color novamente a figura só funciona com certas figuras do clip art.

O mínimo que você precisa saber

➤ O PowerPoint pode colocar as figuras da maioria dos programas de arte de computador nos seus slides.

➤ Para obter o quadro de diálogos Insert Picture, puxe o menu **Insert** e selecione o comando **Picture, From File**. No quadro de diálogos Insert Picture, clique no nome de um arquivo para ver a figura que está neste arquivo. Se for o arquivo certo, clique no botão **OK**.

➤ Clique na figura com o botão direito do mouse e selecione **Exibir a barra de ferramentas de figuras** para conseguir a barra de ferramentas de figuras.

➤ Use os botões da barra de ferramentas para cortar a sua figura e mudar as cores de várias maneiras.

Capítulo 10

A arte do diagrama 101: diagramas numéricos

Neste capítulo
➤ Entrar números para incluir em um diagrama.
➤ Incluir os números que você entrou.
➤ Mudar o diagrama dos números que você entrou.
➤ Nomear um projeto, e depois redefini-lo até que ele brilhe!

Diagramas são a forma da Mãe Natureza fazer com que os números fiquem atraentes. Colocando as suas figuras em um diagrama de barras, em um gráfico, em um diagrama de setores circulares, ou em qualquer um de uma dúzia de outros tipos de diagramas, você pode transformar uma porção de números chatos em uma imagem de fácil entendimento. E, um gráfico pode te mostrar padrões nos seus números que poderiam de outra maneira passar desapercebidos. Além disto, eles são um ótimo divertimento nas festas.

As capacidades do diagrama do PowerPoint são muito poderosas. A alguns anos atrás, a parte de diagramas, sozinha, poderia ter sido vendida como um programa separado, e você o teria considerado um programa muito bom. Há tantas ferramentas para realçar os diagramas que um livro inteiro do tamanho deste poderia ser escrito sobre o programa de diagramas, e nós ofereceríamos este livro se achássemos que poderíamos vendê-lo por muito dinhei... uh... se estivéssemos convencidos que ele era realmente necessário. Felizmente, você pode aprender a fazer diagramas bem rápido, que é o que este capítulo aborda. Depois disto, você deve explorar sozinho as várias características, para ver o que mais pode encontrar.

A parte de onde você inicia o diagrama

Iniciar o diagrama é fácil: simplesmente clique no botão **Inserir Diagrama** na barra de menus padrão.

Como entrar a informação do diagrama na formação

Quando você começar a trabalhar no seu diagrama, uma grade que parece uma planilha aparecerá. Isto não é realmente uma planilha — não pode calcular nada para você. É somente uma grade para sustentar números e palavras. Mas o surpreendente é que a grade já contém todas as informações necessárias para um diagrama, e o diagrama é automaticamente colocado no seu slide! O computador deve ser médium! Você não tem que entrar nada.

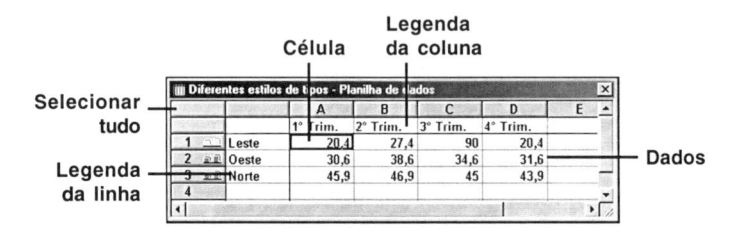

Há espaços na folha de dados para todas as informações que você está colocando no diagrama.

E então você perceberá que as figuras que está vendo não são para o seu diagrama. Elas são somente para um diagrama modelo. Os seus sonhos de fazer com que o computador faça tudo para você, enquanto você se volta para a galeria de vídeo para jogar *O globo dos coelhos espaciais de luxo*, estão arruinados.

A grade tem uma porção de linhas numeradas e colunas com letras. Os números e as letras estão em botões no início de cada linha ou coluna. Os botões nas linhas com números têm barras coloridas, que te mostram qual a cor que cada linha de dados vai ter no seu diagrama.

A linha de cima e a primeira coluna estão sem etiquetas. Use a linha de cima para dar a cada coluna um nome (esta será a legenda que ficará na parte inferior do seu diagrama) e a primeira coluna para dar a cada linha um nome (esta será a legenda para cada item diferente que estiver colocando no diagrama). Simplesmente substitua o texto modelo que está lá selecionando uma célula (clique-a) e digitando o texto substituto.

Capítulo 10 ➤ A arte do diagrama 101: diagramas numéricos　　　　　　**107**

Tire este exemplo da minha frente

Para limpar a folha de dados de modo que você possa começar a entrar o seu próprio texto, clique no botão **Selecionar Tudo**, que é o botão que não está marcado onde os botões numerados das linhas e os botões com letras das colunas se encontram. Todas as *células* (os retângulos onde as linhas e colunas se encontram) mudam para letras brancas no fundo preto, para mostrar que elas estão selecionadas. Clique com o botão direito do mouse na área selecionada para fazer surgir um menu de atalho, e escolha **Apagar os conteúdos**. Os números do exemplo e as legendas desapareceram mais rápido do que os biscoitos em um jardim de infância!

Como entrar a informação

Agora esta na hora de colocar os seus próprios dados nas células. Para escolher a primeira célula para trabalhar, simplesmente clique nela. Depois, digite a informação que você quer nesta célula. Para ir para a célula seguinte, somente use as *teclas de cursores* (as quatro teclas de setas no seu teclado), ou selecione a célula que escolher clicando-a com o mouse.

Como mudar a aparência dos seus dados

Se você quiser mudar o estilo das letras, simplesmente use as listas drop-down padrão Fonte e Tamanho da fonte e os botões Negrito, Itálico, e Sublinhado da barra de ferramentas de formatação. Tome cuidado para não escolher uma fonte que seja difícil de ler em tamanho pequeno (a não ser, é claro, que esta apresentação seja sobre como você sozinho bagunçou as finanças da companhia, neste caso quanto mais difícil de ler, melhor).

Se você quiser que os seus números tenham uma determinada aparência, como serem exibidos como porcentagem ou com um número fixo de casas decimais, clique no botão **Selecionar Tudo** para selecionar todas as células. (Se você estiver usando uma coluna numérica ou títulos de linhas e não quiser que eles sejam alterados, simplesmente selecione as células que quiser que mude.) Depois,

➤ 💲 Use o botão **Estilo da moeda corrente** para fazer com que os números apareçam (tanto na folha de dados, quanto no diagrama) como dólares e centavos.

➤ % Use o botão **Estilo de porcentagem** para fazer com que os números apareçam como porcentagens.

➤ 🔸 Clique no botão **Estilo de vírgula** para colocar vírgulas em números longos (como 3,769,400 biscoitos).

➤ O botão **Aumentar os décimos** para aumentar o número de dígitos à direita do ponto decimal.

➤ O botão **Diminuir os décimos** para diminuir o número de dígitos à direita do ponto decimal.

(Lembre-se de clicar no botão **Mais botões** no final da barra de ferramentas de formatação, se você não vir estes botões)

Então onde está o diagrama?

Depois que você estiver com a folha de dados pronta, está na hora de trabalhar com o diagrama que representa os dados. Clique no botão **Fechar(x)** da janela da folha de dados para fazer a folha de dados desaparecer. Você agora vai estar no *modo de Edição de diagramas*, que parece com a visualização de slides, mas tem menus diferentes e barras de ferramentas planejadas para trabalhar com o diagrama. (A qualquer momento que estiver na visualização de slides, você pode entrar no modo de edição de diagramas, simplesmente clicando duas vezes no seu diagrama.)

Se você quiser trazer a folha de dados novamente, escolha **Exibir, Folha de dados**. (Se não houver nenhum comando Folha de dados no menu Exibir, então você não está no modo de Edição de diagramas; clique duas vezes no diagrama e depois procure-o novamente.)

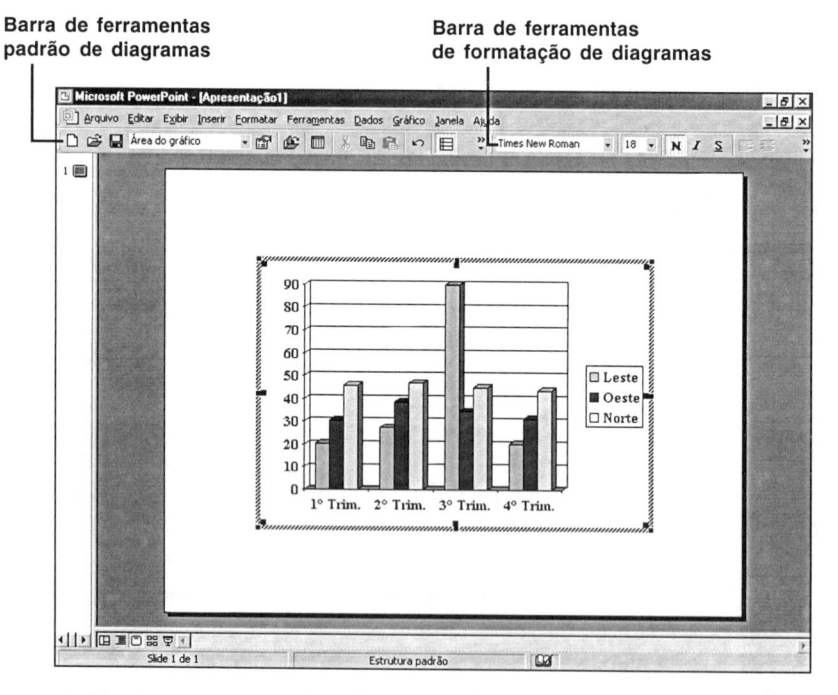

Enquanto você estiver trabalhando no seu diagrama, parece que você está em uma visualização de slides, mas verá diferentes barras de ferramentas e menus.

Como escolher um tipo de diagrama: muitas opções, muitas escolhas erradas

Para escolher um tipo no modo de Edição de diagramas, puxe o menu **Diagrama** da barra de menus e selecione o comando bem designado **Tipo de diagrama**. Um quadro de diálogos aparecerá. À esquerda estará uma lista rolante dos tipos de diagramas. Quando você selecionar o tipo de diagramas que quiser, figuras de vários subtipos daquele tipo aparecerão à direita. Clique no subtipo que quiser.

Este quadro de diálogos também tem um botão excelente marcado com **Pressione e segure para visualização do exemplo**. Aponte para ele e mantenha pressionado o botão para ver qual seria a aparência dos seus dados no subtipo do diagrama que você selecionou! Ele vai parecer um pouco massacrado porque só tem uma pequena área para ser exibido, mas ele realmente te dará uma noção do que esperar.

Depois de ter encontrado um tipo de diagrama e um subtipo que te deixe feliz, abra um pequeno sorriso e pressione o botão **OK**.

Há mais ou menos a mesma quantidade de tipos de diagramas que há de tipos de biscoitos, e como os biscoitos, o tipo de diagrama errado não comunica nada.

Eu quero o meu diagrama usual

Se houver um subtipo de diagrama que você usa na maioria das vezes, pode dizer ao PowerPoint para torná-lo o seu default, assim você não precisará escolhê-lo toda hora. Selecione este subtipo no quadro de diálogos Tipo de diagrama, e depois clique no botão **Ajustar como diagrama default** antes de clicar **OK**.

As figuras dos subtipos de diagramas não refletem os seus dados. Mas clique no botão Pressione e segure para visualização do exemplo, e verá os seus números em ação.

Diagramas de barras e colunas

Um *diagrama de barras* é um onde há barras, e os seus tamanhos indicam alguma quantidade — quanto maior for o número, maior é a barra. Quando o PowerPoint diz diagrama de barras, ele quer dizer especificamente um diagrama onde as barras ficam lado a lado. Quando as barras vão para cima e para baixo, é um *diagrama de colunas*. O PowerPoint também oferece diagramas de barras com diferentes formas sem ser uma barra, chamados de *diagramas de cones, cilindros,* e *pirâmides.*

Diagramas de barras são muito bons para comparar uma quantidade de números de coisas. Por exemplo, uma barra pode ser usada para representar quantos biscoitos de chocolate você vendeu, e outra para os recheados de framboesa, e uma terceira para os sem graça. Se você tiver totais para comparar como também tipos que formam o total, deve experimentar o diagrama de *barras empilhadas.* Em um diagrama de barras empilhadas, você pode ter uma barra para cada um dos cinco biscoitos armazenados na sua cadeia, para mostrar o total de vendas de biscoitos. Cada barra da loja seria dividida em seções coloridas diferentemente, para mostrar o quanto do total daquela loja foi de chocolate, quanto foi dos sem graça, e assim por diante. Se você quiser fazer um destes, não se incomode em entrar os totais na sua folha de dados; o diagrama vai automaticamente mostrar os totais simplesmente empilhando os componentes individuais.

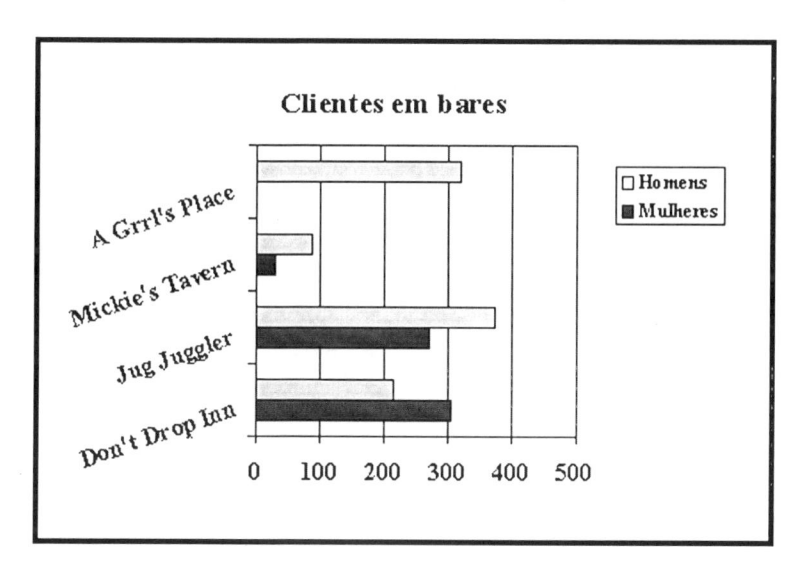

Capítulo 10 ➤ A arte do diagrama 101: diagramas numéricos   **111**

Um diagrama de barras.

(No caso de você não ter deduzido, este capítulo está subscrito pelo *Armazém das Vendas de Buracos*, uma loja de biscoitos campeã de buracos situada na esquina da terceira rua com a principal. Eles estão me pagando muitos dólares para que eu mencione os biscoitos até que você fique com fome o suficiente para comprar alguns. OK, não são muitos dólares, mas eles me deram uma dúzia.)

Diagramas de linha

Diagramas de linha têm uma série de pontos que mostram a quantidade de alguma coisa em diferentes condições, e uma linha conectada a estes pontos. Os diagramas de linha são provavelmente, dos diagramas já planejados, os que mais são usados de forma incorreta. Eles *só* devem ser usados quando as suas condições diferentes tenham alguma ordem natural, como quando você está mostrando quanto tempo um pedaço de metal resiste a uma série de temperaturas, ou quantos biscoitos você está vendendo por mês. Nestes casos, você pode esperar algum tipo de padrão para emergir nesta ordem (as vendas sobem no verão e diminuem no outono, por exemplo).

Você não deve usar um diagrama de linhas para mostrar quantos biscoitos foram vendidos em cada uma de uma lista de lojas, por exemplo, porque esta lista não tem uma ordem natural. Você poderia rearrumar totalmente a ordem na qual as lojas estão listadas, e a linha iria acabar ficando muito diferente sem dizer qualquer coisa diferente. As pessoas tentariam encontrar um significado na linha, e deixariam de dar atenção a informação verdadeira.

Se você está usando alguma coisa que possa ser colocada em um diagrama de linhas, mas também quer o efeito do total do diagrama de barras empilhadas, experimente os diagramas de *áreas empilhadas*, que irá encontrar em baixo da seleção de tipos de área.

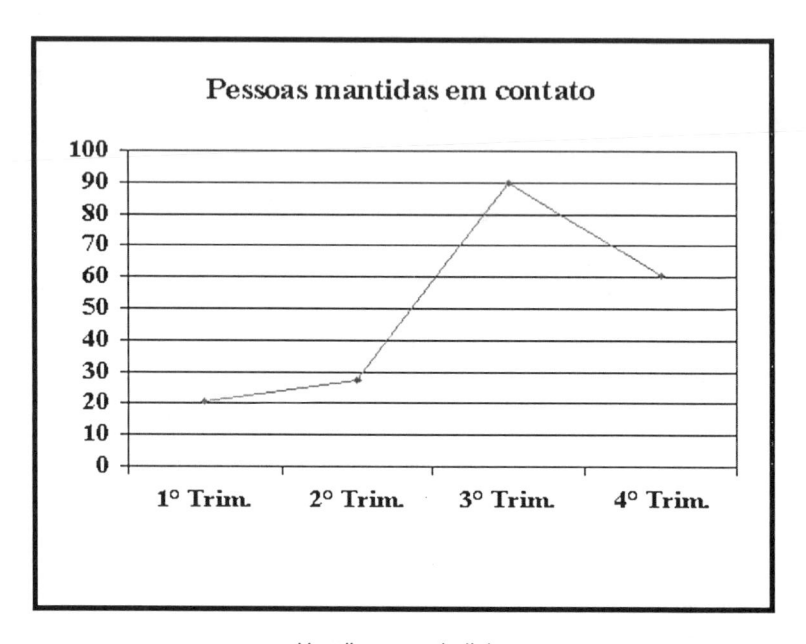

Um diagrama de linha.

Diagramas de setores circulares

Diagramas de setores circulares mostram um círculo dividido em seções que têm o formato de pedaços de torta. Eles são usados para comparar um número de quantidades razoavelmente pequeno. Diagramas de setores circulares são muito populares, embora algumas pessoas achem difícil comparar o tamanho dos pedaços de torta, porque cada pedaço está em um ângulo diferente.

Capítulo 10 ➤ A arte do diagrama 101: diagramas numéricos   **113**

Um diagrama de setores circulares.

Um diagrama de setores circulares só pode mostrar uma coluna de dados da sua folha de dados. Se você quiser mostrar o mesmo tipo de colapso para várias colunas, pode usar vários diagramas de setores circulares, ou pode experimentar (acredite se quiser) o *diagrama de rosca*, que tem uma série de círculos aninhados, divididos em fatias. Entretanto, a maioria das pessoas não estão acostumadas com os diagramas de roscas, e podem ter problemas para entendê-lo.

Tipos de diagramas mais extravagantes

O PowerPoint pode fazer muitos tipos de diagramas com aparências ousadas que você pode nunca ter ouvido falar anteriormente, com nomes como *diagrama de radar* ou *diagrama de bolha*. Uma boa regra a ser seguida é que se você não estiver familiarizado com um tipo de diagrama, não deve usá-lo! Isto não é porque você seria incapaz de descobrir como ele funciona — você provavelmente poderia fazer isto razoavelmente rápido. Mas se você não conhece o diagrama, o seu público também não vai conhecer. Você vai terminar gastando muito tempo explicando como o diagrama funciona em vez de estar discutindo a informação que o diagrama apresenta.

As cinco principais características de diagramas

Você pode fazer vários realces rápidos no seu diagrama no modo de Edição de diagramas. Você não quer sempre usar todas estas coisas, mas é bom saber que elas estão lá. Para encontrar este realces, escolha **Diagrama, Opções do Diagrama**. Um quadro de diálogos com um número de tabulações aparecerá. As tabulações exatas que são exibidas dependem do tipo de diagrama, porque algumas destas características são somente para alguns tipos de diagramas. Este quadro de diálogos tem uma pequena figura do seu diagrama e vai te mostrar os efeitos das suas mudanças na hora que você as executa.

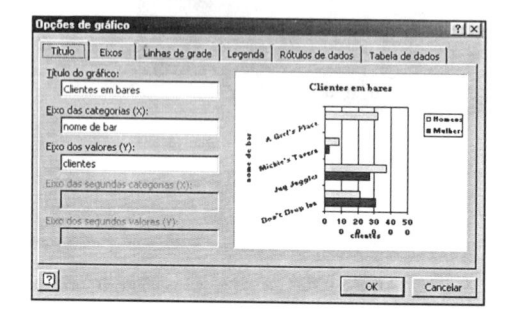

O quadro de diálogos Opções do diagrama permite que você ajuste todos os tipos de opções e veja os efeitos no diagrama.

Títulos

Um diagrama somente com barras coloridas e números não te diz nada na realidade — você precisa saber sobre o que é aquele diagrama! Pegue a tabulação **Títulos**, e poderá entrar três títulos primários. O nome que você colocar no campo **Título do diagrama** é o título do diagrama inteiro, e ele aparecerá em cima. Para a maioria dos diagramas, o que você digitar no campo **Eixo de categoria (X)** ficará na parte de baixo do diagrama e nomeará o que os diferentes pontos do diagrama significaram. Se você tiver um diagrama de colunas de vendas de biscoitos por mês, por exemplo, uma boa coisa para colocar neste campo seria mês. O campo **Eixo de valores (Y)** é o lugar para nomear os valores que você está medindo, como número de biscoitos vendidos. (Diagramas 3D e alguns dos tipos de diagramas mais extravagantes fazem uso diferente do eixo Y e têm até um eixo Z.)

Linhas de grade

Se você tiver um diagrama grande cheio de coisas dentro, pode ser difícil de olhar para ele e dizer quais pontos estão para quais valores. É por isto que o PowerPoint te oferece *linhas de grade*, linhas que passam de um lado ao outro ou de cima para baixo no seu diagrama, facilitando a identificação de como as coisas estão alinhadas. Na tabulação **Linhas de grade**, você encontra dois quadros de seleção para o **Eixo de categoria (X)**. Selecionar **Linhas de grade maior** dá linhas verticais na maioria dos tipos de diagramas, e selecionar **Linhas de grade menores** também dobra o número de linhas. Similarmente, os mesmos dois quadros de seleção na área **Eixo de valor (Y)** ajustam linhas horizontais.

Legenda

A *legenda* do seu diagrama não é uma tabela sobre como o seu diagrama acabou com cinco dragões, só para morrer nos braços de sua amada, assassinado por um biscoito envenenado. Em vez disto, ela é um guia para o significado de cada uma das cores do seu diagrama. Clique na tabulação **Legenda** não somente para poder ligar ou desligar a legenda, mas também para escolher o lugar ao redor do diagrama que a legenda vai aparecer.

Velocidade legendária

Para ligar ou desligar rapidamente a legenda sem abrir o quadro de diálogos, simplesmente clique no botão **Legenda** na barra de ferramentas padrão!

Etiquetas de dados

As etiquetas de dados permitem que você coloque o valor que está diagramando ou o nome da coluna bem no ponto. Normalmente, isto é usado para dar o valor, o que permite que o público veja o número exato além da representação visual. Na tabulação **Etiquetas de dados**, selecione **Mostrar valor** para mostrar o valor ou **Mostrar etiqueta** para mostrar o nome.

Tabela de dados

Você teve todo aquele trabalho para completar a sua folha de dados, e agora tudo o que você tem para mostrar é este diagrama. Você não quer que as pessoas vejam todo o trabalho que teve? Bem, se quer, Tabela de dados é a tabulação que precisa. Clique em **Mostrar tabela de dados**, e a sua folha de informações aparecerá com o seu diagrama, para mostrar para o público todas as figuras em estado natural. Se você estiver com Etiquetas de dados ligado, não deve usar Tabela de dados também, porque ele acaba simplesmente dando a mesma informação duas vezes.

Tabela de dados duas vezes

⊞ Para ligar ou desligar rapidamente a tabela de dados sem abrir o quadro de diálogos, simplesmente clique no botão Tabela de dados na barra de ferramentas padrão.

A segunda opção, **Mostrar as chaves da legenda**, torna a sua folha de dados dobrada como uma legenda. Se você ligar isto, deve desligar a sua legenda.

Depois de ter feito todas as suas alterações usando o quadro de diálogos, clique no botão **OK** e elas serão aplicadas ao seu diagrama. (Em vez disto clique **Cancelar** se decidir não fazer nenhuma mudança.)

Um ajuste nos diagramas

Agora que você basicamente está com os pedaços do seu diagrama nos lugares, poderia sentar-se e se satisfazer com o que executou. Ou, poderia ficar paranóico em relação a ele e gastar uma tonelada de tempo ajustando o diagrama. Mas há alguma coisa que vale a pena em relação à paranóia; se não houvesse, por que todo mundo menos eu seria paranóico? (Isto deve ser uma conspiração!)

Cada pequeno pedaço do seu diagrama tem um nome, e cada parte tem um painel de controle que te permite interferir e preocupar-se com ninharias. Você pode mudar as fontes das áreas de texto, mudar as cores de quase tudo, mudar as linhas para linhas pontilhadas, e tornar as linhas mais grossas ou mais finas.

Para escolher a parte do diagrama que quer mudar, clique no botão com a seta para baixo que está no final do campo **Objeto do diagrama** (a grande lista drop-down na barra de ferramentas padrão no modo Edição de diagramas). Uma lista das partes do diagrama aparecerá. Clique na que quiser trabalhar. Pontos quadrados aparecem no final da parte do diagrama que você selecionou, assim é possível diferenciar no que está trabalhando.

Depois de ter selecionado o pedaço, clique no botão **Formatar**, e um quadro de diálogos aparecerá, ele permitirá que você mude os atributos daquele item. Dependendo do objeto que selecionou, terá um número de tabulações que você poderá selecionar para mudar todo tipo de coisas. Explore isto um pouco, e veja o que vai encontrar! (Se o botão Formatar estiver acinzentado, você não poderá mudar nenhum atributo do item.)

Capítulo 10 ➤ A arte do diagrama 101: diagramas numéricos   **117**

Além disto, enquanto estão selecionadas, algumas partes podem ter seus tamanhos alterados se você usar os quadros pretos como manipuladores de tamanho, ou movidas se arrastar o objeto inteiro!

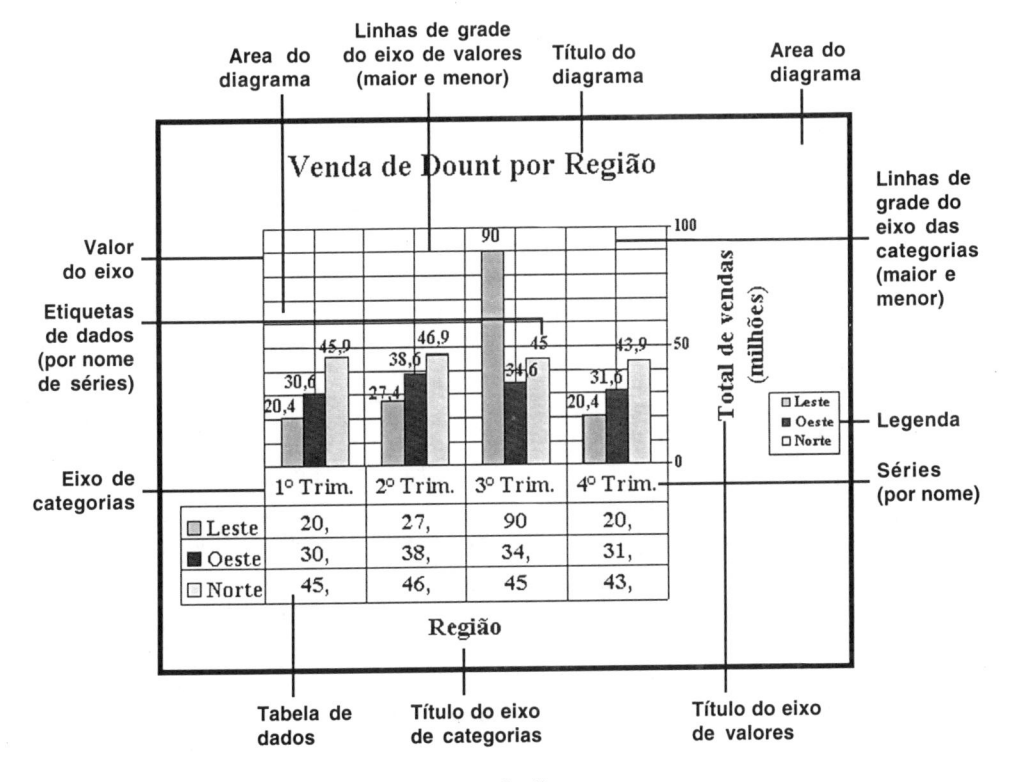

	Descrição
Area do diagrama	
Linhas de grade do eixo de valores (maior e menor)	
Título do diagrama	
Area do diagrama	
Valor do eixo	
Etiquetas de dados (por nome de séries)	
Linhas de grade do eixo das categorias (maior e menor)	
Legenda	
Eixo de categorias	
Séries (por nome)	
Tabela de dados	
Título do eixo de categorias	
Título do eixo de valores	

Venda de Dount por Região

	1º Trim.	2º Trim.	3º Trim.	4º Trim.
☐ Leste	20,	27,	90	20,
■ Oeste	30,	38,	34,	31,
☐ Norte	45,	46,	45	43,

As partes do diagrama.

Seleção de seção

Você pode clicar duas vezes em qualquer parte do diagrama para fazer surgir o seu quadro de diálogos. Isto pode ser mais complicado do que parece, porque há tantas superposições de pedaços que pode ser difícil de dizer para o que você está apontando. Entretanto, se você descansar o ponteiro em alguma coisa por um momento, um quadro aparecerá te dizendo para o que você está apontando.

Como sair daqui... e como voltar

Para sair do modo Edição de diagramas, simplesmente clique fora do diagrama, e você voltará para o modo de visualização de slides normal do PowerPoint. No modo de visualização de slides, você pode alterar o tamanho do diagrama inteiro usando os manipuladores de tamanho.

Se você decidir mais tarde que quer mudar qualquer coisa no diagrama, simplesmente clique duas vezes no diagrama. Você voltará para o modo Edição de diagramas.

O mínimo que você precisa saber

➤ Diagramas permitem que você exiba visualmente informações numéricas.

➤ Para começar a fazer um diagrama, clique no botão **Inserir diagrama**.

➤ Entre os nomes de colunas e linhas e os valores de dados clicando em uma célula da folha de dados, digitando a informação, e depois usando as teclas de cursores para ir para a célula seguinte.

➤ Para selecionar um tipo de diagrama, escolha **Tipo de diagrama** no menu **Diagrama**. Selecione um tipo de diagrama da coluna da esquerda e um subtipo das figuras da direita, e depois clique no botão **OK**.

➤ Evite usar tipos de diagramas que não está acostumado a ver. Eles só vão confundir o seu público.

➤ Depois que acabar de trabalhar com o diagrama, simplesmente clique fora da área do diagrama para voltar para a edição do PowerPoint normal.

➤ Para retornar para editar o seu diagrama, clique duas vezes nele.

Capítulo 11

A arte do diagrama 102: organogramas organizacionais

> **Neste capítulo**
> ➤ Construa um organograma organizacional.
> ➤ Realce o diagrama com letras extravagantes e cores lindas.
> ➤ Rearrume o diagrama de modo que você seja o patrão!

Organogramas organizacionais são usados para mostrar quem está ligado a quem em uma companhia. Eles costumam ser adorados pelas pessoas cujos nomes estão perto do topo do diagrama ("Eu posso ser somente um folheto de papel, mas eu estou ligado diretamente ao vice-presidente assistente encarregado de Origami!") e motivo de risos escondidos daqueles que estão na parte de baixo. Entretanto, se você é quem está fazendo o diagrama, você pode arrumá-lo de modo que fique perto do topo. (Naturalmente, o seu patrão pode ficar se perguntando porque o Representante da Assistência de Apresentações acabou ficando acima dele.)

Como diagramar o caminho do sucesso

Para ter tudo funcionando, encontre na visualização de slides o slide no qual você quer que o diagrama apareça, e depois puxe o menu **Inserir** e do submenu **Figura** selecione o comando **Organograma Organizacional**. O PowerPoint abrirá uma nova janela com o início de um organograma organizacional, se a característica estiver instalada. (Se Organograma Organizacional não estiver instalado, o PowerPoint te perguntará se você que instalá-lo. Insira o seu CD-ROM Office ou PowerPoint e clique **Yes**. A característica será instalada e abrirá a janela.) Esta janela é na realidade um programa completamente separado planejado somente para diagramação organizacional.

Programa de organograma organizacional

O programa de diagramas é uma versão de um programa chamado *Org Plus for Windows*, publicado pelo IMSI. Se você chegar à conclusão de que quer fazer organogramas organizacionais mais avançados, procure comprar o Org Plus, que tem um número de características que não estão incluídas na versão do PowerPoint.

O diagrama com o qual você começa tem quatro quadros: um quadro no alto para um patrão (o programa se refere a patrões como *gerentes*, mas os empregados normalmente os chamam de patrões, e eu também vou chamar), e três quadros para pessoas que trabalham para ele (eles dizem *subordinados*, mas eu vou chamá-los de *empregados*, exatamente como as pessoas normais). O quadro do patrão tem uma aparência diferente das outras, com a primeira linha em vermelho e quatro linhas de texto (tantas que ele passa por cima do quadro que está embaixo). Ele não tem uma aparência diferente *porque* é o quadro do patrão, mas porque é normalmente selecionado para edição. Você pode mudar o que está em cada quadro, e na realidade, tem que mudar, a não ser que todo mundo na sua companhia tenha o nome *Digite o nome aqui*.

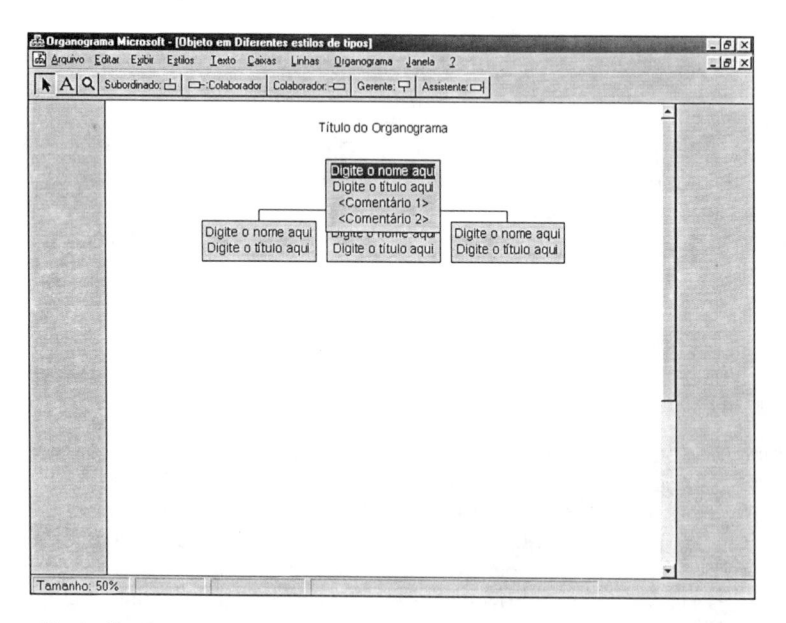

Nesta figura, o programa de diagramas foi aumentado para ocupar a tela inteira, o que você pode fazer clicando no botão Maximizar.

Capítulo 11 ➤ A arte do diagrama 102: organogramas organizacionais   **121**

Como editar um quadro: mais engraçado do que lutar boxe com um editor!

Para editar os conteúdos de um quadro, primeiro o selecione. Isto é tão simples quanto clicar no quadro, é clicar no quadro. Quando fizer isto, o texto que está no quadro passa a ser branco em um fundo preto.

Agora que você tem um fundo preto, pressione **Enter**. A primeira linha ficará com um fundo colorido, o que significa que está pronta para ser editada. A primeira linha é para o nome da pessoa. Digite o nome para fazer as palavras *Digite o nome aqui* desaparecerem.

Depois de terminar de digitar o nome, pressione **Enter** de novo, e o realce vermelho passará para a próxima linha onde você pode entrar o título da pessoa, como *Presidente* ou *Planejador do passeio pelo PowerPoint* ou *Encarregado de comer biscoitos*. Depois disto, pressionar **Enter** novamente, ele te levará para a primeira das duas linhas de comentários, as quais você pode usar para o que quiser. Use-as para maiores descrições dos trabalhos das pessoas, para os números de telefone delas, ou para comentários sobre os seus penteados. ("Bonito cabelo loiro, por que as raízes estão pretas?")

Aumente a sua companhia acrescentando quadros

Se a sua companhia só tem quatro pessoas, você pode nunca precisar acrescentar nenhum quadro. Então novamente, se a sua companhia só tem quatro pessoas, você provavelmente não precisa realmente de um organograma organizacional como este!

Para acrescentar uma pessoa ao diagrama, primeiro clique em um dos cinco botões que estão na parte de cima da janela (**Subordinado**, **Mesma função**, com o quadro à esquerda, **Mesma função** com o quadro à direita, **Gerente** ou **Assistente**). Quando você fizer isto, o ponteiro mudará para um pequeno quadro com uma linha saindo dele. Depois clique no quadro ao qual você quer conectar o novo quadro. Por exemplo, se você quiser acrescentar o assistente ao Encarregado de comer biscoitos, clique no botão **Assistente** no quadro do Encarregado de comer biscoitos.

Os dois botões **Mesma função** criam novos quadros perto do quadro que você clicou, conectados ao mesmo patrão. A diferença entre os dois botões é que o que está à esquerda acrescenta o novo quadro à esquerda do quadro existente, e o que está à direita acrescenta o novo quadro à direita do quadro existente.

Quando acrescentar um quadro, ele é automaticamente selecionado, e você pode pressionar **Enter** para começar a preencher o nome e a posição.

No topo do diagrama está... um título!

Quando você inicia um novo diagrama, ele diz Título do diagrama na parte mais alta. Isto quer dizer que lá deveria ter um certo sinal que você deixou passar no seu trabalho. Para se livrar disto, selecione o texto apontando para o início e arrastando até o final do texto. Depois, digite o título que você quer dar a ele.

Diagrama de Frank Lloyd: estruturas mais extravagantes

Há um número de formas diferentes de mudar como os quadros das pessoas se conectam — algumas permitem que você represente casos onde os empregados têm mais de um patrão; outras só estão lá para fazer com que o diagrama pareça mais organizado.

Se você clicar no menu **Estilos**, verá um grupo de botões com diferentes diagramas. Os poucos que estão em cima são para grupos, e há um para assistentes e um para vários gerentes.

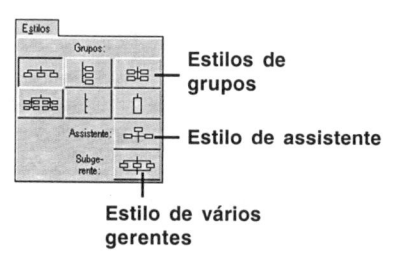

O menu de estilos.

Grupos

Um *grupo* é uma série de empregados com o mesmo patrão. Usando os botões que estão no menu Estilo, você pode agrupar estes empregados de modo que eles estejam todos perto um do outro, ou todos empilhados verticalmente. Para fazer isto, primeiro selecione todas as pessoas que quer organizar. (Você pode fazer isto clicando na primeira, e depois segurando na tecla Shift e clicando no resto.) Depois puxe o menu **Estilo** e clique no botão que mostra como você quer que o grupo apareça. (Escolha um dos seis botões que estão na parte de cima; os dois de baixo são usados para outras coisas.)

Capítulo 11 ➤ A arte do diagrama 102: organogramas organizacionais   **123**

Seleção em um estalo
Para selecionar um monte de quadros de uma vez só, aponte para a parte superior esquerda do monte, depois arraste para baixo e para a direita.

Assistentes

Para passar alguém de subordinado para assistente, convide-o para o seu escritório e diga, "Pare de ser subordinado a mim, e comece a me assistir!" Para refletir esta mudança no seu diagrama, selecione o quadro do empregado, e depois puxe o menu **Estilo** e clique no botão estilo de assistente.

Vários gerentes

Vários gerentes é do que você chama os patrões quando um grupo de empregados tem dois ou mais patrões iguais. Para fazer com que o diagrama mostre que estes empregados têm este grupo de patrões, puxe o menu **Estilo**, e clique no botão **Diagrama de vários gerentes**. As linhas que saem dos quadros dos vários gerentes se juntam e vão para o grupo de empregados.

Um assistente

DONUT TECHNOLOGIES, INC.

- Nat Gertler — Presidente, Provador chefe
  - Secret Terry — Secretária
  - Dana Dixan — VP, Desenvolvimento de Donuts
    - Harry Hendricks — Projetista
      - Charlie Che — Chocolateiro
    - Gret Grable — Coberturas
      - Betty Liu — Coordenadora de recheios
  - Digby Darton — VP, Vendas
    - Aaron Baron, Sarah Lilian — Departamento de vendas
      - Pocahontas Toman — Puxador de papéis
      - Toni Lee — Desembalador de papéis
      - Karen Ryan — Grampeador de papéis
      - F. Simanson — Recepcionista da confeitaria de donuts
  - Dr. Denver Delocraix — VP, Assuntos Internacionais
    - Midaê Dragos — Confeiteiro chefe
    - Didaê Macgross — Observador
    - Aaron Michaelson — Embalagens de papel

Dois tipos diferentes de grupos
Vários gerentes

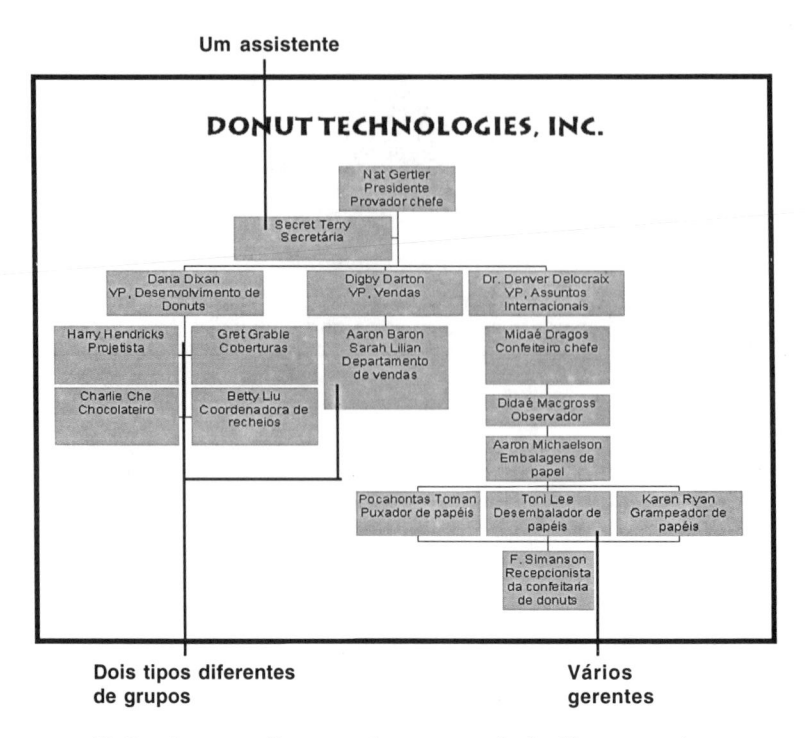

Estilos de grupo diferentes têm uma aparência diferente, embora todos tenham o mesmo significado.

O trabalho de mudança: como rearrumar o diagrama

Um organograma organizacional vai estar sempre mudando. Pessoas entram na firma, saem, ou são promovidas, e isto significa que o diagrama tem que ser alterado. Como foi você que fez o diagrama, vai ser o escolhido para rearrumá-lo, até que *você* saia ou seja promovido.

Para se livrar de alguém, simplesmente selecione o quadro desta pessoa e pressione **Delete**. Quem estiver trabalhando abaixo da pessoa deletada vai ser mostrado como se estivesse trabalhando para o patrão da pessoa deletada.

Para mover uma pessoa que está ligada a um patrão para outro patrão, arraste o quadro desta pessoa (um contorno vermelho segue enquanto você arrasta). Arraste-o até que o seu ponteiro esteja embaixo do quadro do novo patrão dele, e depois deslize-o para cima. Quando o ponteiro retornar para o diagrama no botão Subordinado, libere o mouse. O quadro é movido para lá, e quaisquer empregados da pessoa que está no quadro também são movidos, assim eles continuam sendo empregados dele.

Capítulo 11 ➤ A arte do diagrama 102: organogramas organizacionais   **125**

Se você arrastar o quadro pelo lado em vez de por baixo, o ponteiro vira uma seta. Então se você liberar o mouse, o quadro que você está arrastando passa a ter a mesma função do quadro para qual você está apontando.

Você já organizou tudo, agora faça ficar bonito

Agora que você está com todo o seu diagrama organizado, está na hora de mexer com as cores, fontes, grossuras das linhas, e todas aquelas outras coisas que podem fazer a sua apresentação ficar mais atrativa. Algumas destas coisas também podem ajudar a deixar o diagrama mais informativo.

Dilema de rebaixamento

Se a posição de alguém mudar de modo que o seu antigo empregado passe a ser agora o seu patrão, simplesmente arrastar aquela pessoa para baixo não vai adiantar. Em vez disto, mova o antigo empregado para cima como novo patrão, e depois arraste o antigo patrão para a sua nova posição.

Nós teremos fontes, fontes, fontes (até que o nosso pai tire a barra de texto)

Para mudar a aparência de qualquer texto, selecione o texto (você pode selecionar o quadro inteiro, ou até vários quadros), e depois puxe o menu **Texto**. Lá você vai encontrar comandos para alinhar o texto à esquerda, à direita, ou para centralizar o texto no quadro. Você também encontrará um comando Fonte, que abre um quadro de diálogos que permite que você escolha a fonte, o tamanho, e se vai ser uma fonte em negrito, em itálico ou normal. Há também um comando Cor que abre um diálogo mostrando quadrados de várias cores — clique duas vezes em qualquer um deles para fazer com que o texto fique daquela cor.

Toda companhia precisa de um fundo colorido

Puxe o menu **Diagrama** e selecione o comando **Cor de fundo** (que não deve ser difícil de ser encontrado, porque é o único comando deste menu). Isto faz surgir um quadro de diálogos exibindo várias cores. Clique duas vezes na cor que você quer, e ela preencherá o fundo do diagrama.

Entretanto, isto só permite que você tenha uma de um punhado de cores. O programa de diagramas não tem a grande variedade de cores ou as excelentes ferramentas de preenchimento que o programa principal do PowerPoint tem. Se você quiser alguma coisa mais extravagante, não ajuste a cor de fundo. Em vez disto, depois que terminar de fazer o diagrama, selecione o diagrama no PowerPoint, e então use as ferramentas de preenchimento do PowerPoint para ajustar o fundo. (Se você já tiver ajustado uma cor de fundo no Diagrama e decidir que quer usar o preenchimento do PowerPoint no lugar dela, clique duas vezes no diagrama para voltar para o programa de diagramas, dê o comando **Diagrama, Cor de fundo**, e selecione o quadrado que está na ponta direita da linha inferior. Isto reseta a cor de fundo, e o preenchimento do PowerPoint agora funciona.)

Trabalhadores que têm a mesma função coloridos

Mudar a cor dos quadros pode ser mais do que simples decoração. Por exemplo, você pode querer que todo o seu pessoal administrativo (contadores, secretárias, e assim por diante) apareça em azul, o seu pessoal de vendas em verde, e o seu pessoal técnico (assadores de biscoitos, engenheiros de projetos de biscoitos avançados, e pessoas como estas) apareçam em roxo. Para fazer isto, selecione os quadros que você quer mudar, e depois puxe o menu **Caixas** e selecione **Cor**. Você vai obter o mesmo tipo de quadro de diálogos de cores que obtém com as fontes e com a cor de fundo, exceto pelo fato de que este controla o fundo do quadro.

Além disto, no menu Caixas há comandos que permitem que você acrescente uma sombra embaixo do quadro e mude a cor e o estilo da linha da margem que está ao redor do quadro.

Como definir a linha

Você pode mudar qualquer linha para qualquer grossura e estilo que quiser. Para mudar a aparência de uma linha, primeiro você tem que selecioná-la. Você pode selecionar qualquer linha sozinha clicando nela. A linha muda de cor quando você faz isto, embora a mudança de cor seja pequena e possa ser difícil vê-la. Você pode selecionar uma porção de linhas de uma vez só apontando para um lugar no fundo do diagrama e arrastando diagonalmente. Um retângulo aparecerá, com um canto aonde você começou a arrastar e o canto oposto aonde quer que o ponteiro esteja agora. Quando você libera o botão do mouse, tudo o que estiver dentro do retângulo fica selecionado. (Não se preocupe com o fato dos quadros terem sido selecionados também, porque os comandos Linha não vão afetá-los.) As linhas selecionadas ficam cinzas. Entretanto, com a linha fina padrão, esta diferença de cor pode ser difícil de ser vista.

Os comandos no menu Linha permitem que você selecione a grossura, o estilo, e a cor de todas as linhas selecionadas. Os Comandos Grossura e Estilo permitem somente que você escolha um tipo de um submenu, enquanto o comando Cor faz surgir o quadro de diálogos Cor do programa de organogramas organizacionais.

Novamente, estes não são meramente decorativos. Por exemplo, linhas pontilhadas são boas para mostrar mudanças propostas para o organograma organizacional.

Capítulo 11 ➤ A arte do diagrama 102: organogramas organizacionais

Como acrescentar novas linhas

Algumas vezes você precisa de mais linhas do que aquelas que vão dos patrões para os empregados. Você pode querer usar uma linha de cor diferente para mostrar como a informação corre pela organização, ou pode querer desenhar um grande retângulo ao redor de uma ramificação do diagrama que faça uma única divisão.

Se você digitar **Ctrl+D**, quatro botões adicionais são acrescentados à barra de ferramentas. O primeiro, com um sinal de adição, é o botão Horizontal/Vertical Linha (Linha Horizontal/Vertical). O segundo (com uma linha diagonal nele), é o botão Linha Diagonal, usado para desenhar linhas em qualquer ângulo. Estes funcionam quando você clica no botão, e depois arrasta o mouse do ponto inicial ao ponto final da linha.

O terceiro botão é o botão Linha Auxiliar. Este é o mais útil, pois ele permite que você acrescente novas linhas de um quadro para outro. Clique neste botão, e depois aponte para a borda de um quadro e arraste o ponteiro para a borda de um outro quadro. O programa automaticamente guiará a linha pelos quadros para conectar as duas bordas. Ainda melhor, a linha mantém os dois quadros conectados mesmo que você mova os quadros! (Você pode ajustar o caminho desta linha agarrando uma das suas bordas e arrastando.)

O quarto botão, Retângulo, permite que você faça novos quadros. Usando este botão, você pode fazer quadros que não estão conectados a nada, pode fazê-los do tamanho que quiser. (Quadros normais são planejados para estarem bem ajustados ao texto que está dentro deles.) Você pode usar esta ferramenta para colocar um título ou uma legenda em um quadro, ou para criar um quadrado que realce uma área do diagrama. Este quadro sempre aparece *atrás* dos outros quadros e linhas de modo que não os cubra.

Texto

Você pode colocar texto em qualquer lugar que queira no diagrama; isto permite que faça anotações além do que está escrito nos quadros. Para fazer isto, clique no botão **Inserir texto**, e depois clique no lugar do diagrama que quer que o texto apareça. Depois, digite! (Para editar o texto mais tarde, simplesmente clique duas vezes nele.)

Outros pequenos truques do diagrama

O programa de organograma organizacional tem um número de outras características das quais você pode tirar vantagem. Por ele ser um programa separado, ele não tem todas as mesmas características que o programa principal do PowerPoint — o Assistente de Office animado, por exemplo — mas ele tem as suas próprias ferramentas para satisfazer às suas necessidades (ele ainda tem informações de ajuda, que você pode conseguir pressionando a tecla **F1**).

Como mexer no zoom

Você pode mudar a aproximação da visualização que tem do seu diagrama. Você pode diminuí-la de modo que possa ver o diagrama inteiro de uma vez só, ou pode aumentá-la tanto de modo que tenha uma visão realmente aproximada de cada ponto da linha pontilhada. Mude a sua visualização pressionando **F9**, **F10**, **F11**, ou **F12**, com **F9** sendo a visualização mais distante e **F12** tornado-a tão aproximada que você vai pensar que alguém colou o diagrama nos seus óculos. (Não se preocupe; isto não muda o tamanho do diagrama no slide.)

Atalhos de seleção

Você pode rapidamente selecionar tudo de alguma coisa (todas as linhas, todos os quadros, todos os quadros dos vários gerentes, e assim por diante) puxando o menu **Editar** e selecionando o submenu **Selecionar**. Lá você encontra 10 diferentes possibilidades de seleção rápida (como Grupo ou Todos os sub-gerentes), o que é útil se você estiver fazendo grandes mudanças no grupo inteiro.

Informações sobre o diagrama

Puxe o menu **Ajuda** e selecione **Informações sobre o diagrama** para obter um exibidor te mostrando quantos quadros estão no diagrama, quantos estão selecionados atualmente, e outras informações a respeito do seu diagrama. Você pode usar isto para rapidamente contar quantas pessoas estão na sua organização, ou em algum departamento. Simplesmente selecione as pessoas que quer contar, e depois use este comando!

Como retornar para território não diagramado

Depois de terminar de trabalhar no seu diagrama, clique no botão **Fechar** (**X**). Um quadro de diálogos aparecerá perguntando se você quer atualizar o objeto na sua apresentação. Clique Sim, e pode voltar a trabalhar na sua apresentação do PowerPoint; lá vai encontrar o diagrama em um slide.

Se você quiser fazer mudanças depois que ele estiver na apresentação, simplesmente clique duas vezes nele; isto te levará de volta para o programa de organograma organizacional. Se você vir que o seu patrão continua te pedindo para fazer mudanças, simplesmente mude o título dele para Executivo cérebro de coelho e veja quanto tempo leva para ele perceber! Você vai estar rindo disto enquanto estiver na fila dos desempregados!

Capítulo 11 ➤ A arte do diagrama 102: organogramas organizacionais

O mínimo que você precisa saber

➤ Para começar a fazer um diagrama, puxe o menu **Inserir**, e do submenu **Figuras**, selecione **Organograma Organizacional**.

➤ Para selecionar um quadro em um diagrama, clique nele. Para selecionar quadros adicionais, segure a tecla **Shift** e depois clique neles.

➤ Para acrescentar um quadro, clique no botão do tipo de quadro que quer acrescentar (**Subordinado**, **Mesma função**, **Gerente**, ou **Assistente**), e depois clique no quadro que quer conectar a ele.

➤ Mude a quem o subordinado está ligado arrastando o quadro do subordinado para baixo do quadro de um patrão diferente, e depois arrastando-o para cima em direção ao quadro.

➤ ⌈A⌉ Você pode acrescentar texto clicando no botão **Inserir texto**, e depois clicando no lugar que quer o texto.

➤ Depois que você terminar de trabalhar com o diagrama, simplesmente clique no botão **Fechar (X)** da janela do organograma organizacional e selecione **Sim** no quadro de diálogos que aparecerá.

➤ Para retornar para editar o seu diagrama, clique duas vezes nele.

Capítulo 12

Como dar suporte para as suas palavras: fundos bonitos

> **Neste capítulo**
> ➤ Use um fundo planejado pelos empregados genuínos da Microsoft.
> ➤ Planeje o seu próprio fundo.
> ➤ Crie uma aparência para as suas apresentações.

"Por trás de todo grande homem há um grande fundo." Palavras verdadeiras que nunca foram ditas. Bem, *certas* palavras verdadeiras nunca foram ditas, mas muitas palavras que foram ditas são verdadeiras. Você não pode esperar uma conclusão filosófica profunda de um livro de computação. O que você *pode* esperar aprender é como dar às suas palavras e figuras um pano de fundo atraente, e como escolher a aparência de projeto básica para a sua apresentação. O que poderia ser mais divertido do que isto?*

A forma preguiçosa: usar projetos prontos

O PowerPoint vem com uma variedades de *modelos* de projetos — arquivos que planejaram bem fundos e layouts todos prontos para você. Eles são bons para economizar tempo e esforço. O único risco é que todas as outras pessoas que têm o PowerPoint têm os mesmos modelos; assim se você usar um destes, há uma chance razoável de que membros do seu público já tenham visto e de algum modo relacionem a sua apresentação com a que viram antes.

---

* Resposta: Soltar mil bolas de um prédio alto.

Para iniciar uma nova apresentação usando um destes fundos, puxe o menu **Arquivo** e selecione o comando **Novo**. Um quadro de diálogos aparecerá, com três tabulações. Selecione a segunda tabulação (**Modelos de Projetos**), e verá uma lista de diferentes projetos.

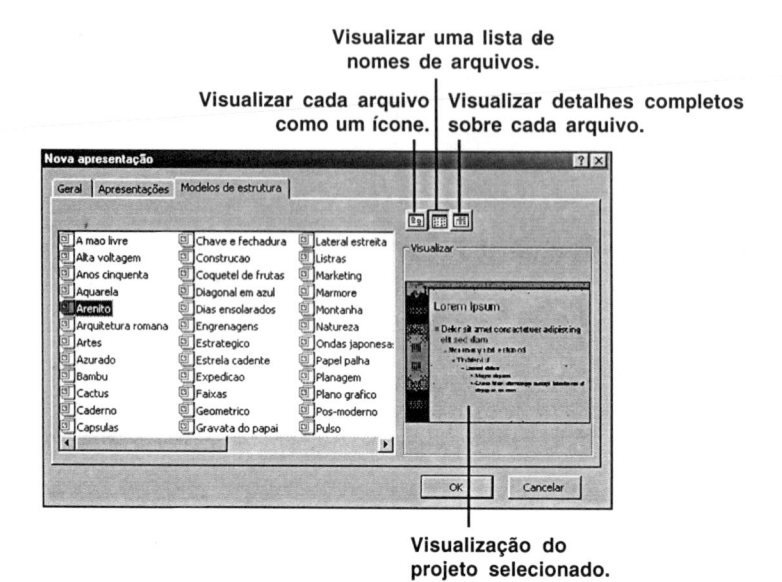

Os três botões acima da visualização mudam o modo que a lista de projetos é organizada.

Clique uma vez em qualquer um dos projetos, e você vai ver uma pequena versão do que um típico slide se pareceria na área Visualização à direita do quadro de diálogos. O slide não vai ter uma aparência muito boa. Isto não acontece porque o projeto é ruim, mas porque as cores são simplificadas para a exibição de visualização, e a resolução é pequena, assim simplesmente quase todos os projetos vão ter uma aparência ruim. Ainda assim, ele deve te dar alguma idéia de como vai ser o slide.

Quando você encontrar um que goste, clique no botão **OK**. O PowerPoint inicia uma nova apresentação para você, e o quadro de diálogos Novo Slide aparecerá, do qual você seleciona um AutoLayout para o primeiro slide. Se você escolher o slide do quadro de diálogos Novo Slide que está destacado por default, vai descobrir que ele está arrumado de forma visivelmente diferente daquele que você selecionou. Ele provavelmente tem os mesmos pedaços, mas em lugares diferentes. Isto acontece porque todo modelo na realidade tem *dois* projetos de slide. Este projeto só é usado para o slide título; o que você viu anteriormente é usado para todos os outros slides.

Capítulo 12 ➤ Como dar suporte para as suas palavras: fundos bonitos   **133**

Não parece tão bom?
Se o projeto que você abriu não tem uma aparência muito boa, clique no botão **Fechar(X)** na barra de menus para se livrar dele, e depois comece novamente.

Colorir meu mundo, diferente!

Se você gostou da aparência básica do fundo, mas não está feliz com a cor, mude-a! Você pode mudar a cor de todos os slides, ou mudar somente de um para fazer com que ele sobressaia.

Para fazer isto, puxe o menu **Formatar** e selecione o comando **Esquema de cores do slide**. Um quadro de diálogos Esquema de cor aparecerá, mostrando uma série de pequenos slides. Cada slide tem um título naquela cor de título default do esquema de cores, algum texto com marcadores na cor do texto com marcadores do esquema, um formato nas cores do formato do esquema, e um diagrama usando as cores do diagrama do esquema. Clique no esquema que você gostar, e depois clique no botão **Aplicar** para torná-lo o esquema de cores do slide atual, ou **Aplicar a tudo** para torná-lo o esquema de cores para todos os slides desta apresentação!

Não pegue a melancolia do excesso de cores
Quando a cor muda de um slide para outro, o seu público leva um pouco de tempo para se adaptar. Assim é bom trocar a cor de um slide para atrair atenção especial para aquele slide, ou para dividir uma apresentação longa em capítulos com um esquema de cores diferentes para cada capítulo, mas não mude o esquema de cores freqüentemente.

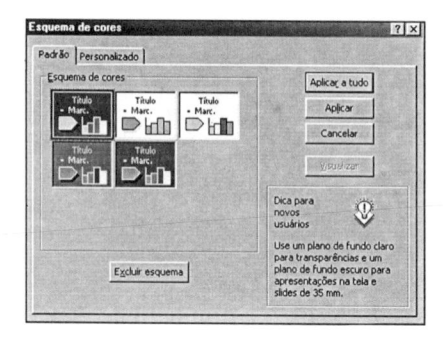

Use a tabulação Standard do quadro de diálogos Esquema de cores para escolher um esquema pré-planejado, ou use a tabulação Personalizado para criar o seu.

Planeje sozinho um arco-íris

Se você quiser fazer o seu próprio esquema de cores, escolha o esquema de cores que for mais parecido com o que quer, e depois clique na tabulação **Personalizado**. Isto exibirá os oito elementos do slide que têm as suas próprias cores no esquema (como fundos ou sombras) e a cor selecionada atualmente para cada elemento. Clique duas vezes em qualquer uma destas cores, e um quadro de diálogos de cores aparecerá. Este quadro de diálogos deixa que você selecione uma nova cor para este elemento.

Depois de selecionar uma nova cor, clique no botão **OK** para fechar o quadro de diálogos de cores. Depois de você ter mudado pelo menos uma cor, um botão **Acrescentar como esquema padrão** ficará disponível. Clicar nele acrescenta o esquema de cores à tabulação Standard. Você pode depois usá-lo em outras apresentações. O que poderia ser uma herança mais duradoura do que isto?*

Como colorir para clarear

Para apresentações na tela, letras claras em fundos escuros ficam melhor. Para transparências e slides, use letras escuras em fundos claros.

---

* *Resposta: encontrar uma cura para unha encravada.*

Capítulo 12 ➤ Como dar suporte para as suas palavras: fundos bonitos **135**

Conforme você modifica as cores, vai vendo as cores no slide de amostra no canto inferior direito da caixa de diálogo. Após modificar o esquema de cores ao seu gosto, clique em **Aplicar** para aplicar ao slide atual, ou clique no botão **Aplicar a todos** para modificar toda a sua apresentação de uma só vez.

As oito cores que você selecionou tornam-se as oito cores exibidas no menu de seleção sempre que se escolherem cores para qualquer coisa na apresentação. Se você usar depois essa caixa de diálogo para modificar as cores em seus slides, tudo aquilo que você coloriu usando aquelas oito cores irá se modificar também.

A forma menos preguiçosa: planejar o seu fundo e estilo de slide próprios

Algumas pessoas gostam de desenhar os seus próprios fundos. Eu conheço alguém que disse que foi um soldado baseado no Golfo, quando o seu fundo real era ser um homem em um posto de gasolina do Golfo.

Se você quiser planejar um fundo de *slide*, isto deve ser provavelmente o primeiro passo na construção da sua apresentação. Afinal, a cor que você vai colocar em todo o resto depende de como ela vai contrastar com a cor do fundo. Para iniciar uma apresentação nova completamente em branco, puxe o menu **Arquivo** e selecione **Novo**. Do quadro de diálogos que aparecerá, selecione a tabulação **Geral**. Nesta tabulação, clique duas vezes em **Apresentação em branco**. O quadro de diálogos Novo Slide aparecerá pedindo para você escolher um layout. Clique no botão **OK** para escolher o default (Slide Título), e uma forma de slide título básica aparecerá, em texto preto puro em um fundo branco. (Certifique-se que está na visualização de slides para ver isto.)

Visualização Master: não, não é para movimentos 3-D

Para cada apresentação, o PowerPoint tem um *slide principal*, um slide especial que nunca é visto na sua apresentação e que guarda os projetos básicos para os slides que *são* vistos. Para ver este slide master, puxe o menu **Exibir** e selecione **Principal**, e depois selecione **Slide Principal** no submenu. O slide principal aparecerá na sua visualização de slides. Ele tem cinco quadros de texto, incluindo descrições de para que serve cada quadro. Qualquer coisa que você acrescentar ou mudar no slide principal será acrescentado ou mudado em todos os seus slides.

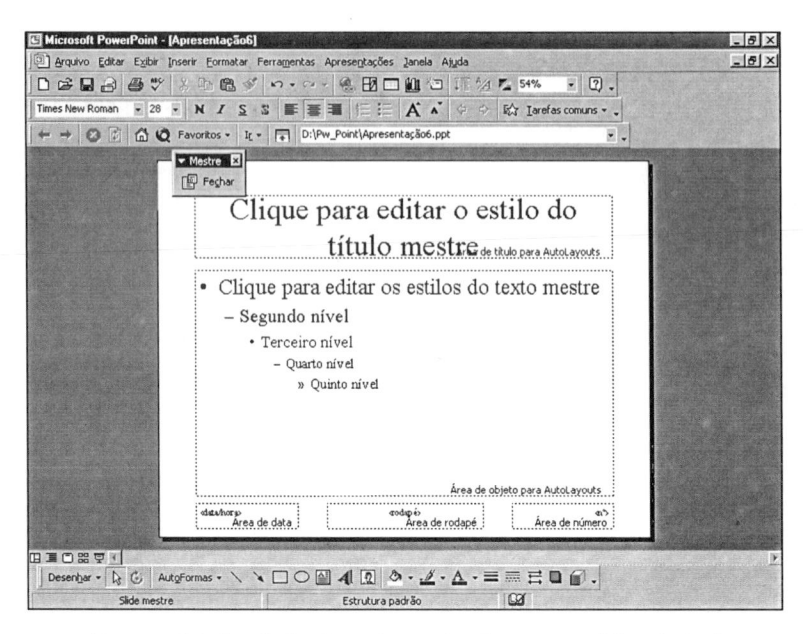

Na parte inferior direita de cada quadro de texto no slide principal, há uma frase que te diz para o que aquele quadro é usado.

Como mudar os estilos do texto

Mudar os estilos de texto no Principal vai mudar os estilos automáticos usados em todos os slides da apresentação. Por exemplo, se você clicar no texto que diz Clique para editar o estilo do título principal e depois clicar no botão **Itálicos**, não só o texto desta linha do slide principal vai ficar em itálico, como os títulos de todos os slides que você fez também vão ficar. Você pode ajustar a fonte, o tamanho e a cor, tudo do mesmo jeito que faria em um quadro de texto, como viu no Capítulo 5, "O mundo das palavras."

O maior quadro contém cinco linhas de texto. A primeira destas afeta a lista principal de cada slide. A segunda (que diz Segundo nível) afeta sublistas, a terceira afeta sub-sublistas, e assim por diante. (Se você estiver realmente usando o quinto nível em qualquer um dos seus slides, está na hora de repensar a sua apresentação! Você não precisa de sub-sub-sub-sublistas!)

Cada estilo de nível pode ser mudado separadamente. Você pode até mudar o estilo de marcadores de cada um clicando com o botão direito do mouse na linha e selecionando **Marcadores e Numeração** do menu pop-up, exatamente como faria em um slide normal.

WordArt não vai funcionar

Você não pode fazer o seu default de estilo de texto com o WordArt. Se você selecionar a área do estilo Principal e depois clicar no botão WordArt, tudo o que vai conseguir é uma apresentação extravagante do WordArt das palavras Clique para editar o estilo do texto principal em todos os seus slides!

Como mudar as áreas de texto

Se você clicar em qualquer uma das cinco áreas do slide principal, manipuladores de tamanho aparecerão. Neste ponto, você pode alterar as medidas ou mover qualquer uma das áreas exatamente como um quadro de texto normal. Isto irá afetar todos os slides criados com a ferramenta AutoLayout. Para alguns AutoLayouts a área de texto principal é dividida ao meio (uma metade para texto, a outra para gráficos), e isto continuará sendo verdadeiro independente de como você alterar o tamanho da área. Você pode até deletar uma área selecionando-a e pressionando **Delete**, mas não deve deletar a área de título ou a área de texto principal. Entretanto, não tem problema deletar as áreas menores, como as áreas de data ou de rodapé, se você não as quiser nos seus slides.

Como mudar a cor básica do slide

O primeiro passo no planejamento do seu slide é escolher a cor de fundo básica para preencher o seu slide. (Na realidade, o primeiro passo é ler esta seção do livro, mas eu poderia deduzir que você já está fazendo isto.) Puxe o menu **Formatar** e selecione **Segundo Plano** para obter o quadro de diálogos Segundo plano. Clique no botão drop-down e selecione uma das cores da lista que aparece, ou selecione **Mais Cores** para ir para um quadro de diálogos de cores padrão, ou selecione **Cores para preencher** para ir para o quadro de diálogos de efeitos de preenchimento que você aprendeu no Capítulo 7, "WordArt: o seu amigo para fazer logotipos de baixa calorias". Você pode preenchê-lo com gradientes, texturas, padrões, ou figuras, exatamente como com qualquer outra coisa.

Decorações:
enfeite os slides!

Para decorar o seu fundo com figuras, quadros, logotipos, ou qualquer outra coisa, faça exatamente do mesmo jeito que faria para decorar um slide regular. Depois de colocar estas coisas no fundo, pode parecer que elas estão passando por cima do texto no slide principal mas não se preocupe; o texto no slide real fica na frente de tudo que você acrescentar.

Entretanto, você pode querer tomar cuidado quando acrescentar as coisas que se sobrepõem ao lugar que o texto está, porque as coisas que colocar lá podem acabar distraindo a atenção do texto e tornando-o difícil de ler. Normalmente é melhor acrescentar destaques às bordas do seu slide, onde você não terá texto. Você não quer alguma coisa tão ativa que não possa ver; de outra maneira, tentar ler os seus slides vai ser tão difícil quanto tentar escutar alguém enquanto uma pessoa está em pé bem atrás de você, sussurrando. Se você for usar texto claro, deixe todo os elementos do seu fundo razoavelmente escuros, e vice-versa.

Como eles fizeram isto?

Se você vir alguma coisa que goste em um dos fundos pré-empacotados, simplesmente carregue este fundo, selecione a visualização Slide Principal, e veja quais as partes que eles usaram. (Você pode ter que selecionar o fundo e desagrupá-lo para ver quais são as partes individuais.)

Como ganhar o título
de "Mestre dos títulos Principais"

Se você só fizer um slide principal, os slides títulos terão o mesmo fundo do resto dos seus slides. Para fazer um Principal separado para o slide título, puxe o menu **Exibir** e clique **Principal**. Se o comando **Título Principal** puder ser selecionado, já vai haver um título Principal para esta apresentação, e selecionar este comando vai permitir que você o edite.

Se Título Principal estiver acinzentado, entretanto, selecione **Slide Principal** no lugar. Depois puxe o menu **Inserir** e selecione o primeiro item, **Novo Título Principal**. Isto vai copiar todos os elementos do fundo que você acrescentou ao seu slide principal em um novo título Principal para você trabalhar.

Capítulo 12 ➤ Como dar suporte para as suas palavras: fundos bonitos   **139**

Títulos Principais têm diferentes quadros de texto dos slides principais. Você pode tornar o seu título Principal um pouco mais ativo do que o seu slide principal. Afinal, o texto será maior, tornando-o mais fácil de ler.

Depois de ter feito o seu título Principal, você pode pegá-lo a qualquer momento puxando o menu **Exibir**, selecionando **Principal**, e depois selecionando **Título Principal** do submenu.

Salvar e salvar de novo!

Depois de você ter planejado um fundo para a sua apresentação, deve salvá-lo duas vezes, como está descrito nos próximos dois parágrafos. Da primeira vez que você o salva, está salvando como um modelo (assim pode reutilizar o design em outros projetos); da segunda vez, você está salvando em um arquivo de apresentação normal para este projeto. Você poderia salvá-lo mais algumas vezes se quisesses, mas por que gastaria o seu tempo com isto?*

Primeiro, puxe o menu **Arquivo**, e selecione **Salvar Como**. O quadro de diálogos Salvar como aparecerá. Clique na seta drop-down no final do campo Salvar como tipo, selecione **Modelos de Projetos** da lista. A lista de arquivos vai exibir o conteúdo da pasta onde os seus modelos de projetos estão armazenados. Digite um nome para o seu projeto de fundo no campo Nome do arquivo, e depois clique no botão **Salvar**.

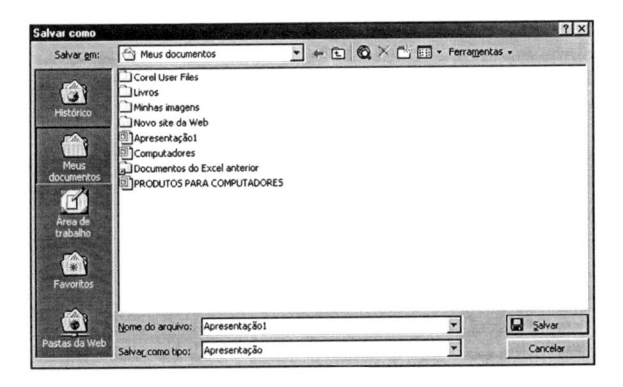

O quadro de diálogos Salvar como permite que você salve os seus fundos como um modelo assim como permite que grave a sua apresentação.

---

* Resposta: Porque você é pago por hora!

Agora que já salvou o fundo, você pode reutilizar o seu próprio projeto do mesmo modo que usa os projetos fornecidos pela Microsoft, sendo que quando iniciar a sua apresentação com o comando **Arquivo, Novo**, você vai selecionar os seus projetos da tabulação **Geral** em vez da tabulação **Modelos de projetos**.

Agora está na hora de salvar a sua apresentação pela primeira vez. Dê o comando **Arquivo, Salvar como** novamente e selecione **Apresentação** no campo Salvar como tipo. Use o tabelador de arquivos para encontrar a pasta onde você salvou as suas apresentações (se não tiver certeza de onde está, experimente clicar no botão **Meus documentos**.) Depois, digite um nome para esta apresentação no campo Nome do arquivo, e clique no botão **OK**. Agora a sua apresentação tem um nome!

Salvar rápido

No futuro, você pode salvar mudanças adicionais à apresentação simplesmente clicando no botão **Salvar**.

Agora que você terminou de trabalhar com o seu slide principal, clique no botão **Fechar** na barra de ferramentas Principal para voltar a trabalhar nos slides individuais da sua apresentação!

Slide inconformado: como fazer um slide diferente

Alguma vez, você pode se encontrar com a necessidade de ter somente um slide que seja diferente, um slide que não tenha o mesmo fundo que o resto dos slides da sua apresentação. Você não sabe se tem algum comando místico que vai remover o fundo, ou talvez um encanto místico que vai fazer ele desaparecer. Você está encarando o problema de como fazer o fundo ir embora.

Você não faz ele ir embora. Em vez disto, faz o que costumava fazer quando tinha que limpar uma grande bagunça cinco minutos antes dos seus pais chegarem. Você o cobre completamente. Simplesmente desenhe um grande retângulo em cima do fundo todo, e complete-o com qualquer coisa que queira que o fundo do slide se pareça, depois use o comando **Desenhar, Ordem, Enviar, Para trás** para colocá-lo atrás de qualquer texto que tenha criado. Esta é uma cobertura muito mais eficiente do que quando você jogava a toalha de mesa em cima da mancha de suco de uva no tapete.

"Rodapé" significa que ele tem mais pés do que qualquer outra coisa?

Um *rodapé* é simplesmente alguma informação que fica na parte de baixo de alguma coisa, abaixo do conteúdo principal. Neste livro, por exemplo, o número da página é um rodapé.

Você pode facilmente ajustar três itens de rodapé em qualquer apresentação (considerando que você não deletou os quadros deles enquanto estava planejando o seu principal). Eles podem ser usados para segurar uma data, um número de slide, e outro pedaço de texto que pode ser qualquer coisa que queira.

Para fazer isto, puxe o menu **Exibir** e selecione **Cabeçalho e rodapé**. Quando o quadro de diálogos Cabeçalho e rodapé aparecer, certifique-se de que a tabulação **Slide** esteja selecionada.

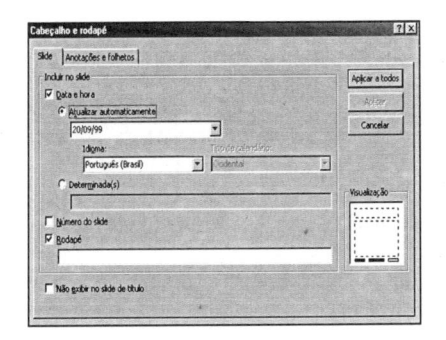

O quadro de diálogos diz Cabeçalho e rodapé, mas para os slides, ele só tem Rodapés. Em todo caso, este é o melhor lugar para as coisas em um slide.

O quadro de diálogos tem três quadros de seleção na área Incluir no Slide para permitir que você escolha os cabeçalhos que quer mostrar. Se você selecionar o quadro de seleção **Data and hora**, tem que escolher se quer que a data atual apareça sempre (**Atualizar automaticamente**), ou se quer ajustar uma data **Fixada**. Se você escolher Atualizar automaticamente, a data nos slides será do mesmo dia que a pessoa estiver assistindo a exibição de slide baseada em computador, ou a data que as transparências foram impressas. Quando você escolher Atualizar automaticamente, puxe o menu abaixo dele e escolha o formato para a data (como escolher entre **April 30, 1999** ou **4/30/99**, ou qualquer um da dúzia de formatos diferentes, alguns dos quais incluem a hora também).

Para fazer com que o número do slide apareça, simplesmente clique no quadro de seleção **Número do slide**. Você quer um número de slide? Se você só está fazendo uma apresentação baseada em computador, sua resposta provavelmente será não, porque isto será somente informação adicional para atravancar a tela. Entretanto, se estiver produzindo transparências, slides reais, ou encartes impressos, você realmente irá querer os números. Quem é que nunca deixou cair acidentalmente uma pilha de papéis ou uma bandeja de slides, e viu tudo se espalhar em várias direções com poucas esperanças de colocá-los em ordem novamente?* Além disto, se estiver usando encartes, ter o slide numerado na tela facilita para o público encontrar aquele slide nos seus encartes.

➤ Para ter o rodapé do texto que você quiser, simplesmente clique no quadro de seleção **Rodapé** e digite no campo o texto que quer que apareça.

➤ Se você não quiser a informação do rodapé no slide título (e provavelmente não vai querer), selecione o quadro de seleção **Não mostrar no slide título**.

➤ Depois de ter ajustado tudo, clique no botão **Aplicar a tudo**, e o rodapé será acrescentado a todos os slides! (Lembre-se de que você pode mudar o lugar que o rodapé está no slide principal, se não estiver satisfeito com o lugar que ele está no slide.)

O mínimo que você precisa saber

➤ Para escolher um fundo pré-pronto, use o comando **Arquivo, Novo**, selecione a tabulação **Modelos de Projetos**, clique no projeto que quiser da lista, e depois no botão **OK**.

➤ Para iniciar um novo, completamente em branco, use o comando **Arquivo, Novo**, selecione a tabulação **Geral**, e clique duas vezes em **Apresentação em branco**.

➤ Para criar o seu próprio projeto de fundo, inicie um projeto em branco, e depois selecione o comando **Exibir, Principal, Slide Principal**.

➤ Quaisquer desenhos, formas, ou textos que você acrescentar ao seu slide principal vão aparecer em todos os slides como fundo, atrás de qualquer coisa que você acrescente ao slide.

➤ O título do Principal inicia com todos os elementos que você colocar no slide principal. Entretanto, mudá-los ou removê-los não muda o slide principal.

➤ Para salvar o seu projeto como um modelo, use o comando **Arquivo, Salvar como**, puxe o menu **Salvar como tipo**, e selecione **Modelos de projetos**. Depois digite um nome para o seu projeto, e clique **Salvar**.

➤ Para acrescentar informação de rodapé (incluindo data e número de slide), selecione **Exibir, Cabeçalho e rodapé** para obter o quadro de diálogos Cabeçalho e rodapé.

---

* Resposta: Minha mãe. Ela é muito perfeita para alguma coisa como esta.

Parte III

Características fantásticas, vistosas e fabulosas

Som e movimento são muito importantes. Sem eles, nós não seríamos capazes de distingüir os flamingos verdadeiros dos de plásticos. Sem som e movimento na sua apresentação, ela poderia ser um fracasso ardente (ou até flamingo).

Nesta parte, você aprenderá a colocar som e movimento na sua apresentação, junto de como fazer a apresentação interativa. Com interação de ajuste apropriado, o usuário poderá pular todo o material que você levou tanto tempo para montar!

Capítulo 13

Clique aqui para interatividade

Neste capítulo
- Faça sua apresentação interativa.
- Inicie outros programas e crie páginas da Web da sua apresentação.
- Faça botões com aparência atraente para os usuários clicarem.

Interatividade é muito útil em uma apresentação na tela. Com uma apresentação interativa, os usuários podem escolher qual informação eles querem ver, o que significa que você pode colocar mais informações nela sem chatear as pessoas que não querem vê-las. E ainda que você não precise de interatividade, o uso apropriado dela pode manter o espectador se sentindo envolvido na sua apresentação, tornando-a mais divertida para ele. Ora, se as pessoas gostassem de coisas sem interatividade, então a televisão seria popular!

Você pode clicar qualquer coisa!

Qualquer objeto no seu slide pode ser feito interativo, de modo que alguma coisa aconteça quando o usuário clicar neste objeto. Você pode fazer com que as suas palavras, figuras, formatos, logotipos, e até as suas linhas possam ser clicados.

Para fazer isto, clique com o botão direito do mouse no item na visualização de slides. Ele ficará selecionado, e um menu de atalho aparecerá. Selecione **Ajustes de ação**. O quadro de diálogos Ajustes de ação aparecerá. A tabulação **Clique do mouse** do quadro de diálogos Ajustes de ação tem o que você está procurando.

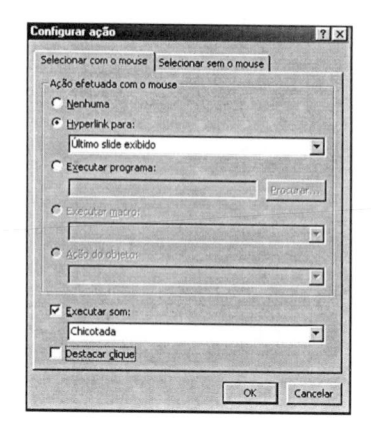

Interaja com este quadro de diálogos para fazer a sua interação funcionar.

Como ir para outro slide: o pulo do playground

Na maioria das vezes, você provavelmente vai querer criar um lugar para clicar que te leve para outra parte da sua apresentação. O PowerPoint chama uma forma de ir de um slide para outro slide (ou para uma página da Web ou para outro documento) um *hiperlink*. Para mim, isto soa como uma salsicha de café da manhã exagerada, mas como é o termo da Microsoft, vamos ficar com ele mesmo.

O tipo mais comum de hyperlink que você vai querer fazer é o que leva o usuário para outra parte da sua apresentação. Para fazer isto, clique no botão **Hyperlink para**. O campo abaixo dele vai ficar ativo. Clique no menu drop-down para ver uma lista dos tipos de elos que você pode criar. A maioria deles leva o espectador para outro slide quando o objeto é clicado. Há opções que permitem que você vá para o Próximo slide, Slide anterior, Primeiro slide, Último slide, e Último slide visto. Um slide diz somente Slide... e nada mais (isto permite que você escolha para qual slide quer ir).

Se você quiser somente que o usuário passe progressivamente pela sua apresentação, provavelmente só vai usar os botões Próximo slide e Slide anterior. Entretanto, se você está procurando interação real, e quer deixar que eles escolham os seus degraus, Slide... é o que vai usar mais.

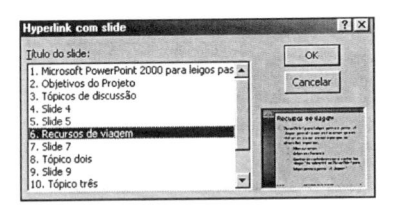

Capítulo 13 ▶ Clique aqui para interatividade   147

O quadro de diálogos Hyperlink com slide permite que você crie controles para pular para frente e para trás entre os slides.

Selecione **Slide...**, e você ganhará um carro novo e uma viagem para a Jamaica. Oh, OK, eu menti. Você só vai ganhar um quadro de diálogos, mas é um quadro de diálogos muito atraente. À esquerda estará uma lista dos slides da sua apresentação. Slides que têm títulos listam os títulos, e slides que não têm títulos têm o número do slide listado. Clique no slide que você quer ligar, e uma imagem do slide aparecerá na parte inferior direita, assim você poderá se certificar de que é o slide que quer. Depois clique no botão **OK** para ver o elo.

Abra os seus olhos em várias apresentações do PowerPoint

Algumas vezes você quer um hyperlink para *outra* apresentação. Desta forma, você não precisa construir tudo que sempre quis dizer em uma grande apresentação.

Para fazer isto, selecione **Hyperlink para** do quadro de diálogos Ajustes de ação. Do menu abaixo dele, selecione **Outra apresentação do PowerPoint**. Um tabelador de arquivos aparecerá. Encontre e clique duas vezes no arquivo da apresentação que você quer. Outro quadro de diálogos aparecerá, com uma lista dos slides desta apresentação. Entretanto, isto não é muito bom porque não mostra uma figura do slide (assim você tem que procurar simplesmente pelos títulos e pelos números dos slides). Clique duas vezes no título do slide que quer.

Bem-vindo a Web Mundial; panorama da aranha mundial

Você pode criar um elo da apresentação para uma página da Web Mundial. Isto faz muito sentido se você estiver publicando a sua apresentação na Web. (Eu vou te mostrar como fazer isto no Capítulo 21, "Como colocar na Web.") Isto permite que o usuário vá de uma informação na sua apresentação para um material relevante em outro site da Web.

Isto também funciona quando alguém está vendo a sua apresentação diretamente do disco rígido, em vez de pela Web. Quando você faz desta forma, isto não é intimamente muito elegante. O sistema no qual a apresentação está rodando precisa ter uma cópia do Microsoft Internet Explorer (um tabelador da Web), e necessita de uma conexão da Internet. Quando o usuário clica no hyperlink para a Web, o Internet Explorer é iniciado. Se a conexão da Internet é uma de discar, o usuário pode ter que dizer ao Internet dialer para fazer a conexão. Depois o site da Web ligado aparecerá na tela do Internet Explorer, mas o espectador pode não conhecer o Internet Explorer e pode não se sentir confortável com ele. Afinal, ligar uma apresentação que não seja da Web à Web é provavelmente uma má idéia.

Elos fortes
Quando você cria um hyperlink para um slide específico, o elo fica com este slide mesmo se ele for movido e o número do slide mudar.

Para criar o elo, selecione **Hyperlink para** no quadro de diálogos Ajustes de ação, puxe o menu abaixo dele, e selecione **URL**. Agora, *URL* aqui não se refere à famosa canção Dook of Url. Em vez disto, significa *Uniform Resource Locator* (Localizador de Recursos Uniformes), que faz com que ele soe como um catálogo que te diz onde encontrar calças de uniformes de lobinhos, jalecos de médicos, e chapéus de polícia. O que ele realmente significa é o endereço da página da Web, aquele string enorme que começa com *http:* e diz aonde as pessoas encontram a sua página da Web. (Por exemplo, http://ourworld.compuserve.com/homepages/nat/ é o URL para a minha página na Web.) Quando você seleciona URL do menu, um quadro de diálogos aparece te perguntando pelo URL. Digite-o no espaço fornecido e pressione **Enter**. O hyperlink vai agora apontar para esta página da Web.

Capítulo 13 ➤ Clique aqui para interatividade 149

Uma aparição repentina do tabelador da Web pode ser confuso para alguém que não está na Web ou que pode não estar acostumado com a Web.

Como iniciar um programa

Você pode criar um elo que inicie outro programa no seu computador. Isto pode ser útil se a sua apresentação for sobre o programa, ou se quiser dar às pessoas uma forma fácil de iniciar o jogo Paciência, enquanto o patrão não estiver olhando.

Para fazer esta escolha, em vez de escolher Hyperlink para do quadro de diálogos Ajustes de ação, selecione **Percorrer o Programa**, e depois clique no botão **Procurar** que está em baixo dele. Um navegador de arquivo se abrirá. Clique no botão drop-down no final do campo Examinar e selecione o disco rígido com o programa do menu que aparecerá. Uma lista das pastas que estão no disco rígido aparecerão embaixo. Clique duas vezes na pasta que o programa está. (Se for uma pasta dentro de uma pasta dentro de uma pasta, você terá que fazer isto várias vezes para chegar ao lugar que o programa está.) Quando você encontrar o arquivo de programa, clique nele. Depois clique no botão **OK**. Voilà! Você agora tem um programa ligado.

Quando o usuário clicar neste hyperlink, um quadro de diálogos aparecerá avisando que alguns arquivos podem conter vírus. O usuário tem que clicar **Sim** antes do programa realmente começar.

Como colocar um som com o clique

Você pode fazer isto de modo que quando clique em alguma coisa, ele faça um barulho. Ele pode fazer este barulho ao mesmo tempo que faz a ligação com outro slide ou programa, ou pode simplesmente fazer o barulho. Deste modo, você pode fazer com que eles cliquem na figura de um carro para ouvir ele fazer vroom, ou na figura de um pato para ouvir ele grasnar, ou em um quadro do Leonardo Da Vinci para ouvir ele grasnir.

Para o som funcionar, a apresentação terá que ser vista em um computador que tenha placa de som e alto-falantes. A maioria dos computadores vendidos atualmente tem estas coisas, mas alguns não têm — principalmente os que são comprados pelas companhias. Muitas companhias acham que estes sistemas de som não têm nenhuma aplicação comercial (errado), e que tê-los só estimula as pessoas a gastarem seu tempo explodindo alienígenas quando o patrão não estiver olhando (menos errado). Assim se você estiver criando uma apresentação para as pessoas verem nas suas próprias máquinas, pode não querer contar com som.

Para acrescentar um som, no quadro de diálogos Ajustes de ação, clique no quadro de seleção **Executar som**. Clique no botão drop-down embaixo dele para ver uma lista de sons padrão disponíveis, e depois selecione o que você quer. Se você não quiser um dos sons pré-empacotados, pode selecionar **Outros Sons** para obter o quadro de diálogos Adicionar som, que contém uma lista de arquivos de sons que você pode usar — mas provavelmente não vai encontrar nada *interessante* lá a não ser que você mesmo tenha colocado. (Eu te falo sobre como fazer os seus próprios sons no Capítulo 17, "Aviso sonoro sobre som".)

Ilumine isto!

Embaixo do quadro de seleção Executar som está outro quadro de seleção. Selecione este quadro de seleção **Destacar clique**, e o seu objeto vai ficar iluminado quando alguém clicar nele, o que ajuda aos usuários a saber se eles clicaram a coisa certa.

Mais de uma coisa de cada vez

As opções **Executar som** e **Destacar clique** podem ser usadas combinadas, assim como combinadas com as opções **Hiperlink para** ou **Rodar programas**, para causar mais de uma reação a um clique. É como explicar ao seu computador como andar e mascar chiclete ao mesmo tempo!

Quadro de diálogos pronto

Depois de ter ajustado o elo e escolhido o som se quiser um, clique no botão **OK** na parte inferior do quadro de diálogos Ajustes de ação. Para testar o seu novo hyperlink para ver se ele funciona, você pode clicar no botão **Exibir slide** para ver o slide em ação, clique no hyperlink para ver ele funcionando, e depois clique com o botão direito do mouse e selecione **Finalizar apresentação** para voltar ao seu trabalho. Entretanto, preste atenção — você agora vai estar no slide que você ligou, e terá que encontrar o seu próprio caminho de volta!

Ações que não são clicadas

Se você der uma olhada na outra tabulação do quadro de diálogos Ajustes de ação, vai descobrir que ela tem o mesmo conteúdo da tabulação Selecionar com o mouse. A diferença esta escondida no *nome* desta outra tabulação, que é Mouse em cima. A ação que você selecionar nesta tabulação é a que acontecerá quando o ponteiro passar por cima do objeto. Por que você iria querer uma interação sem clicar? Três boas razões vêm à cabeça:

- ➤ Você está fazendo uma apresentação interativa para crianças pequenas. Apontar sem clicar é mais simples para entender e mais fácil de fazer, porque a maioria dos dispositivos do mouse não são planejados para as mãos pequenas das crianças.
- ➤ Você está fazendo um *quiosque*, um centro de informações como pode ser visto no meio do seu shopping local. Se você não precisar de um clique, pode criar uma apresentação que pode ser inteiramente controlada por uma trackball sem quaisquer botões, que é fácil para os compradores decifrarem e deixa menos partes para se preocupar em quebrar.
- ➤ Você quer ter um som ou que o objeto se ilumine quando o ponteiro passar por cima dele, e depois ter uma outra ação quando clicar nele. Quando o ponteiro passar por cima de uma figura de um carneiro voador, o usuário poderia de repente ouvir "Clique aqui para aprender mais sobre carneiro voador!" Então quando o carneiro fosse clicado, seria exibido um slide sobre os carneiros voadores famosos na história.

Como na terceira razão sugerida, você pode ajustar ações separadas para passar por cima do objeto e para clicá-lo. Simplesmente ajuste uma ação na tabulação Selecionar com o mouse e outra na tabulação Mouse em cima. Certifique-se de que ação na tabulação Mouse em cima não seja um hyperlink, entretanto, porque se um novo slide aparecer quando o ponteiro estiver na figura, o usuário nunca vai ter a chance de clicá-lo!

Elo ausente: como se livrar da interação

Para se livrar do hyperlink, simplesmente clique com o botão direito do mouse no objeto, selecione **Ajustes de ação**, e depois selecione **Nenhuma** de qualquer tabulação que tenha ajustado o elo. Para se livrar de uma ação de som, simplesmente clique no quadro de seleção **Executar som** de modo que a marca de seleção vá embora, e a sua apresentação ficará bem mais quieta!

Escolha do clique: como dar forma à sua área de clique

A área de clique para um formato é aquele formato. Por exemplo, se você fizer um círculo e ligá-lo a um som, o usuário pode clicar em qualquer lugar no círculo para ouvir o som. (Isto é verdade mesmo que o círculo não seja preenchido. Embora você possa ver através do centro, se clicar lá, o PowerPoint saberá que está clicando no círculo.) As áreas do canto fora do círculo, mas dentro do quadro do círculo, não podem ser clicadas.

A área de clique para a maioria dos outros objetos é retangular. Se você tiver uma figura no seu slide, por exemplo, e der a ela uma ação interativa de algum tipo, o usuário poderá clicar em qualquer lugar da figura. Isto é verdade mesmo se a figura tiver uma cor de borda invisível — os usuários poderão clicar na borda invisível e ele ainda funcionará do mesmo jeito que se eles tivessem clicado na parte visível da figura.

Como isto é empilhado

Se alguém clicar em algum lugar onde você tenha vários objetos empilhados, o que acontece? A resposta é que o que estiver no topo do lugar que o usuário clicar controla o que vai acontecer. Se for um objeto com alguma interação, esta ação acontecerá. Se for um objeto sem nenhuma interação, o PowerPoint fará o mesmo que faria se o clique tivesse sido no fundo, mesmo se o objeto clicado estiver em cima de um objeto que tenha uma interação. Como em muitas coisas da vida, quem estiver em cima tem o controle. Consulte o Capítulo 6, "Layout: não é apenas alguma coisa que você faz ao sol", para aprender como rearrumar o lugar que os objetos estão em uma pilha.

Se você tiver um formato não preenchido que tenha uma ação, e alguém clicar no interior que não está preenchido, a ação acontecerá. Esta é uma característica acessível, útil em um dos meus truques favoritos:

O truque do PowerPoint elegante, patenteado, que escolhe partes de uma figura

Vamos dizer que você tenha uma figura sua e do seu cachorro, um do lado do outro. (Não, você não tem que dizer isto alto!) E você quer fazer com que quando os usuários cliquem em você, eles escutem o som de um laser, e que quando cliquem no se cachorro Squishie, eles escutem um whoosh. Agora, é uma figura, portanto é um objeto, portanto você só pode ter uma ação de clique nela, certo? Certo.

Mas vamos dizer que você use a ferramenta de círculo para desenhar um círculo em cima do seu cachorro. Você não quer esconder o Squishie de modo algum, assim seleciona **Não preencher** para o preenchimento do círculo, e **Sem linha** para o contorno. Agora você tem um círculo completamente invisível. Ninguém nem sabe que ele está lá!

Clique com o botão direito do mouse no círculo invisível, selecione **Ajustes de Ação**, e ajuste o som que é executado quando o círculo é clicado para **Laser**. Faça outro formato para te cobrir, e selecione para esta figura **Whoosh**. Voilà! O usuário *pensa* que está clicando em você, mas o clique é na realidade nos formatos invisíveis. (Desta maneira você pode usar qualquer Forma automática.) Um círculo ou um retângulo cobre facilmente a maioria dos itens da figura. Se você precisar de alguma coisa que siga cuidadosamente o contorno de um item, entretanto, escolha uma das ferramentas de desenho de formato livre no menu AutoFormas de linhas.)

Como ajustar o formato

Colocar um formato invisível no lugar certo é difícil porque você não pode ver onde estão as bordas. Em vez disto, quando você desenhar o formato, deve usar um contorno fino, visível. Desta forma, você pode ver onde está colocando. Depois que estiver com o formato no lugar e tiver ajustado os seus Ajustes de ação, clique no botão drop-down que está perto do botão Cor da linha e selecione **Sem linha**.

Elos dentro do texto

Um quadro de texto pode ser ligado da mesma forma que qualquer outro objeto. Simplesmente selecione o quadro de texto, clique nele com o botão direito do mouse, selecione **Ajustes de ação**, e assim por diante.

Entretanto, você também pode fazer com que partes individuais do texto tenham os seus próprios elos. Para fazer isto, primeiro selecione o quadro, e depois selecione o texto no quadro que você quer ligar. Clique com o botão direito do mouse no texto selecionado para obter o menu pop up. Depois ajuste a ação do mesmo modo que ajustaria qualquer outra. O texto que estiver com um ajuste de ação vai aparecer em uma cor diferente e sublinhado, assim você poderá dizer que ele tem um ajuste de ação.

Estes botões foram feitos para ação

Há uma boa série de formatos de botões prontos planejados somente para interatividade, escondidos lá em baixo do botão **AutoFormas**. Quando você clicar neste botão, selecione o comando **Botões de ação**, e vai obter um menu cheio de botões. Coloque este botão no seu slide como colocaria qualquer outro Forma automática — simplesmente arraste para desenhar no slide que você quer que o botão fique. Você pode fazer com que eles fiquem em qualquer tamanho. Depois de ter localizado um botão de ação, o quadro de diálogos Ajustes de ação se abrirá automaticamente. Alguns dos Botões de ação são especialmente planejados para ir para o próximo slide, slide anterior, primeiro slide, ou último slide, com figuras neles que parecem com os controles de um VCR ou de um CD player. Quando você colocar um destes, o hyperlink certo já estará ajustado para você no quadro de diálogos Ajustes de ação. Simplesmente clique **OK** para aceitar o hyperlink.

Os botões de ação parecem um pouco diferente da maioria dos botões de AutoFormas, como eles têm uma aparência de botão embutido, que é colocado para fora. Um botão de ação, por default, aparece na cor que você ajustou para ser a cor de preenchimento, mas você pode mudar a sua cor como faz com qualquer outro objeto desenhado (consulte o Capítulo 7, "WordArt: o seu amigo para fazer logotipos de baixa calorias"). Independente da cor que você selecionar para o objeto, as bordas vão parecer sombreadas para criar aquele efeito. Por causa do efeito, os botões de ação ficam melhores sem um contorno.

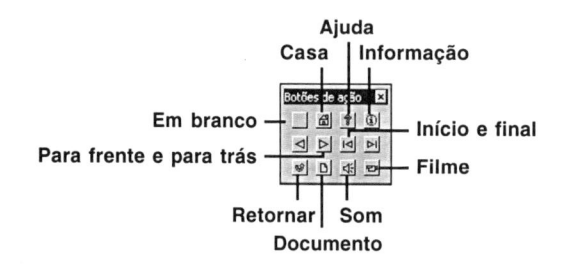

Botões de ação são planejados para comandos especiais, como "próximo slide" ou "primeiro slide" ou "pegar biscoitos". Bem exceto pelo "pegar biscoitos", infelizmente.

Ação principal: interatividade no seu slide principal

Colocando elementos interativos no seu slide principal, você pode facilmente tê-los em todos os slides da sua apresentação. Este é um bom lugar para botões de ação assim como para botões no estilo VCR e para o botão de ajuda.

Se você não quiser um dos botões em um slide individual, simplesmente cubra-o com algum outro objeto!

Capítulo 13 ➤ Clique aqui para interatividade 155

O mínimo que você precisa saber

➤ Interatividade permite que você faça com que alguma ação ocorra quando alguns objetos são apontados ou clicados.

➤ Para dar uma ação a um objeto, clique com o botão direito do mouse neste objeto na visualização de slides, e selecione **Ajustes de ação** do menu de atalho.

➤ Selecionar **Hyperlink para** no quadro de diálogos Ajustes de ação permite que você selecione a que ele está ligado do menu que está embaixo.

➤ Clicar em **Executar som** no quadro de diálogos Ajustes de ação permite que você escolha um som para tocar do menu que está embaixo. Você pode tocar o som enquanto estiver fazendo uma outra ação ou não.

➤ Os Botões de ação no menu AutoFormas são planejados especificamente para interação.

Capítulo 14

Olhe para o céu!: textos e figuras voadores

> **Neste capítulo**
> ➤ Acrescente animação à sua apresentação.
> ➤ Faça palavras e figuras aparecerem e desaparecerem quando você quiser.

Movimento é a melhor invenção de todos os tempos. Antes do movimento, a vida era bastante tediosa. Nada acontecia. Tudo ficava como era. Tudo o que você podia fazer era sentar lá e assistir TV o dia inteiro, e não podia nem mudar de canal.

Agora que o movimento existe, a vida melhorou muito, porque agora nós mudamos os canais. Você pode trazer este mesmo tipo de excitação de movimento para as suas apresentações na tela, com texto, figuras, e formatos se movendo por toda parte! Sendo bem utilizado, realmente chamam atenção para os seus pontos-chave.

Uma apresentação com animação é o seu destino

As capacidades de animação do PowerPoint controlam como um objeto é levado para um slide. Em vez de aparecer imediatamente quando o slide aparecer, o objeto que você animar vem depois, aparecendo de algum modo especial. Você pode fazer o objeto aparecer automaticamente, ou esperar até que o usuário clique um botão antes dele aparecer. Se você tiver mais de um objeto animado em um slide, pode controlar a ordem que eles aparecem. O objeto sempre acaba ficando onde você o tiver colocado.

O caminho rápido: animação para pessoas preguiçosas

Você pode animar qualquer objeto rapidamente, se estiver disposto a se arranjar com um número de animações básicas e úteis. Para fazer isto, vá para a visualização de slides, e selecione o objeto que quer animar. No menu **Exibir slide**, selecione **Animações pré-ajustadas** e um submenu aparecerá com uma lista de diferentes animações que podem ser feitas neste objeto.

Certos estilos de animação só funcionam com texto; outros só funcionam com figuras e formatos — assim você nunca verá todos os estilos no submenu de uma vez. Cada estilo automaticamente inclui um som apropriado que está ligado à animação, como um som *whoosh* quando você leva um objeto voando para a tela. Os estilos de animação incluem os seguintes (alguns dos quais você pode precisar clicar na seta para baixo que está no final do menu para ver):

- **Off**   Tira qualquer animação do objeto.
- **Drive-in**   Faz com que o objeto vá para o seu lugar pelo lado direito da tela.
- **Flying**   Faz com que o objeto apareça pelo lado esquerdo da tela.
- **Camera**   Faz com que o centro do objeto apareça primeiro, e depois que ele cresça em um círculo até atingir as bordas.
- **Flash once**   Faz com que o objeto apareça, desapareça por um momento, e depois reapareça.
- **Laser text**   Faz com que as letras em um quadro de texto apareçam uma de cada vez, voando do canto superior direito da tela.
- **Typewriter**   Faz com que as letras em um quadro de texto apareçam uma de cada vez, no lugar.
- **Reverse order**   Faz com que o último item de uma lista apareça, e depois o item que está acima dele, e assim por diante até o topo da lista. (Isto é bom para listas dos Dez Melhores, onde você pode fazer a contagem regressiva até chegar ao melhor.)
- **Drop in**   Faz com que as palavras do texto apareçam uma de cada vez, vindo do topo.
- **Fly from top**   Traz o objeto do topo da tela.
- **Animate chart**   Exibe uma parte de cada vez dos dados de diagramas numerados.
- **Wipe right**   Faz com que o objeto apareça, no lugar, da esquerda para direita, como se um pedaço de papel que o estava cobrindo seja puxado pela direita.
- **Dissolve**   Trata o objeto como uma porção de pequenos quadrados, fazendo com que os objetos apareçam um de cada vez até que o objeto esteja completo.
- **Split vertical out**   Mostra o centro, completamente de cima a baixo, de cada palavra primeiro, e depois expande isto para as bordas, uma palavra de cada vez.
- **Appear**   Faz com que o objeto simplesmente apareça.

Capítulo 14 ➤ Olhe para o céu!: textos e figuras voadores   **159**

Todas estas animações exigem que o botão do mouse seja clicado (ou a barra de espaços pressionada) para serem iniciados. Isto é muito bom para mostrar a apresentação para alguém, pois permite que você controle quando cada novo item vai aparecer. Não é muito bom quando o usuário está no controle, pois estimula o usuário a ficar só clicando o botão — próxima coisa que você sabe, os usuários estão pulando todos os slides!

Grande, devagar, e barulhento
O computador gasta muita força para animar um objeto grande, principalmente se o objeto estiver se movendo (Fly ou Crawl) em vez de simplesmente aparecer no lugar (Wipe, Dissolve, e assim por diante). Por causa disto, objetos grandes vão se mover aos solavancos em computadores mais lentos. Se você tiver um Pentium rodando a 150 megahertz ou mais, com uma boa placa de gráficos, não deve se preocupar com isto. Se a sua apresentação vai ser vista em máquinas mais lentas, não mova o material grande.

Estação de demonstração de animação

Há duas formas de verificar a sua animação. Uma é ir para o modo Exibir slide, e realmente ver a sua exibição funcionando. Entretanto, para aqueles que estão procurando a maneira mais rápida e preguiçosa de fazer isto, puxe o menu **Exibir slide** e selecione **Visualização da animação**. Uma pequena janela colorida vai aparecer em cima da visualização de slides, mostrando a animação (sem esperar pelo seu clique para iniciar cada parte da animação). Se quiser ver a animação novamente, simplesmente clique na janela.

Animar para controlar os caprichos

Se você quer ter mais controle sobre as suas animações, pode usar muito mais efeitos de animação, escolha a ordem que as animações vão aparecer, e ajuste a quantidade de tempo para esperar entre as animações. Isto dá um pouco mais de trabalho (Ugh! Trabalho!), mas pode te dar muito mais do que o método rápido.

Para começar, puxe o menu **Exibir slide** e selecione **Personalizar a animação**. Um quadro de diálogos aparecerá, com uma lista de todos os objetos animados do slide, e quatro tabulações de ajustes relacionados a animação.

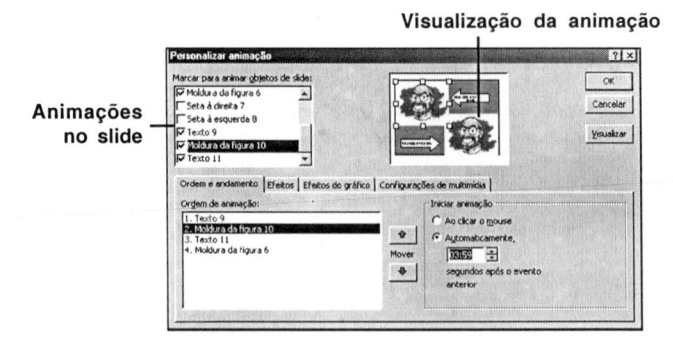

O quadro de diálogos Personalizar a animação é a sua estação de parada única, com 24 horas de animação!

Como ligar e desligar a animação

No canto superior esquerdo do quadro de diálogos tem uma lista de todos os objetos do slide atual. Os seus nomes são bastante simples, assim somente olhando para a lista, não há nenhuma forma fácil de distinguir dois quadros de texto — ambos são chamados de *texto*, seguido de um número. Isto é quase tão útil como dar a todos os seus filhos o nome de *Charlie*. Entretanto, se você clicar um item da lista, o objeto vai aparecer selecionado no quadro de visualização à direita, assim você poderá dizer qual ele é.

Perto de cada nome está um quadro de seleção. Se tiver uma marca no quadro de seleção, significa que este objeto é animado. Se não tiver a marca, ele não é animado. Para ligar ou desligar a animação deste objeto, simplesmente clique no quadro de seleção.

Como colocar a ordem em ordem

Clique na tabulação **Ordem e tempo** para ver uma lista dos objetos animados no seu slide. O PowerPoint só anima uma coisa de cada vez, e a lista te mostra a ordem na qual a animação acontece.

Para rearrumar a ordem destes eventos, selecione um item cuja ordem você queira mudar. Clique no botão com a seta para cima para colocá-lo antes na lista, ou no botão com a seta para baixo para colocá-lo depois na lista.

Capítulo 14 ➤ Olhe para o céu!: textos e figuras voadores   **161**

Quando?

A tabulação Ordem e tempo também permite que você selecione se a animação deve acontecer automaticamente, ou se deve esperar pelo ato de pressionar um botão. Se você selecionar **Ao clicar o mouse**, ele vai esperar pelo ato de pressionar o botão, se selecionar **Automaticamente**, esta animação vai acontecer imediatamente após o término das anteriores. Você pode escolher quanto tempo vai esperar digitando a duração do tempo em um campo ao lado do Automaticamente. Este tempo pode ser determinado como um número de segundos (por exemplo, 317) ou um número de horas, minuto e segundos, com os números separados por dois pontos (1:17:39). Você pode ajustar o tempo de espera para desde um segundo até vinte e quatro horas. (E imagine o quanto as pessoas vão ficar aliviadas quando o próximo objeto se animar depois de vinte e três horas, cinqüenta e nove minutos, e cinqüenta e nove segundos. "Obrigado Senhor!" eles vão dizer, "Eu achei que fosse ter que esperar um dia inteiro para a próxima animação!")

O que?

Escolher um objeto e ligar a animação é como dizer a uma criança "Vai fazer alguma coisa!" Você não disse o que fazer, e ela provavelmente não vai pensar em alguma coisa sozinha. (E se pensasse, você provavelmente não gostaria.)

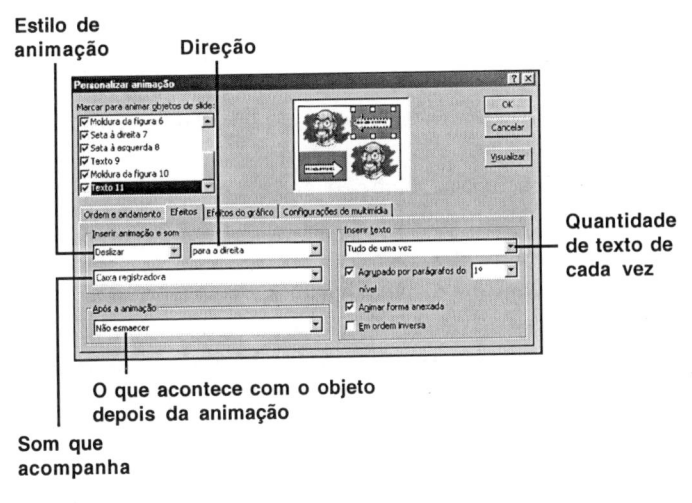

A tabulação Efeitos controla a aparência da animação.

A tabulação **Efeitos** tem todos os ajustes que você precisa. A área Entrar animação e som contém três listas drop-down. A de cima tem o estilo do movimento. Clique no botão drop-down para isto, e verá uma longa lista. Os tipos de movimentos estão como a seguir:

➤ **Appear** — Faz com que o objeto simplesmente apareça no lugar.

➤ **Fly** — Faz com que o objeto vá para o lugar rápido.

➤ **Blinds** — Revela o objeto como se você estivesse abrindo persianas na frente dele.

➤ **Box** — Mostra os objetos das bordas para o centro (*in*) ou do centro para as bordas (*out*).

➤ **Checkerboard** — Trata o objeto como uma porção de pequenos quadrados e arrasta cada quadrado para o seu lugar.

➤ **Crawl** — É o mesmo que Fly, só que mais devagar.

➤ **Dissolve** — Trata o objeto como pequenos quadrados, que aparecem em ordem aleatória.

➤ **Flash once** — Faz com que o objeto apareça, desapareça, e reapareça no mesmo lugar.

➤ **Peek** — Move o objeto pela borda do quadro do objeto.

➤ **Random bars** — Coloca as linhas do objeto até que ele esteja completo. (Estranho. A maioria das pessoas que eu conheço que escolhem bares ao acaso dizem ao barman para colocá-los alinhados até que eles se despedacem — mas eu acho que esta é a diferença entre animação luxuriante e luxos animados.)

➤ **Spiral** — Traz o objeto para a tela por uma trajetória espiral, ficando maior a medida que entra.

➤ **Split** — Começa mostrando o objeto no seu centro horizontal ou vertical, e depois se expande para as bordas.

➤ **Stretch** — Inicia com o objeto bem pequeno e o aumenta até o seu tamanho normal.

➤ **Strips** — Revela o objeto começando de um canto e indo para o canto oposto.

➤ **Swivel** — Faz com que o objeto cresça e encolha repetidamente de um lado ao outro, fazendo com que ele pareça com um item vazio suspenso por uma corda.

➤ **Wipe** — Começa a revelar o objeto por uma borda e se expande para a borda oposta.

➤ **Zoom** — Faz com que o objeto cresça (*in*) ou encolha (*out*) no lugar, fazendo com que ele pareça que está se movendo para perto ou para longe do espectador.

Palavras em ação

O pessoal das empresas de apresentações se referem às animações onde o objeto está se movendo como *movimentos* e às animações onde o objeto aparece no lugar como *revelações*.

Capítulo 14 ➤ Olhe para o céu!: textos e figuras voadores   **163**

Este menu contém outras duas opções. Escolher **Sem efeitos** significa que nenhuma animação acontece, e escolher **Efeitos aleatórios** significa que o computador pode escolher o efeito, e pode escolher um diferente a cada vez que o slide for mostrado.

Depois de você ter selecionado o tipo de movimento, selecione a lista de projeção de direção. Para alguns tipos de movimentos esta opção não está disponível e o quadro vai estar acinzentado. Para outros, você pode usá-la para escolher uma direção de movimento, como escolher se alguma coisa voa da esquerda, da direita, de cima, ou de baixo.

Em todo caso, com o que se parece um som de espiral?

O campo abaixo do campo Efeito permite que você escolha um som para acompanhar a animação. Se você quiser que ela seja silenciosa, escolha **[Sem som]**. De outro modo, pode escolher um dos sons listados, ou pode escolher **Outro som** (a última opção da lista), que irá mostrar uma lista de arquivos de som para você selecionar. Entretanto, a não ser que você tenha criado o seu próprio arquivo de som, não vai haver nada interessante para escolher. (Eu vou falar sobre criar os seus próprios sons no Capítulo 17, "Aviso sonoro sobre som.")

Depois que a emoção acabar

Finalmente, a animação acaba, e o objeto está onde ele deveria estar. Agora você pode simplesmente deixá-lo lá, pode fazê-lo desaparecer, ou pode mudar a sua cor. O campo Depois da animação na tabulação **Efeitos** permite que você escolha o que vai acontecer.

Para simplesmente deixar o objeto lá, como papel de presente no Natal, clique no menu dropdown e selecione **Não obscurecer**. Para fazê-lo desaparecer imediatamente, selecione **Esconder depois da animação**. Para fazê-lo esperar até o próximo clique do mouse para desaparecer selecione **Desaparecer após o clique do mouse**.

Além disto no menu tem uma porção de cores, e uma opção para deixar você escolher ainda **Mais cores**. Escolhendo isto o seu objeto vai mudar de cor depois da animação.

Mudar a cor do objeto soa como uma coisa bastante estranha para ser feita, e em muitos casos, é. Se você escolher uma cor, todo o objeto mudará para aquela cor. Se você fizer isto com uma figura, vai acabar ficando somente com um retângulo colorido — a não ser que a figura tenha uma cor invisível, que vai continuar invisível, assim você terá uma mancha no formato de figura.

Mas mudar a cor do texto depois que ele aparecer pode ser bastante interessante. Se estiver animando uma lista (e eu vou falar sobre como animar um texto em um segundo), isto permitirá que você traga um ponto, mostre-o, e depois faça com que ele fique obscurecido enquanto o próximo ponto aparece. Desta forma o ponto atual está sempre mais iluminado na tela, enquanto os pontos anteriores ainda estão visíveis!

Truques excelentes de desaparecimento

Se você quiser que o desaparecimento de um objeto seja um evento, não faça ele desaparecer de modo algum! Em vez disto, cubra-o com um retângulo da mesma cor do fundo. Anime este retângulo para o lugar exatamente depois de animar o objeto para aquele lugar. Por exemplo, se você fizer Dissolve com o retângulo, parecerá que o objeto está se dissolvendo!

Eu como panquecas doces

- *Problemático* seria um bom nome para uma invenção bastante ruim.
- Quando me prometem que *vão ficar atentos a tudo*, isto me soa como algo penoso.
- Eu gostaria de citar meu primeiro *pediatra*.

Mudando o texto de preto para cinza depois da animação, o texto animado mais recente é destacado.

Como mover as palavras: palavras de movimentação (não de emoção)

Um número de ajustes especiais se aplicam somente a objetos com texto, sendo eles títulos, quadros de texto, ou textos conectados a um formato ou a uma figura. Eles estão disponíveis na área de texto Inserir da tabulação Efeitos no quadro de diálogos Personalizar a animação.

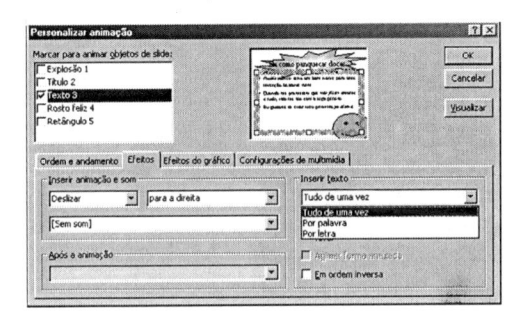

Capítulo 14 ➤ Olhe para o céu!: textos e figuras voadores   **165**

A lista Inserir texto revelada!

O primeiro campo aqui é um menu drop-down que permite que você selecione a quantidade de texto que é introduzida de cada vez. As suas opções são as seguintes:

➤ **By letter** — Anima a primeira letra, depois a segunda letra, depois a terceira, e assim por diante.

➤ **By word** — Traz toda a primeira palavra em um passo da animação, depois a segunda, e assim por diante.

➤ **All at once** — Isto dá a impressão de que ele vai trazer o texto todo de uma vez, certo? Bem, isto é verdade se o seu texto só tiver um parágrafo. Isto realmente deveria ser chamado de *By Paragraph*, porque traz o primeiro parágrafo, depois o segundo, e assim por diante.

Se você selecionar o quadro de seleção **Em ordem inversa**, a última letra, palavra, ou parágrafo vai aparecer primeiro, e depois cada anterior até chegar à primeira. Se você tiver pessoas na sua companhia que pensam para trás — Admita! Você tem! — isto é bom para fazer apresentações para eles.

Selecione o quadro de seleção **Animar formato anexo** se o texto estiver em um objeto de formato, e quiser que o objeto tenha o mesmo zoom do texto. De outro modo, o formato vai estar no slide desde o início, esperando que o texto apareça.

Como mover o diagrama: efeitos do diagrama

No mundos dos objetos do PowerPoint, os diagramas são a classe privilegiada com a sua própria tabulação no quadro de diálogos Personalizar a animação. Esta é para os diagramas do tipo gráficos; os humildes diagramas organizacionais não precisam se aplicar.

Selecione a tabulação **Efeitos do gráfico** para decidir quais partes do diagrama serão animadas. Se você selecionar o quadro de seleção **Animar grade e legenda**, a grade e a legenda apareceram como o primeiro passo da animação. Se você não selecionar nenhuma das duas, estas coisas apareceram na tela desde quando o slide aparecer pela primeira vez.

As coisas que realmente ficam animadas no seu gráfico são as barras, pontos, linhas, ou qualquer forma que você use para apresentar os seus dados. A lista drop-down **Inserir elementos de gráfico** permite que você escolha a ordem na qual os dados aparecem. As opções são as seguintes:

➤ **All at once** — Anima tudo de uma vez.

➤ **By series** — Anima todos os dados da mesma cor de uma vez.

➤ **By category** — Anima os dados da esquerda para direita, um grupo de cada vez.

➤ **By element in series** — Anima cada um da primeira cor, da esquerda para direita, e depois vai para a próxima cor, e assim por diante.

➤ **By element in category** — Anima cada parte de dados, da esquerda para direita, uma de cada vez.

Os outros ajustes da tabulação Efeitos do gráfico são os mesmos ajustes da tabulação Efeitos, que permitem que você escolha o estilo da animação, a direção, o som, e o que acontece com os dados depois de terem sido animados.

Opções de diagramas

Diagramas do estilo de barras ficam bem usando um Wipe na direção que a barra está (da direita para diagramas de barras, de cima para diagramas de colunas). Isto faz parecer que a barra está crescendo para o ponto dos dados. Similarmente, diagramas de linhas ficam melhores com Wipe Right, que faz parecer que a linha está sendo desenhada.

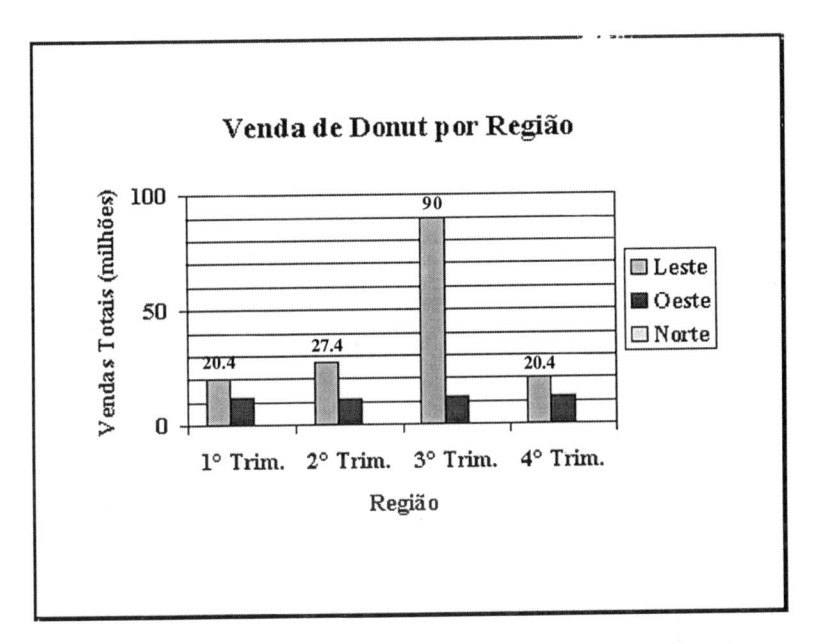

Capítulo 14 ▶ Olhe para o céu!: textos e figuras voadores   **167**

Venda de Donut por Região

[Gráfico de barras mostrando Vendas Totais (milhões) por trimestre (1° Trim., 2° Trim., 3° Trim., 4° Trim.) com as séries Leste, Oeste e Norte. Valores exibidos: 20.4, 27.4, 90, 20.4.]

Este diagrama está sendo animado por séries, com Wipe Up. A série Leste já apareceu, a série Oeste está sendo mostrada crescendo nos seus pontos, e a série Norte vai começar quando a série Oeste estiver completa.

Como verificar a animação

Para testar a sua animação enquanto ainda estiver usando o quadro de diálogos Personalizar a animação, simplesmente clique no botão **Visualizar**. O quadro de visualização vai mostrar todas as visualizações para o slide, direto, sem esperar por nenhum clique do mouse.

Quando você estiver satisfeito com o que fez, clique no botão **OK** para tornar as mudanças oficiais, e depois vá para a visualização Exibir slide para ver tudo funcionando em tamanho natural.

Ei, e a outra tabulação?

A tabulação Ajustes da multimídia no quadro de diálogos Personalizar a animação é usada quando estiverem sendo exibidos vídeos (filmes) na sua apresentação. Como tal, as informações estão apenas um pouco mais adiante no Capítulo 16, "Filmes no PowerPoint: iguais aos da TV, só que menores."

O mínimo que você precisa saber

➤ Para animar um objeto rapidamente, o selecione na visualização de slides, puxe o menu **Exibir slide**, e selecione um dos estilos de animação listados no submenu **Animações pré-ajustadas**.

➤ O comando **Exibir slide, Visualização da animação** abre uma pequena janela na sua tela. Clique nesta janela para ver a animação do slide.

➤ O PowerPoint só pode animar um objeto de cada vez.

➤ Para obter maior controle sobre os efeitos de animação, selecione **Personalizar animação** no menu **Apresentação de slides**, que exibirá a caixa de diálogo Personalizar animação.

➤ Para ter mais controle sobre o que você está fazendo, clique no nome do objeto na lista Marcar para animar objetos de slide.

➤ Quando estiver exibindo a sua apresentação, você pode ter que clicar com o botão do mouse depois de um objeto ser animado para iniciar o próximo objeto. A parte inferior direita da tabulação Ordem e tempo é usada para definir se a exibição de slides deve esperar por um clique do mouse antes de fazer a animação, ou se deve esperar um período fixo de tempo.

➤ O lado esquerdo da tabulação Efeitos permite que você selecione o estilo da animação, o som que a acompanha, e o que acontece com o objeto depois dele ter sido animado. O lado direito tem controles especiais para animação de texto e permite que você escolha a ordem na qual o texto aparecerá.

Capítulo 15

BEM NA HORA, PEQUENO...

Transições complicadas e controle de tempo terrível

> **Neste capítulo**
> ➤ Escolha como um slide desaparece e o seguinte aparece.
> ➤ Ajuste um som para acompanhar a mudança do slide.
> ➤ Ajuste os slides para mudarem automaticamente depois de uma certa quantidade de tempo, e deste modo economize muito desgaste do botão do mouse.
> ➤ Mexa seus polegares como um profissional.

Você vê transições o tempo todo na televisão, é como eles passam de uma cena para outra. Algumas vezes você só vê uma cena e depois a próxima cena. Isto é uma transição, embora seja uma chata. Quando o comercial acaba, e a tela fica preta por um momento antes do empreendimento poder ser visto, isto é uma transição. Quando um padrão de tabuleiro se depara com o rosto do Ralph Malph e quando o padrão vai embora, nós estamos no Derby de Demolição do Pinky Tuscadero; isto é uma transição. Quando o Tom Hanks coloca um vestido para se disfarçar como "Buffy", isto é...bem, na realidade, ele está se travestindo, que é diferente.

Transições: o que elas são, porque você as quer, e como conseguí-las

Cada slide em uma apresentação tem uma transição associada a ele, que diz ao PowerPoint como mudar a exibição *do* slide anterior *para* este slide. Se você quiser ajustar a transição *deste* slide *para* o slide seguinte, faça isto no próximo slide!

Quando chega a hora de trabalhar nas suas transições, use a visualização do classificador de slides. Desta forma, você pode ver o slide no qual está trabalhando assim como o slide seguinte, e pode facilmente pular de um slide para outro para ajustar as transições.

Da visualização do classificador de slides, clique com o botão direito do mouse no slide cuja transição você quer ajustar, e selecione o comando **Transição do slide** do menu de atalho. Um quadro de diálogos Transição do slide aparecerá, cheio de coisas significativas, mais um cachorro (ou, pelo menos, a figura de um).

O quadro de diálogos Transição de slide. O cachorro, como a maioria dos cachorros, não significa nada.

Decisão de transição

O menu para selecionar o tipo de transição que você quer está bem embaixo do cachorro, que pode não ser o lugar mais limpo para estar. Clique na seta, e encontrará uma lista de diferentes estilos de transição, muitos dos quais têm uma opção de direção (como Cobrir por cima e Cobrir pela direita, que são o mesmo estilo com opções de direções diferentes). Alguns destes estilos são parecidos com os estilos de animação. Os seguintes estilos estão disponíveis:

- ➤ **No transition** — Significa que o slide somente aparece no lugar, sem nenhum efeito especial.
- ➤ **Blinds** — Substitui o slide como se o novo slide estivesse em uma persiana aberta atrás do antigo.
- ➤ **Box** — Substitui o slide antigo das bordas para o centro (*in*) ou do centro para as bordas (*out*).
- ➤ **Checkerboarder** — Trata o slide como uma porção de pequenos quadrados e arrasta cada quadrado para o seu lugar.
- ➤ **Cover** — Faz parecer que o slide está deslizando para frente do slide antigo.
- ➤ **Cut** — É o mesmo que No transition.

Capítulo 15 ➤ Transições complicadas e controle de tempo terrível   **171**

- ➤ **Cut through black** — Substitui o slide antigo por um slide preto por um instante, e depois inicia o novo slide. O preto não é realmente visível, mas isto pode ser um pouco melhor do que simplesmente Cut nas telas de projeção.
- ➤ **Dissolve** — Trata o novo slide como um monte de pequenos quadrados que ele exibe um de cada vez.
- ➤ **Fade through black** — Faz o antigo slide desaparecer gradualmente até que ele fique completamente preto, depois de preto passa para o novo slide. (Esta é uma boa forma de marcar o fim de um tópico e o início de outro.)
- ➤ **Random bars** — Coloca pequenas linhas do slide até que ele esteja completo.
- ➤ **Split** — Trata o novo slide como duas metades, que entram em direções opostas.
- ➤ **Strips** — É uma entrada em diagonal.
- ➤ **Uncover** — Faz parecer que o slide antigo é afastado para revelar o novo.
- ➤ **Wipe** — Substitui um pedaço do slide de cada vez, movendo de um lado para o outro.
- ➤ **Random Transition** — Escolha aleatória do estilo e da direção cada vez que a transição acontece.

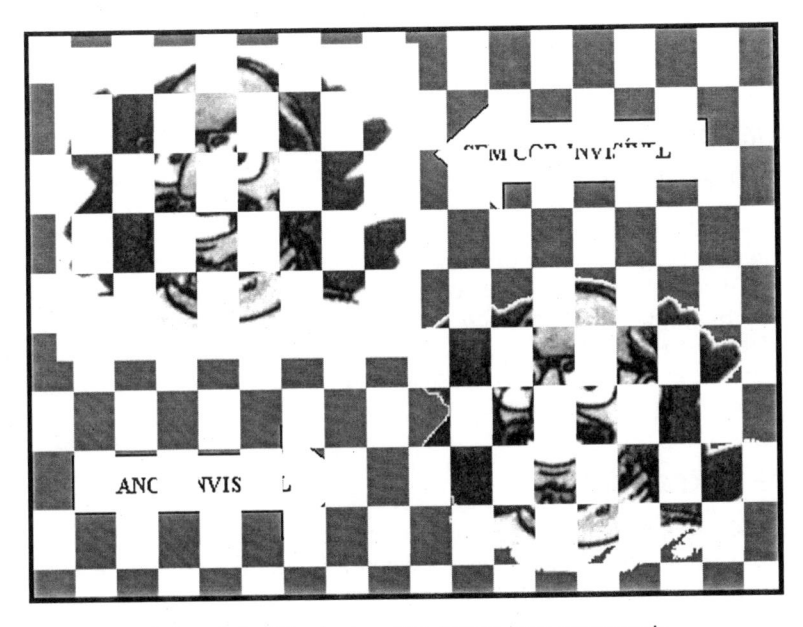

A transição Checkerboarder Across esta começando a revelar um slide com um gráfico.

Quando selecionar a transição que quer, a figura do cachorro virará uma figura de uma chave, permitindo que você veja o tipo de transição que selecionou. O que é exatamente esta apresentação que envolve um cachorro e uma chave, eu não posso te dizer. Selecione outra transição, e o cachorro substituirá a chave.

Lista acessível de transições

A barra de ferramentas do classificador de slides tem uma lista drop-down acessível dos tipos de transições, permitindo que você escolha o estilo de transição para um slide rapidamente. Se você não vir esta barra de ferramentas, puxe o menu **Exibir**; e do menu **Barra de ferramentas**, selecione **Classificador de slide**.

Mudança lenta ou rápida

Abaixo do campo de estilo de transição está uma série de botões, que permite que você escolha entre **Lenta**, **Média**, e **Rápida**. Isto ajusta o quão rápido a transição deverá acontecer. Quando você seleciona um destes, a transição cachorro/chave acontece de novo nesta velocidade.

Alguma coisa que não é para ser usada

Abaixo da área de transição Efeito está uma série de quadros de seleção que permite que você ajuste se o programa deve esperar pelo clique do usuário antes de exibir este slide, ou se ele só deve esperar até um número selecionável de segundos depois do último slide estar pronto. Se quiser, aqui você pode ajustar estas coisas — mas você não deveria querer fazer isto. Deixe isto ajustado para esperar pelo clique do mouse. Eu vou te mostrar um truque melhor para ajustar o tempo de espera mais tarde neste capítulo. (Eu estou te ensinando todos os truques poderosos. Lembre-se de usá-los para o bem, não para o mal.)

Escute a transição

Usando a área Som do quadro de diálogos, você pode escolher um som para acompanhar a transição. Clique na seta drop-down e selecione um som dos que estão listados, ou selecione **Outro som** para trazer um explorador de arquivos que vai permitir que você encontre o arquivo de som que quer. (Para maiores informações sobre como criar os seus próprios arquivos de som, consulte o Capítulo 17, "Aviso sonoro sobre som".)

Capítulo 15 ➤ Transições complicadas e controle de tempo terrível   **173**

Depois de ter selecionado um som, o quadro de seleção Loop até o próximo som passa a poder ser clicado. Se você clicar nele, o som vai se repetir como uma criança que quer saber se ela pode pegar um sorvete, por favor por favor por favor por favor por favor por favor? Ele vai parar quando outro som aparecer. (Se você não selecionar este quadro, o som só tocará uma vez.)

Som César

Todos os seletores de som incluem uma opção chamada **Parar o som anterior**. Isto permite que você pare um som de transição repetida sem iniciar um novo!

Sem o quadro (de diálogos)

Depois de terminar de escolher os ajustes de transição, você pode clicar no botão **Aplicar** para aplicá-los ao slide selecionado, ou pode escolher **Aplicar a tudo** para usá-los em todos os slides. Usar os mesmos ajustes em todos os slides não é uma idéia tão ruim. Ver uma transição diferente após a outra pode se tornar cansativo depois de um tempo e até distrair a atenção do ponto que você está apresentando.

Quando você fizer isto, a transição será rapidamente exibida no slide selecionado na visualização do classificador de slides.

Este símbolo significa que este slide tem um ajuste de transição.

Transição sendo demonstrada depois de fechar o quadro de diálogos.

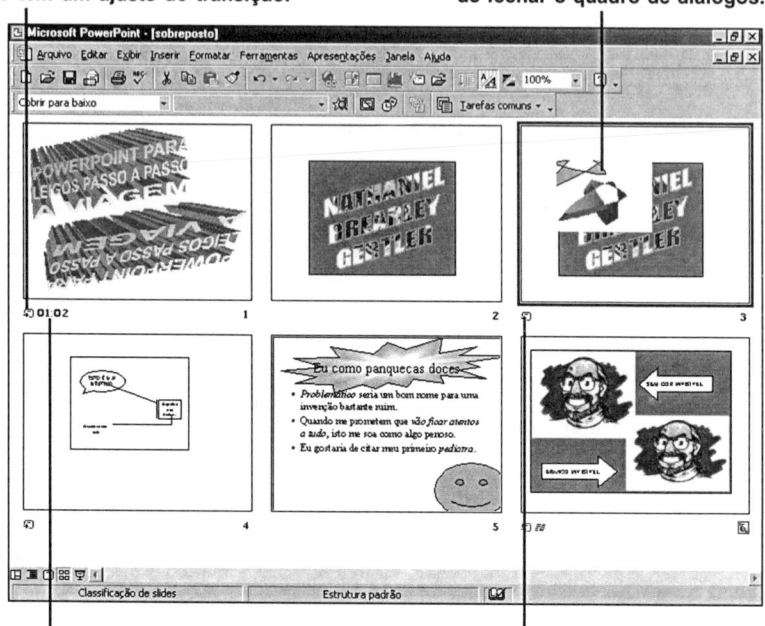

Tempo de transição.

O slide tem uma transição, mas ela está ajustada para o clique do mouse em vez de pelo tempo.

A visualização do classificador de slides te dá informações acessíveis de transições num relance.

Hora de ajustar o tempo!

A estimativa diz que tempo não é a melhor habilidade da humanidade. Quantas vezes alguém já te disse, "Vou estar com você em um minuto", somente para levar um vasto número de minutos, combinados em um grande bloco de tempo? Quantas vezes você devia deixar sua namorada em casa por volta das 11, mas quando olhou no seu relógio, já estava na terça-feira seguinte? Quantas vezes você abriu a porta exatamente quando alguém estava pronto para bater? Isto não tem nada a ver com o tópico em questão, mas cara, isto é assustador!

Capítulo 15 ➤ Transições complicadas e controle de tempo terrível   175

Tentar estimar quanto tempo você vai levar para apresentar um slide, ou quanto tempo precisa entre as animações de um único slide, é complicado quando você só está olhando para algum quadro de diálogos. Esta é a principal razão para a característica *Rehearse timings* (Ensaio de tempo). (Isto, e o fato de que eles queriam um nome de característica que fosse um anagrama para *Her Steaming Sire* (Pai dela fervendo), que é o que você tem freqüentemente que enfrentar se trouxer a sua jovem namorada para casa na terça-feira seguinte, em vez de às 11 horas.)

Como fazer o cronômetro funcionar

Para começar a ajustar o seu tempo, puxe o menu **exibir slide**, e selecione **Ensaio de tempo**. A exibição de slides vai começar do início. Entretanto, depois que o primeiro slide tiver terminado, você verá uma diferença de uma exibição de slide normal: um painel de controle Ensaio que aparece na tela.

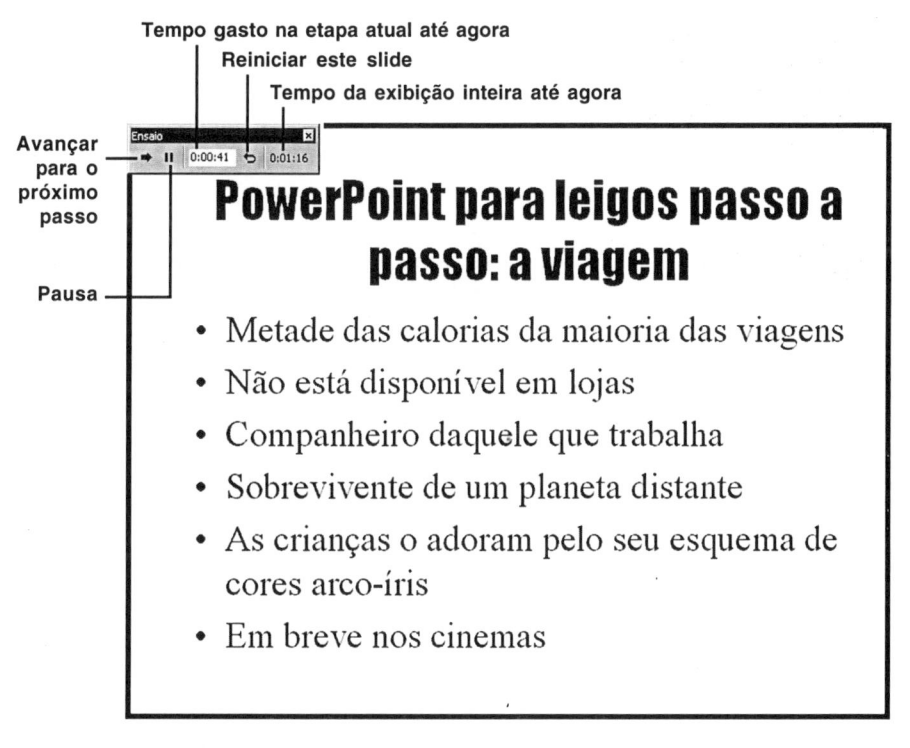

Tempo gasto na etapa atual até agora
Reiniciar este slide
Tempo da exibição inteira até agora

Avançar para o próximo passo

Pausa

PowerPoint para leigos passo a passo: a viagem

- Metade das calorias da maioria das viagens
- Não está disponível em lojas
- Companheiro daquele que trabalha
- Sobrevivente de um planeta distante
- As crianças o adoram pelo seu esquema de cores arco-íris
- Em breve nos cinemas

Modo Ensaio de tempo.

Quando o seu slide aparecer, olhe para ele o tempo que quiser que ele apareça na sua exibição, e depois clique no botão **Avançar**. Se estiver planejando falar durante a apresentação às demais pessoas, diga seu texto ao fazer isso — o que permitirá a você saber o tempo certo de espera. Se você contar com alguém mais para ver a apresentação e ler o conteúdo para os demais, peça a ela que leia para você em voz baixa, lentamente, e use isto para determinar o momento de mudar o slide.

Cometeu um erro?

Se você se confundir enquanto estiver falando, lendo alto, ou se quiser reiniciar o slide por alguma outra razão, simplesmente clique no botão **Repetir**. O tempo vai começar do início do slide, assim você pode continuar fazendo isto até acertar.

Quando o seu tempo bom acabar

Quando você tiver percorrido a apresentação inteira, a plataforma de controle Ensaio vai embora. Se o seu slide ainda estiver sendo exibido, clique nele uma vez. Um quadro de diálogos aparecerá, te dizendo quanto tempo levou a sua apresentação toda, e perguntando Você quer gravar o novo tempo do slide e usá-los quando estiver vendo a sua exibição de slides? Clique **Sim**, e todos os tempos de transições e animações serão ajustados!

Como misturar o que está cronometrado com o que não está

Se você quiser que a maioria da sua apresentação seja cronometrada, mas que algumas coisas esperem pelo clique do mouse, vá em frente e use a característica Ensaio de tempo, e depois volte e use o quadro de diálogos Transição de slide para ajustar os slides que você quer que parem para esperar pelo clique do mouse.

Capítulo 15 ➤ Transições complicadas e controle de tempo terrível

O mínimo que você precisa saber

➤ Uma transição é o método usado para mover de um slide para outro. Os ajustes de transição incluem a forma que a substituição é animada, o som que a acompanha, e se ela precisa de um clique do mouse ou se espera por um período de tempo para iniciar.

➤ Para acertar os ajustes de transição para um slide, vá para a visualização do classificador de slides, clique com o botão direito do mouse no slide, e selecione **Transição de slide**.

➤ Puxe o menu drop-down embaixo do cachorro, para escolher um estilo de transição. O estilo de transição será exibido usando a figura do cachorro e a figura da chave. Embaixo do estilo de transição você pode selecionar a velocidade da transição.

➤ É melhor deixar o quadro de seleção **No clique do mouse** selecionado, e ajustar os tempos da tela usando a característica de Ensaio de tempo.

➤ Para ajustar o tempo de todos os seus slides, assim como as animações, selecione o comando **Exibir slide, Ensaio de tempo**.

➤ Passe pela sua exibição de slides usando o botão de seta **Avançar** no painel de controle Ensaio. Qualquer que seja o tempo que você esperar antes de avançar, este vai ser o tempo de espera quando a sua exibição de slides estiver acontecendo. (Se você errar no seu tempo em um slide, clique no botão **Repetir** e tente novamente.) Certifique-se de que está considerando o tempo que você vai estar falando a respeito do item exibido e o tempo que as pessoas vão levar para ler o texto mostrado.

Capítulo 16

Filmes no PowerPoint: iguais aos da TV, só que menores

> **Neste capítulo**
> ➤ Consiga (ou até faça) um clip de filme para colocar no seu slide.
> ➤ Mova o clip de filme que você tem para o seu slide.
> ➤ Inicie e pare o clip de filme que você tem.

Filmes são muito úteis. Estes bits na tela (freqüentemente chamados de *vídeo*) são bons para mostrar coisas que se movem, como trens ou chimpanzés. Ou, se a câmera que está fazendo o filme se move, você pode usá-lo para mostrar todos os lados de alguma coisa que não se move, como montanhas ou o Tio Osvaldo. Você também poderia segurar a câmera parada e filmar alguma coisa que não se move, mas por outro lado seria provavelmente melhor simplesmente usar uma fotografia normal ou, no caso do Tio Osvaldo, não usar nada mesmo.

Alguns avisos sobre os filmes

Antes de começar a se equipar para encher a sua apresentação de filmes, você tem que estar ciente dos problemas que isto acarreta. Estes não vão ser grandes problemas se você estiver fazendo isto no seu computador, mas podem ser grandes problemas se quiser usar esta apresentação no computador de outra pessoa.

Problema número um: como mover os filmes

Ainda que os filmes nas apresentações pareçam pequenos, pois só tomam uma parte da tela e alguns segundos do tempo, eles são muito grandes no seu disco. Um clip de 10 segundos pode algumas vezes completar um disco flexível. Cinco minutos de vídeo que só toma um décimo da página vai levar mais de uma hora para ser baixado por alguém que esteja usando um modem. Os arquivos são grandes. Isto pode ser um problema mesmo que você não esteja tentando movê-lo para a máquina de uma outra pessoa, porque o seu disco rígido pode ficar sem espaço para mais nada.

Problema número dois: problemas de projeção

Do mesmo jeito que a fita Beta não vai se ajustar a um reprodutor VHS, ou o filme de 35 milímetros não vai se ajustar a um projetor de 16 milímetros, ou um novo truque não vai se ajustar a um cachorro velho, o seu filme pode não poder ser exibido na máquina de uma outra pessoa. Isto acontece porque a outra pessoa não tem o computador equivalente ao "projetor certo", o que seria o *driver* certo. Um driver é um programa que diz ao computador como lidar com um certo dispositivo ou com um certo tipo de arquivo. Neste caso, o driver diz ao computador como ele tem que entender o arquivo do filme. Há muitos drivers diferentes, porque há muitos formatos de arquivos de filmes diferentes, e a maioria dos computadores não vai ter todos eles instalados. Se você usar o formato Vídeo for Windows, a maioria dos PCs que estão ajustados para multimídia serão capazes de entendê-lo. (Você pode reconhecer um arquivo Vídeo for Windows por causa do .avi no final do nome do arquivo.) Se o seu arquivo usar um dos outros formatos, entretanto, as chances são boas de que o PC de uma outra pessoa não tenha um driver para ele.

Formatos diferentes

Os diferentes formatos de arquivo de vídeo usam diferentes *codecs*. Um codec (abreviatura de *compressão/descompressão*) é o método usado para armazenar o vídeo no menor espaço de disco necessário.

Problema número três: computadores lentos

Computadores com processadores lentos ou sem placas de vídeo de alta qualidade podem processar o vídeo muito lentamente. Isto pode significar um filme que parece que está em câmera lenta ou um filme que parece muito espasmódico porque muitas das figuras individuais que fazem o filme (os *quadros*) estão sendo omitidos. Se você tem uma máquina como esta, verá o problema rapidamente. Se você tem uma boa máquina mas divide a sua apresentação com quem tem máquinas ruins, então eles vão ver o problema.

Mamãe, de onde vêm os filmes?

A cegonha não traz arquivos de filmes, infelizmente. Mesmo que trouxesse, seriam provavelmente somente filmes sobre coisas que interessassem as cegonhas, como migração, comer peixe, ou o Câmbio das cegonhas em Nova Iorque. Se você quiser filmes que interessem às pessoas, tem basicamente três opções: comprá-los, conseguí-los de graça, ou fazê-los você mesmo.

Comprar filmes é menos divertido e menos lucrativo

Do mesmo jeito que há discos de clip artístico cheios de figuras, há também discos cheios de filmes (e alguns com alguns filmes, algumas figura, alguns sons — é um banquete de multimídia). Entretanto, não há muitos destes por aí, e eles são de utilidade limitada. Verifique o conteúdo de qualquer disco como estes antes de comprá-lo, para ter certeza de que ele tem o que você precisa. Devido ao fato dos filmes tomarem muito espaço, eles não podem colocar alguma coisa para todas as ocasiões neles como eles *tentam* fazer com os discos de figuras.

Na melhor das hipóteses, entretanto, estes podem te dar um filme razoavelmente genérico. Você pode ser capaz de conseguir um pequeno clip de aviões voando, ou de uma flor crescendo, ou uma animação da Terra em rotação; mas se quiser um avião específico, uma flor específica, ou uma Terra específica, as suas chances de encontrar são pequenas.

Filmes grátis: duas das minhas palavras favoritas, juntas

Filmes são arquivos digitais, e você poderia deduzir que qualquer coisa valiosa deveria estar na Internet. Você estaria certo, mas não há tantos filmes como você pode estar esperando. As pessoas não estão usando muitos filmes nas suas páginas da Web, porque eles são muito lentos para serem transferidos. Lá só está cheio realmente de dois tipos de filmes, e você realmente não pode usar nenhum dos dois. O primeiro tipo é de, humm, filmes de "adulto"; e por eles realmente chamarem atenção, geralmente não são apropriados em apresentações. O outro tipo é de clips de programas de TV, filmes e vídeos de música: a maioria deles é feita por pessoas que têm o equipamento para fazê-los, mas não o direito de fazê-los. Não os use — a sua a*presen*tação pode se tornar uma a*prisão*tação!

A Microsoft oferece alguns filmes de clip art úteis que você pode conseguir pela Web. Puxe o menu **Inserir**, e do submenu **Filmes e sons**, selecione **Clips da galeria**. O quadro de diálogos Galeria de clips se abrirá, exibindo apenas a tabulação Clips de filmes. Clique no botão **Clips Online**. (Se uma mensagem aparecer para te informar que você vai usar a Internet, clique **OK** para respondê-la.) O seu tabelador da Web se abre trazendo a Galeria de clips ao vivo, um site de figuras, sons, e vídeos grátis. Este site contém suas próprias instruções para baixar os clips, incluindo um elo que oferece ajuda aos usuários que estão lá pela primeira vez. Clique neste elo, e você será guiado para encontrar e conseguir o que quer baseado no tipo de mídia que quer (vídeo, é claro) e na categoria.

Você só pode ver versões menores, simplificadas dos vídeos antes de baixá-los. A maioria dos vídeos da Microsoft são pequenos desenhos animados, bons para destaques humorísticos que você pode usar com os assuntos de negócios.

Depois que você baixar o clip, ele será acrescentado à sua Galeria de Clip Artístico na tabulação Clips de filmes, acessível não só para o PowerPoint como também para outras aplicações da Microsoft.

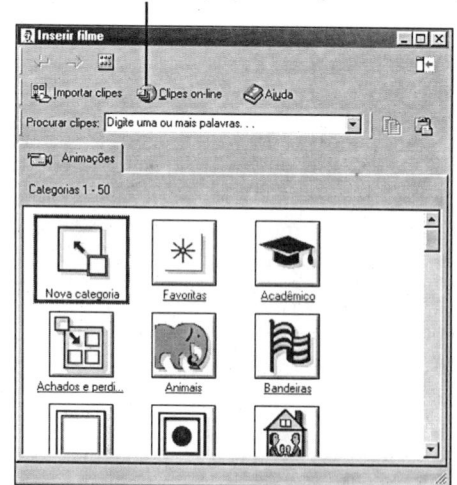

A tabulação Clips de filmes da Galeria de Clip Artístico exibe o primeiro quadro de cada filme que está na galeria.

Capítulo 16 ➤ Filmes no PowerPoint: iguais aos da TV, só que menores

Como fazer filmes: você pode virar artista!

Se você tem uma câmera de vídeo, pode gravar qualquer filme que precisar. Então você tem o filme perfeito que quer, mas ele está em uma fita de vídeo, não no computador. Como você pode colocá-lo lá? Bem, você poderia arrancar a fita de dentro do cartucho e colocá-la dentro da fenda da sua unidade de disco flexível — mas tudo o que ia acabar conseguindo era uma unidade de disco flexível obstruída.

O que você realmente precisa é de uma *placa de captura de vídeo*, um dispositivo que você instala no seu computador e que pode ser conectado ao seu VCR. A placa recebe o sinal vindo do VCR e o converte para um arquivo de vídeo. As placas de captura de vídeo custam de duzentos a mil dólares. As mais baratas só podem fazer filmes menores que usem uma pequena parte da tela, mas em todo caso isto pode ser tudo o que você quer.

Mas se você só quiser fazer filmes das coisas que estão a sua volta, particularmente se quiser mostrar imagens suas falando com os espectadores da apresentação, pode se arranjar com uma câmera de vídeo digital simples. Com o preço inferior a U$$100, você pode conseguir uma câmera de vídeo digital de mesa que permite que crie pequenos filmes. Estas pequenas câmeras são muito divertidas, principalmente se você gosta de se olhar na tela enquanto trabalha! (Elas também são muito úteis para teleconferências em vídeo.)

Cartuns computadorizados

Você também pode criar os seus próprios filmes animados por computador! Na maioria das vezes que as pessoas falam em animação computadorizada, elas estão falando de coisas como *A Bug's Life* (A vida de um inseto), onde mundos 3D inteiros são planejados em um computador, e depois o computador gera filmes de coisas que se movem neste mundo. Este tipo de animação é chamado de *modelagem*, e para fazer isto você vai precisar de algum software de modelagem com capacidades de animação (como *TrueSpace* ou *Ray Dream Studio*). Não espere fazer nada tão complicado quanto *A Bug's Life* a não ser que tenha muitos computadores, muitos amigos, muito tempo, e muito talento, mas há muitos exemplos de pequenos pedaços interessantes feitos por pessoas que têm apenas algum tempo livre.

Auto-retrato: uma câmera de vídeo digital de mesa QuickCam se filma em um espelho.

Outro tipo de animação computadorizada é a *mutação*, que envolve mudar a forma das coisas em uma figura ou transformar um objeto em outro. Se você já viu um destes anúncios onde uma vaca se transforma em um copo de leite, ou que um homem barbado se transforma em um cachorro peludo, ou que um carro se transforma em um beco, já viu a mutação em ação. Não é tão difícil aprender a usar o programa de mutação bem o suficiente para pegar uma foto sua e te dar orelhas com pontas; só é um pouco mais difícil usá-lo para fazer um filme das pontas crescendo nas suas orelhas.

Finalmente, um número de programas permitem que você use o computador para criar animações mais tradicionais, combinando uma série de figuras em um filme.

Como acrescentar um filme

Para inserir um filme no seu slide, vá para a visualização de slides e visualize o slide no qual quer que o filme comece. (Como você vai ver logo, um filme pode percorrer vários slides.) Puxe o menu **Inserir** e selecione o submenu **Filmes e sons**. Lá, você verá dois comandos que permitem que você insira filmes. **Clips da galeria** abre a Galeria de clips Artísticos para a tabulação Clips de filmes, onde você pode selecionar quaisquer filmes que já estejam na tabulação Vídeos, clicando com o botão direito do mouse nele e selecionando **Inserir**. **Filme do arquivo** abre um tabelador de arquivos, que lhe permite escolher qualquer arquivo de vídeo de qualquer um dos discos do seu sistema. Clique duas vezes no nome do arquivo para acrescentá-lo ao seu slide.

Quando você fizer isto, o PowerPoint vai te perguntar Você quer que o seu filme seja executado automaticamente na sua exibição de slides? Clique **Sim** para fazer com que o filme corra na primeira vez que o slide aparecer, ou **Não** para fazer com que o filme só seja executado quando você clicar nele.

O primeiro quadro do seu filme aparecerá no seu slide. Como qualquer quadro, você pode clicar nele para ver os manipuladores de tamanho ou para arrastá-lo.

Como alterar o tamanho do seu filme

Não faça isto.

Como com uma figura, o filme aparece no seu *tamanho natural*. Aumentar um filme não vai fazer com que ele fique nem um pouco mais detalhado, ele só vai parecer granulado e pode ser exibido mais lentamente. Diminuir um filme só vai fazer com que ele perca os detalhes e de modo algum vai torná-lo mais rápido.

Depois de isto ter sido dito, você pode alterar o tamanho dele se quiser. Simplesmente use os manipuladores de tamanho.

Rodar o filme: ativação interativa

Um filme pode começar a rodar de três formas. Você pode fazer ele começar a rodar quando o espectador clicar nele, quando o mouse passar por cima dele, ou automaticamente. ("Mouse passes over" ("Mouse passar por cima" não deve ser confundido com "mouse's Passover" (Páscoa dos ratos), que é um feriado para os ratos judeus.)

Para ser iniciado por um clique ou pelo mouse passando por cima, clique com o botão direito do mouse no filme e selecione o comando **Ajustes de ação**. O quadro de diálogos Ajustes de ação aparecerá, com tabulações separadas para os ajustes Mouse Click e Mouse Over. Selecione **Ação do objeto** na tabulação apropriada. O menu drop-down que está abaixo da opção agora vai poder ser utilizado. Entretanto, como **Executar** é a única opção deste menu, ele já estará selecionado para você.

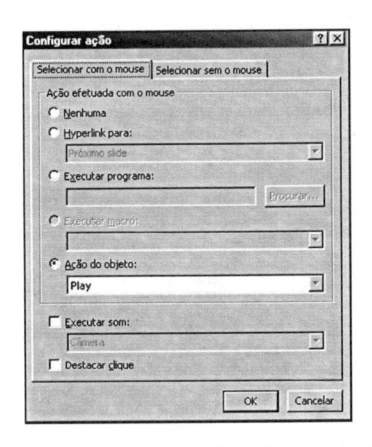

A maioria dos ajustes de ação são planejados para outros tipos de objetos. As suas opções para filmes são rodar ou não rodar.

Vá para a outra tabulação e certifique-se de que a opção **Nenhuma** está selecionado, de modo que você não tenha ajustes conflitantes.

Rodar o filme:
automatização ativada

Como se o sobrecarregado quadro de diálogos Personalizar a animação já não tivesse coisa suficiente para fazer, ele está preso com o controle automático de filmes. Para trazer o quadro de diálogos, clique com o botão direito do mouse no filme e selecione **Personalizar a animação**. O quadro de diálogos se abrirá, com a tabulação Ajustes da multimídia selecionada para você.

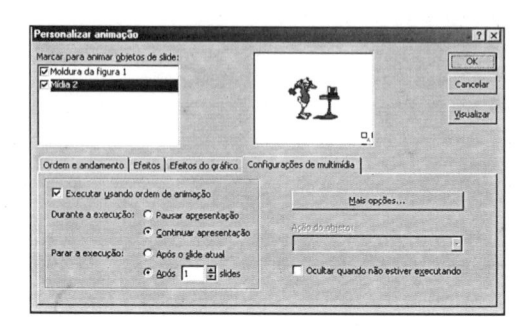

Use a tabulação Ordem e tempo para ajustar o início da animação, e a tabulação Ajustes da multimídia para ajustar o fim.

Clique no quadro de seleção **Rodar usando a ordem da animação** para mostrar que você quer que os controles de animação iniciem o filme. Clique na tabulação **Ordem e tempo**, e você poderá selecionar **No clique do mouse**, que inicia o filme no próximo clique do mouse depois do objeto anterior ter sido animado, ou **Automaticamente**, que inicia o filme depois de um número fixo de segundos que o último objeto tenha sido animado. Para saber mais sobre como estas coisas funcionam, consulte o Capítulo 14, "Olhe para o céu!: textos e figuras voadores". (Este capítulo também te diz como arrumar a ordem das animações, que é afetada quando o seu filme começa se também houver objetos animados na página. Ele também tem prosa móvel, ilustrações cintilantes, e muita pontuação!)

Animar filmes funciona...mais ou menos

Você pode usar a tabulação Efeitos para ajustar como o filme vai aparecer no seu slide. Entretanto, somente o primeiro quadro ficará animado. Depois que a animação tiver acontecido, o filme começará a rodar.

Capítulo 16 ➤ Filmes no PowerPoint: iguais aos da TV, só que menores   **187**

Quando isto vai acabar?

Clicar de novo na tabulação **Ajustes de multimídia** permite que você ajuste o tempo que o filme vai ficar rodando. Se você selecionar **Dar pausa na exibição de slides**, o próximo slide não vai aparecer até que este filme acabe. (As animações ainda podem continuar enquanto ele estiver passando. Se quiser, você pode animar pedaços de pipoca voando na tela enquanto o filme estiver sendo exibido, exatamente como em um filme de verdade! Entretanto, tudo o que você animar vai passar *por trás* da área do filme, nunca *na frente* dele.)

Escolher **Continuar a exibição de slides** permite que você escolha uma das duas opções. Parar a execução. Escolher **Depois do atual slide** significa que o filme pára quando estiver na hora do próximo slide. Se o filme não tiver acabado, a sorte é dura com ele! Escolher **Depois de (campo de número) Slides** vai fazer esperar não só pelo final deste slide, mas pela quantidade de outros slides que você entrar no campo de número. É isto mesmo, os slides vão embora, mas o filme continuará sendo visto, como algum visitante para o jantar demente que decide ficar a semana inteira quer você goste ou não!

Depois que o filme acabar

A tabulação Ajustes de multimídia tem um quadro de seleção **Esconder enquanto não estiver rodando** que vai fazer com que o filme só apareça quando começar a rodar, em vez de ter o quadro inicial exibido enquanto estiver esperando para ser rodado.

Há também um botão marcado **Mais opções**, que é tão sem informação quanto um nome de botão pode ser. Clique nele, e o quadro de diálogos **Opções de filme** aparecerá.

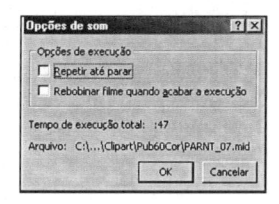

*Se no mundo real tivesse um quadro de diálogos Opções de filmes, você poderia ligar a opção **Pipoca grátis** e desligar **Crianças chorando na platéia**.*

Atalho para Opções de filme

Para obter o Opção de filme rapidamente a qualquer hora, clique com o botão direito do mouse no filme na visualização de slides e selecione **Editar objeto do filme**.

Este quadro de diálogos tem dois quadros de seleção. Selecione **Loop até ser parado**, e o filme vai se repetir até que alguma coisa o pare (como mudar para o próximo slide). Isto é útil se você tem um filme planejado para repetir, como um cartum de alguém fazendo malabarismo onde repeti-lo dá a impressão que ele continua fazendo malabarismo. Também é bom para chamar a atenção dos telespectadores, se você tiver um filme que seja maçante ou que distraia a atenção.

O quadro de seleção **Rebobinar a fita quando acabar de ser rodada** tem um nome pateta. Afinal, o filme é um arquivo, então o que tem para ser rebobinado? Isto vai fazer o seu disco rígido girar para trás? Não, na realidade se você selecionar isto, o primeiro quadro do filme vai ser mostrado quando o filme acabar. Se você não selecionar isto, o último quadro é que é mostrado.

Filme por projeto: slides com espaço para filmes embutidos

Dois projetos de slides do AutoLayout incluem um lugar para um filme. Você vai encontrar estes projetos clicando no botão **Novo slide** e usando a barra de rolagem para ver a parte de baixo do exibidor do AutoLayout. Estes layouts têm a figura de uma *claquete* — aquela tábua articulável que alguém bate na frente da câmera antes deles gravarem cada cena de um filme. (O objetivo disto é chamar atenção de quem não estiver distraído.)

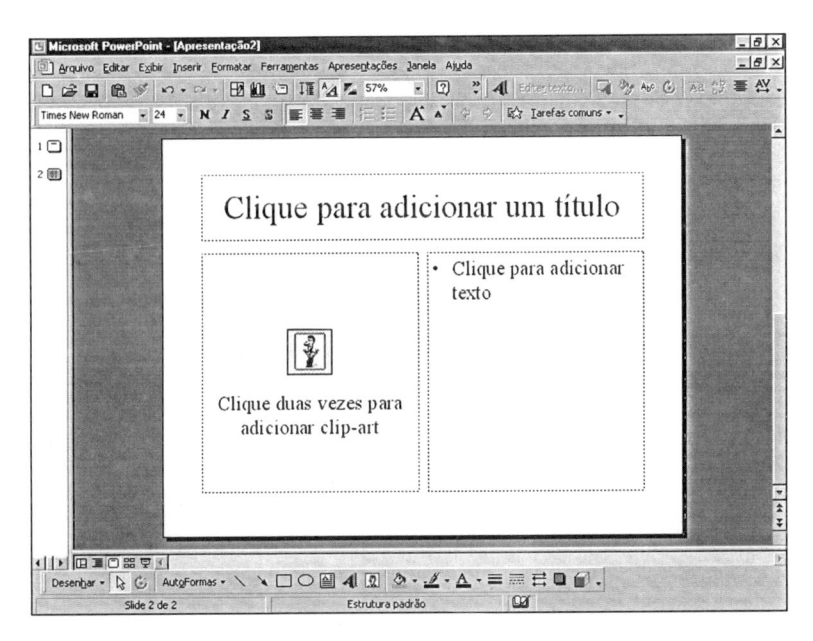

Capítulo 16 ➤ Filmes no PowerPoint: iguais aos da TV, só que menores   **189**

Este slide sugere que você clique duas vezes para inserir um clip médio, mas ele significa realmente "filme".

Se você clicar duas vezes na área de clip médio do slide, o PowerPoint abre a Galeria de clips, e quando você selecionar o seu filme, ele vai aparecer no espaço Clip médio.

O mínimo que você precisa saber

➤ Arquivos de filme tomam muito espaço e para mostrá-los é necessária muita força do computador. Mantenha os seus filmes pequenos e curtos, principalmente se estiver distribuindo para outras pessoas. O PowerPoint pode rodar arquivos de filmes de um número de formatos diferentes, mas se você quiser que a sua apresentação corra em outras máquinas, é melhor usar o formato Vídeo for Windows (arquivos .avi).

➤ Há vários filmes existentes em formatos que o PowerPoint pode ler. Você também pode transferir filmes de fita de vídeo usando uma *placa de captura de vídeo*, ou gravar filmes diretamente para o seu disco rígido usando uma *câmera de vídeo digital*. Também há um software que permite que você faça filmes de animação computadorizados.

➤ Para inserir um arquivo de filme no seu slide, use o comando **Inserir, Filmes e sons, Filme do arquivo**. Para usar um arquivo de filme da Galeria de clip artístico, use o comando **Inserir, Filmes e sons, Clips da Galeria**. Clicar no **Clips Online** na Galeria de Clip Artístico permite que você copie filmes grátis do site da Web da Microsoft para a galeria.

➤ Para fazer com que um clique do mouse inicie o filme, clique com o botão direito do mouse no filme na visualização de slides, selecione **Ajustes de ação**, escolha a tabulação **Clique Mouse** no quadro de diálogos que aparecerá, e selecione **Ação do objeto**. Para fazer com que o filme comece a rodar automaticamente, clique com o botão direito do mouse no filme e selecione o comando **Personalizar animação**.

➤ No quadro de diálogos Personalizar animação, selecione a tabulação **Ordem e tempo** para selecionar quando o filme começa e a tabulação **Ajustes de multimídia** para ajustar quando o filme termina.

➤ Na tabulação Ajustes de multimídia, escolher **Dar pausa na exibição de slides** significa que o slide não vai estar concluído até que o filme acabe. Escolher **Continuar a exibição de slides** permite que você escolha entre parar o filme quando o slide terminar ou continuar o filme pelos outros slides.

Capítulo 17

Aviso sonoro sobre som

Neste capítulo
- ➤ Grave os seus próprios sons.
- ➤ Acrescente efeitos de som às suas animações, transições, ao ato de pressionar botões, até que a sua apresentação esteja cacofônica!
- ➤ Grave uma narração para acompanhar a sua apresentação.
- ➤ Coloque os sons de um CD para acompanhar a sua apresentação.

O som pode tomar várias formas, e servir para muitas coisas. Há a música, cujo encanto tem sido notado pelas suas propriedades de acalmar o íntimo selvagem. Há a palavra falada, que é tão poderosa que pode causar uma guerra, ou parar uma. Há os sons da natureza, como o barulho do vento, o crepitar do fogo, e o canto do grilo, tudo que nos lembra as belezas e maravilhas que estão ao nosso redor. E há o alarido do admirador de computador negligente que está fazendo uma algazarra a 16 capítulos e não vai embora, não, até que me deixe louco! Mas eu não vou permitir, pelo meu amigo invisível Jojo eu arquitetei um plano.

Coisas para gastar dinheiro: o seu sistema de som para PC

Para usar som nas suas apresentações, você precisa de um computador que possa tocar som. De outro modo, tudo o que você escuta é uma tortura sem fim de um admirador de computador barulhento que nós podemos provar, é, provar que está sob o comando da CIA!

Hoje em dia, a maioria dos PCs é vendida *pronta para multimídia*, o que significa que o sistema de som já está embutido. Se você não for tão sortudo, pode acrescentar um. O que você precisa é de uma *placa de som*, que o computador usa para criar e dar forma ao som, e um par de alto-falantes de computador (ou, se não quiser que ninguém escute, um par de fones de ouvidos serve). Você pode conseguir estas coisas como um kit por menos de U$$100, e depois tudo o que precisa são de algumas horas de tempo livre para instalar a placa e o seu software, a maior parte deste tempo vai ser gasto praguejando porque embora isto seja supostamente fácil de ser feito, raramente acontece desta forma.

Se você está gravando os seus próprios sons, também precisa de um microfone. Há um conector de microfone na parte de trás da sua placa de som. Há também um conector de *alinhamento*, que você pode conectar ao seu estéreo se quiser gravar alguma coisa de lá.

Se você for tocar áudio CD, vai precisar de um drive de CD-ROM, e ele terá que ser conectado propriamente à sua placa de som — ele provavelmente já está em seu computador se você comprou um sistema de multimídia. (Se você instalar a sua própria placa de som, só vai ter terminado de colocar o seu sistema todo junto novamente quando perceber pela primeira vez o cabo que deve supostamente conectar o drive do CD-ROM à placa de som.)

Como gravar: sim, você realmente soa assim

Para gravar o seu próprio som, se ele for uma pequena fala exaltando o seu produto ou capturando o som de um admirador barulhento para usar como evidência de um plano secreto da CIA, você tem que dizer ao PowerPoint que está inserindo o som em um slide. Isto pode ser uma mentira; você pode estar usando o som como parte de uma animação ou transição, que é diferente de fazer parte do slide propriamente dito. Entretanto, o PowerPoint não fica furioso se você mentir para ele.

Para começar, puxe o menu **Inserir**, e do submenu **Filmes e sons**, selecione **Gravar o som**. O quadro de diálogos Gravar o som, com uma série simples de controles de gravação.

Os botões de gravação têm um triângulo, um quadrado, e um círculo — simples, ainda que sejam símbolos sem significado.

Capítulo 17 ➤ Aviso sonoro sobre som   **193**

Coloque o seu microfone na posição e clique **Gravar** para começar a gravação. Quando tiver acabado, clique no botão **Parar**, e depois no botão **Executar** para verificar o seu som. Se não gostar dele, clique **Cancelar** e comece de novo (mas você nunca vai soar tão bem quanto soa na sua própria cabeça). Se gostar do som, digite um nome para o seu som no campo de nome, e depois clique no botão **OK**.

Um ícone de som, uma pequena figura de um alto-falante, aparecerá no slide. Se você deixar esta figura na sua apresentação, quando o usuário clicar nela, ele ouvirá a gravação. (Na realidade, se você clicar duas vezes nela na visualização de slides, vai ouvir o som.) Há outras formas para você iniciar a execução do som na exibição de slides, que eu vou te mostrar logo. E você pode ouvir o som enquanto estiver na visualização de slides simplesmente clicando duas vezes na figura!

O som está soando mal?
Ajuste a altura e a qualidade das suas gravações clicando no botão **Iniciar** e selecionando **Painel de controlo** do submenu **Ajustes**. Clique duas vezes no ícone **Multimídia** na janela que aparecerá. A metade inferior da tabulação **Áudio** controla a gravação; os controles exatos dependem do seu ajuste de áudio e de qual versão do Windows está usando. Perceba que quanto maior for a qualidade do áudio que você usar, maior será o espaço de disco que o áudio vai tomar.

Como ouvir este som do slide

Há um número de formas para você começar a ouvir o que gravou. Você pode fazer com que o usuário tenha que clicar em um ícone de som para ouvi-lo, ou que o usuário tenha que clicar em alguma outra coisa para ouvi-lo, ou que ele seja executado automaticamente durante a transição, a animação, ou em algum outro ponto durante a exibição do slide. Você também pode tocar em todas estas situações, fazendo um barulho terrível e irritante!

Clique na figura do alto-falante

Para fazer com que o usuário tenha que clicar na figura do alto-falante para ouvir o som, você não tem que fazer nada realmente a não ser mover a figura para onde quiser que ela fique. Ela já está ajustada para esperar pelo clique do mouse.

Você pode fazer com esta figura do alto-falante tudo o que faz com uma figura normal, incluindo mudar o seu tamanho.

Truques de som que você já aprendeu

Se você leu capítulos anteriores deste livro, já viu uma lista drop-down de efeitos de som de onde pode selecionar sons. O som que acabou de gravar é automaticamente acrescentado a esta lista, assim você pode selecioná-lo quando estiver escolhendo o seu som. Você pode usar o som nas seguintes circunstâncias:

➤ Para fazer com que o som seja detonado quando um certo objeto for clicado, ou que seja detonado quando o mouse passar por cima deste objeto. Para ver como se faz isto, leia o Capítulo 13, "Clique aqui para interatividade".

➤ Um efeito de som acompanhando uma animação. Esta informação está no Capítulo 14, "Olhe para o céu: textos e figuras voadores".

➤ Um efeito de som para transição. Consulte o Capítulo 15, "Transições complicadas e controle de tempo terrível".

Se você estiver usando o som para quaisquer uma destas coisas, não vai precisar da figura do alto-falante. Clique na figura e pressione a tecla **Apagar** para se livrar dela!

Como executar o som automaticamente

Você pode usar as características de animação para disparar o som automaticamente, como parte da seqüência do slide. Para fazer isto, você precisa ter ainda a figura do alto-falante — mas droga, você realmente não quer que o alto-falante apareça no seu slide! Há alguma magia bizarra ou ritual secreto para te livrar disto?

Não há nenhuma necessidade de mudar para uma religião tão antiquada! Simplesmente arraste o alto-falante para fora do slide, e deixe-o à direita ou à esquerda do slide. Você ainda vai vê-lo na visualização de slides, mas ele não vai aparecer na visualização da exibição de slides!

Para ajustar quando o som vai aparecer, clique com o botão direito do mouse na figura do alto-falante e selecione **Personalizar animação**. É isso mesmo, este comando de múltiplas finalidades também pode disparar o seu som!

O quadro de diálogos Personalizar animação exibe a tabulação Ajustes de multimídia. Clique no quadro de seleção **Rodar usando a ordem da animação**, e as opções que estão embaixo dele vão poder ser selecionadas. Isto permite que você ajuste quando o som vai parar. O som vai parar automaticamente quando estiver terminado, é claro, mas você pode dizer a ele para se calar antes disto! Escolher **Dar pausa na exibição de slides** significa que o próximo slide não vai aparecer automaticamente até que o som esteja concluído. Escolher **Continuar a exibição de slides** permite que você escolha entre **Depois do atual Slide** (que significa que quando este slide acabar, o som vai parar) ou **Depois de (campo de número) Slides**, que significa que o som pode continuar pelo número de slides que você entrar no campo de número e depois tem que parar.

Capítulo 17 ➤ Aviso sonoro sobre som   **195**

Se você quiser que o som fique se repetido, clique no botão **Mais opções** na tabulação Ajustes de multimídia, clique no botão **Loop até ser parado**, e depois no botão **OK**.

Use a tabulação **Ordem e tempo** do quadro de diálogos Personalizar animação para escolher quando o som inicia em relação aos objetos animados do slide. (Para maiores informações sobre a tabulação Ordem e tempo, consulte o Capítulo 14, "Olhe para o céu: texto e figuras voadores".)

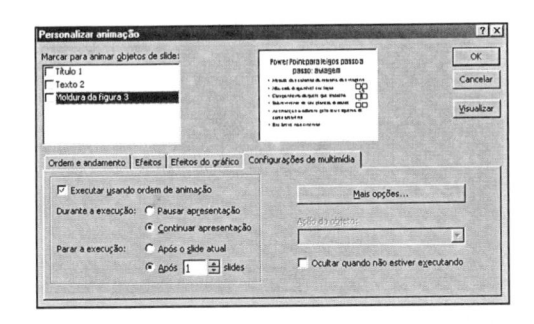

A tabulação Ajustes de multimídia permite que você selecione quando o som deve terminar.

Como usar um som armazenado

Têm tantos sons neste mundo, e você não pode gravá-los todos sozinho. Felizmente, você pode usar qualquer arquivo de som do seu sistema, ou até um da sua Galeria de Clips, como um som automático, que te dá acesso a muito mais sons.

Para usar um som de um arquivo, selecione **Inserir, Filmes e sons, Som do arquivo**, e depois selecione o arquivo de som usando o tabelador de arquivos. Para selecionar um som da Galeria de Clips, selecione **Inserir, Filmes e sons, Som da Galeria**, e depois clique com o botão direito do mouse no som que você quer e escolha **Inserir**. (E sim, você pode clicar no botão **Clips Online** para baixar sons do seu site da Web da Microsoft para a galeria! Você pode conseguir boings grátis, cliques grátis, música grátis...tudo menos discurso grátis! Isto funciona do mesmo jeito que é feito com clips de vídeo, como está descrito no Capítulo 16, "Filmes no PowerPoint: iguais aos da TV, só que menores".)

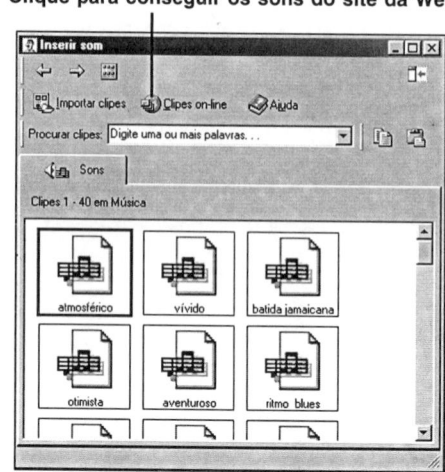

Clique para conseguir os sons do site da Web da Microsoft.

Todos os sons são parecidos. Felizmente, eles têm os seus nomes escritos embaixo deles, assim podemos diferenciá-los.

CD: OK para você!

O seu drive de CD-ROM pode ser usado mais do que simplesmente como uma lata de biscoitos retraída. Ele pode ser usado para tocar CDs de áudio, e o PowerPoint tira vantagens disto. Você pode tocar trilhas de áudio nas suas apresentações.

Na maior parte das vezes, você vai usar isto para acrescentar música às suas apresentações. O drive de CD-ROM pode ser rápido, mas é um pouco lento demais para ser usado com coisas como efeitos de som. Embora muitos bons CDs de efeitos de sons estejam disponíveis, o atraso entre o evento de disparo do efeito e a hora que o efeito realmente começa é simplesmente muito longo.

Para acrescentar um CD tocando a um slide, primeiro coloque o CD no seu drive. Certifique-se de que este é o CD que quer usar quando estiver fazendo a sua apresentação real; se você quiser usar a música "Flight of the Valkyrie" de Wagner e em vez disto usar o novo hit de Grungemunch, "I fell off of the complete idiot's guide to PowerPoint the ride and fell in love", não só vai confundir o seu público, como também pode confundir o seu computador.

Também vai confundir o seu computador se o CD estiver tocando enquanto você estiver tentando ajustá-lo. Se o seu sistema está ajustado para começar a tocar os CDs automaticamente quando eles são inseridos, simplesmente segure a tecla **Shift** enquanto estiver inserindo o CD; isto impede que ele toque automaticamente.

Depois que o seu CD estiver seguro dentro do drive do CD-ROM, puxe o menu sempre popular **Inserir** e , do submenu **Filmes e sons**, selecione o comando **Tocar a trilha de áudio do CD**. O quadro de diálogos Opções de filmes e sons vai aparecer. Quando nós vimos este quadro anteriormente, a maior parte dele estava acinzentada, mas este não é o caso agora.

Não acelere a sua música

O seu drive de CD-ROM pode ter a velocidade dobrada, quadruplicada, e até ter 32 vezes a velocidade normal, mas CDs de áudio vão continuar a tocar na mesma velocidade (surpresa!).

Os controles do CD no quadro de diálogos Opções de filme e som podem ser utilizados quando você quer controlar um CD. É claro.

Você tem que escolher em qual faixa o CD começa a tocar e em qual para. Todo CD é dividido em faixas numeradas, normalmente uma faixa para cada música. Os campos aqui permitem que você escolha o número da faixa que vai começar, onde nesta faixa vai começar (em minutos e segundos), qual número da faixa que vai parar, e onde nesta faixa vai parar. Você pode digitar estes números, ou pode usar os botões com setas para cima e para baixo que estão no final de cada campo para ajustá-los.

Sempre ajuste o número da faixa antes de ajustar o tempo, porque sempre que você mudar o número da faixa, o tempo é resetado, tanto do início da faixa (hora de começar) quanto do final da faixa (hora de terminar). Ajuste o número em minutos e segundos, com dois pontos no meio (como 2:35). Se você quiser tocar uma faixa inteira, simplesmente entre o número desta faixa tanto como faixa inicial quanto como faixa final.

Você pode fazer com que esta seleção se repita clicando **Loop até ser parado**. Depois que terminar de ajustar tudo, clique no botão **OK**, depois responda ao quadro de diálogos que te perguntará se você quer que o som comece automaticamente, e verá uma figura de um CD no seu slide. Se você quiser mudar os ajustes (se, por exemplo, selecionou um tempo incorretamente), clique com o botão direito do mouse nesta figura e selecione **Editar objeto sonoro** para trazer de volta o quadro de diálogos. (Se você ajustou *ambos* os tempos incorretamente, isto faz com que você não seja bom duas vezes!)

Como iniciar o CD

Você pode ajustar o CD para ser iniciado pelo clique em um objeto, pelo mouse passando em cima de algum objeto, ou automaticamente. Estas coisas são feitas usando as mesmas instruções de quando você está usando um som (incluindo ter a opção de arrastar o ícone do CD para fora do slide).

Lembre-se, de que você só pode colocar um som de cada vez que não seja de um CD. Você *pode* tocar uma faixa do CD e um arquivo de som ao mesmo tempo. E, naturalmente, o som de um admirador barulhento, que controle a iluminação pode acompanhar qualquer outro som, e te atingir independente da distância que você ficar do computador.

Narração: como dividir os seus comentários maldosos com o mundo

Você pode gravar uma narração para acompanhar a sua apresentação. Isto seria bom se você planejasse a sua apresentação de modo que a deixasse enquanto estivesse falando ao vivo com o seu público, mas depois percebesse que precisava mandar uma cópia da sua apresentação para alguém que não estava lá. Desta forma, eles podem ter as vantagens do seus comentários, dos seus pontos de vista, e dos seus arrotos de doença incubada.

Entretanto, há um lado ruim da narração. Devido ao fato do PowerPoint só poder lidar com um som que não seja de CD de cada vez, você não deve usar narração e outros clips de sons gravados na mesma apresentação. Um som ou outro será ouvido, mas não os dois.

Para gravar uma narração, puxe o menu **Exibir slide**, selecione **Gravar narração**. Isto abrirá o quadro de diálogos Gravar narração que te avisa qual é o espaço que você ainda tem no seu disco rígido e qual a quantidade de narração que este espaço permite.

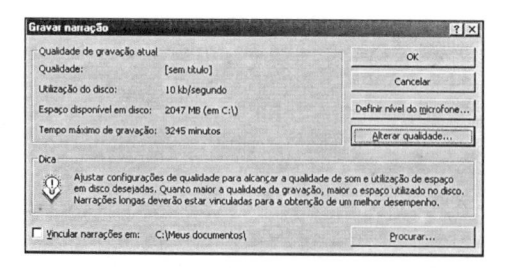

O quadro de diálogos Gravar narração te diz quanto tempo de narração pode ser colocado no seu disco rígido, assim você sabe se tem que falar realmente rápido.

Agora, a sua narração pode não levar muito tempo, mas ela pode tomar o seu espaço de disco muito rápido. Há duas formas de lidar com isto: mudar a qualidade da sua gravação, ou armazenar a sua narração em um disco separado.

Degradação: diminuir a qualidade do áudio

Para mudar a qualidade do áudio, clique no botão Mudar a qualidade. Isto traz o quadro de diálogos Seleção de sons, aberto na tabulação Áudio. Abra o quadro de lista drop-down **Nome** e selecione uma das seguintes opções: **CD Qualidade, Qualidade de rádio,** ou **Qualidade de telefone.**

Agora, Qualidade de CD parece ser uma boa opção, mas toma muito espaço de disco. Ele também não parece ser muito melhor do que Qualidade de rádio para gravações de vídeo, e toma até *12 vezes* mais espaço de disco. Meia hora de gravação no Qualidade de rádio toma menos espaço do que três minutos no Qualidade de CD. Praticamente não vale a pena.

Qualidade de rádio é bom, e provavelmente a melhor opção se as pessoas estiverem escutando no mesmo computador que você fez a gravação. Entretanto, se você estiver com a intenção de enviar esta apresentação para outras pessoas em disquetes, vai querer usar Qualidade de telefone — ou estar preparado para usar muitos disquetes. Embora Qualidade de rádio seja notavelmente melhor do que Telefone, ele toma duas vezes mais espaço de disco.

A dança do disco

O PowerPoint tende a colocar tudo em um grande arquivo da apresentação, o que é realmente útil quando você quer mover a apresentação de um sistema para outro, mas não é muito útil quando quer fazer um uso mais eficiente de um sistema de multidiscos.

Se você clicar no quadro de seleção **Unir a narração** do quadro de diálogos Gravar narração, o PowerPoint armazenará a sua narração em arquivos separados, um para cada slide. Clique no botão **Procurar**, e verá um tabelador de arquivos padrão onde você pode selecionar a unidade de disco e a pasta onde a narração será arquivada. A identidade desta localização será armazenada no arquivo da apresentação, assim o PowerPoint saberá onde encontrá-la. (Os nomes dos arquivos vão começar com o nome da apresentação, ter uma informação adicional, e depois terminar com uma extensão .WAV.)

Muito espaço de disco? Una de qualquer forma!
A sua narração será lida mais facilmente se estiver armazenada em um arquivo separado.

Como gravar a narração

Depois de ter estabelecido os seus ajustes, clique no botão marcado com **OK** (que, como todos nós sabemos, é a abreviatura de Oklahoma, onde a narração foi transformada em uma forma de arte). Se não estiver no primeiro slide, o PowerPoint vai te perguntar se você quer começar com o primeiro slide ou com o slide atual. Então a exibição de slides começará.

Grave a sua narração falando no microfone, clicando para avançar a sua apresentação como for apropriado. Continue passando por toda a sua apresentação. Lembre-se de respirar de vez em quando.

Você pode querer praticar a sua narração algumas vezes antes de gravar, porque se errar, vai ter que começar tudo de novo. Entretanto, você pode dar uma pausa na gravação clicando com o botão direito do mouse e selecionando **Dar pausa na narração**. Engula o seu almoço (ou qualquer outra coisa que te fez parar), e depois clique com o botão direito do mouse e selecione **Resumir a narração**.

Depois de ter passado por toda a sua apresentação, um quadro de diálogos aparecerá para te dizer que a narração foi salva, e para perguntar se você também quer salvar o tempo. Esta é uma boa forma de ajustar o tempo dos seus slides de modo que eles fiquem bem com a narração. Clique no botão **Sim** se quiser salvar o tempo e **Não** se não quiser. Escolher Sim ou Não é uma decisão sua. Afinal, os alienígenas não estão fazendo lavagem cerebral em *você* usando mensagens imperceptíveis escondidas no barulho do seu admirador de computador.

Pule a conversa

Se você quiser mostrar a sua exibição de slides sem a narração que gravou para ela, selecione o comando **Exibir slide**, **Organizar a exibição** e selecione a opção **Exibir sem narração**.

Capítulo 17 ➤ Aviso sonoro sobre som

O mínimo que você precisa saber

➤ Para tocar sons em uma apresentação, você precisa de alto-falantes e de uma placa de som. Para gravar sons, também precisa de um microfone.

➤ Para gravar um som, use o comando **Inserir, Filmes e sons, Gravar som**. Pressione o botão **Gravar**, grave o seu som, e depois pressione **Parar**. Digite um nome para o som, e depois clique no botão **OK**. O som será acrescentado à lista de efeitos de som, e a figura de um alto-falante aparecerá no seu slide.

➤ Para usar um som já feito da Galeria de clips, use o comando **Inserir, Filmes e sons, Som da Galeria**, clique com o botão direito do mouse em um som da Galeria, e escolha **Inserir**. A figura do alto-falante aparecerá no slide.

➤ Para usar um arquivo de som já feito que está no seu disco, use o comando **Inserir, Filmes e sons, Sons do arquivo**. Selecione um arquivo usando o tabelador de arquivos, e a figura do alto-falante aparecerá no slide. Quando o usuário clicar nesta figura, o som tocará.

➤ Você pode usar o som de um CD padrão colocando o CD no seu drive de CD-ROM e dando o comando **Inserir, Filmes e sons, Tocar a trilha de áudio do CD**. No quadro de diálogos, selecione em qual faixa vai começar a tocar, onde nesta faixa vai começar, e até onde nesta faixa vai, e depois clique **OK**. Uma figura de um CD aparecerá no slide. O usuário pode clicar nesta figura para ouvir o CD.

➤ Para fazer com que o som toque automaticamente como parte do slide, arraste a figura para o lado de fora do slide, clique nela com o botão direito do mouse, e selecione **Personalizar animação**. Clique no quadro de seleção **Rodar usando a ordem da animação**. Use a tabulação **Ordem e tempo** do quadro de diálogos Personalizar animação para ajustar onde o som começa, e a tabulação **Ajustes da multimídia** para ajustar onde termina.

➤ Para gravar uma narração para acompanhar a sua apresentação, use o comando **Exibir slide, Gravar narração**. Um quadro de diálogos Gravar narração aparecerá. Clique no botão **OK** quando estiver pronto para começar a sua narração. Fale no microfone enquanto clica com o mouse para avançar pela sua apresentação.

Parte IV

Como compartilhar
a apresentação com os outros

Uma apresentação é como a Doença do Beijo — não é muito divertida até que seja compartilhada com alguém.

Nesta parte, você aprende a preparar a sua apresentação para ser exibida, independente de ser na forma impressa, para exibição em computador, para uma verdadeira exibição de slides, ou para ser colocada na Web. E uma vez que você começar a mostrá-la para as outras pessoas, vai aprender muito, como por exemplo a rapidez com que as pessoas apontam os erros que você não viu.

Capítulo 18

A cena é vista na sua tela

> **Neste capítulo**
> ➤ Faça a exibição da apresentação no computador que você usou para ajustá-la.
> ➤ Marque os slides a medida que os apresenta.
> ➤ Mostre a exibição de slides em uma janela.
> ➤ Torne a sua apresentação à prova de idiotas de modo que possa deixá-la correr como um quiosque sem que as pessoas baguncem o seu computador.

Você já planejou a sua apresentação. Esta é a parte divertida. Você não tem realmente que mostrá-la a ninguém. Pode se orgulhar do seu próprio trabalho em vez de procurar confirmação externa.

Mas então novamente, se você não mostrar a ninguém, o seu patrão não vai te pagar, ou o seu cliente não vai comprar o seu produto, ou The Complete Idiot's Guide Ride nunca será construído e você nunca terá os direitos autorais dele. Vamos encarar os fatos, é bom ter orgulho, mas dinheiro também é. É difícil andar em uma loja de biscoitos e dizer, "Eu tenho muito orgulho, então me dá uma dúzia de biscoitos".

Modo Orador: a tela inteira é exibida

É a sua apresentação, você está mostrando para as pessoas, e droga, quer ter controle total dela. Está na hora de mostrar o modo Orador.

Para dizer ao PowerPoint que você quer que esta apresentação apareça no modo Orador, puxe o menu **Apresentação de slides** e selecione **Organizar a exibição**. O quadro de diálogos Organizar a exibição aparecerá. Olhe atentamente para ele. Você vai conhecer muito bem este quadro de diálogos durante este capítulo. Algum dia ele pode salvar a sua vida, mas provavelmente não.

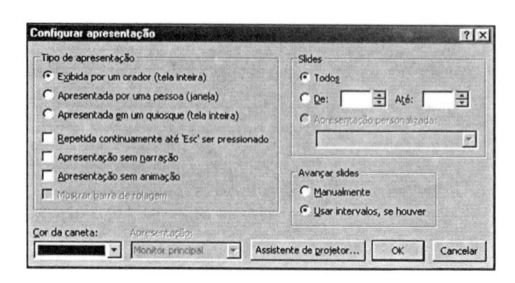

O seu controle sobre como a exibição de slides acontece começa aqui, no quadro de diálogos Organizar a exibição. Todos aqueles tempos, animações e narrações que você perdeu tempo para ajustar podem ser invalidados aqui!

A seleção que está bem no topo do quadro de diálogos é **Apresentada por um orador (tela inteira)**, e esta é a que você quer. Pode ser que ela já esteja selecionada, porque este é o default do PowerPoint caso você não tenha escolhido nenhuma outra coisa.

Na parte inferior do quadro de diálogos em baixo de Avançar os slides está uma opção entre avançar para o próximo slide Manualmente ou Usando tempo, se houver. Quando estiver fazendo uma apresentação, é bem provável que queira escolher **Manualmente** (que significa esperar por um clique do mouse), porque você vai estar falando com as pessoas sobre cada slide.

Clique no botão **OK**, e depois puxe o menu **Apresentação de slides** novamente e selecione **Visualizar a exibição** (ou simplesmente pressione **F5**) para fazer com que a exibição comece!

O menu (mal) escondido

Enquanto a exibição de slides está sendo exibida, todos os slides parecem perfeitos e em ótimo estado, exatamente do jeito que foram planejados — até que você mova o mouse. Então, não só aparece o ponteiro, como também uma pequena seta na parte inferior esquerda da tela. Isto é o sinal escondido do menu escondido. Clique nele, e o menu aparecerá. (Você também pode trazer o menu simplesmente clicando com o botão direito do mouse em qualquer lugar da tela.)

Capítulo 18 ➤ A cena é vista na sua tela

O menu de atalho escondido tem muitas ferramentas para o orador que está fazendo a apresentação.

Como deslizar pelos caminhos dos slides: ir para outro slide

Você não precisa do menu para ir para o próximo slide; simplesmente clique em qualquer lugar que não tenha nada planejado para ser clicado, e você vai para o próximo slide.

Para voltar um slide, selecione **Anterior** no menu escondido. Para ir para qualquer outro slide, selecione **Ir** e, no submenu, selecione **Por título**. Outro menu em cascata aparecerá, listando os títulos dos seus slides, e você pode selecionar o slide que quiser.

Diagramas rabiscados: como escrever nos slides

Algumas vezes, é útil poder marcar os seus slides enquanto eles estão sendo exibidos. Você pode querer fazer um círculo ao redor de alguma coisa para destacar o que está falando, ou desenhar linhas para mostrar como um item está conectado a outro, ou rabiscar no diagrama organizacional da corporação o nome da pessoa que acabou de sair da sala espumando de raiva.

O PowerPoint permite que você faça isto, mas não espere que fique com uma aparência boa. Um mouse não é a melhor ferramenta para desenhar do mundo, e trackballs são ainda piores. A capacidade está lá para se você quiser.

Para iniciar, simplesmente selecione **Opções do ponteiro**, **Caneta** do menu escondido. O seu ponteiro de seta vai virar uma caneta, e quando você arrastar o ponteiro, ele desenhará uma linha.

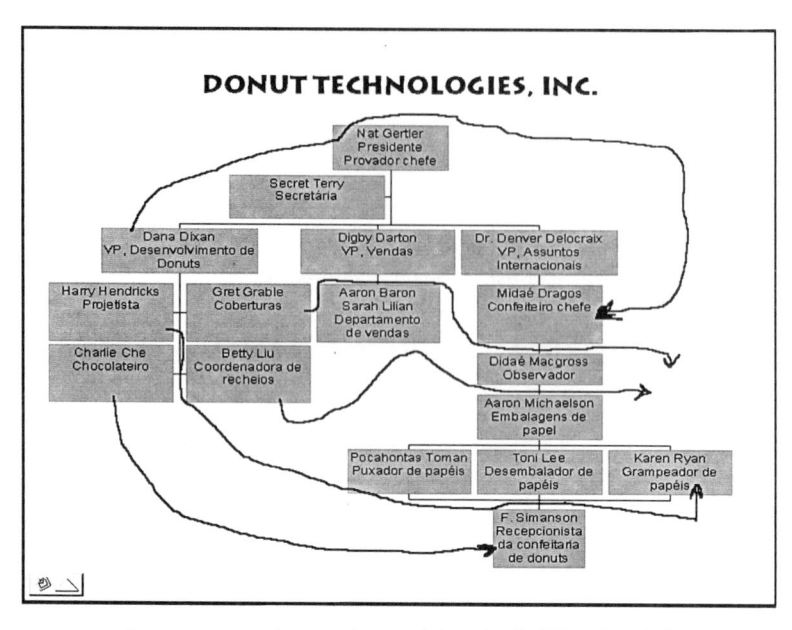

As marcas mostram o desenvolvimento da blitz planejada
do departamento contra a filial administrativa, com o objetivo de atacar
as salas deles e roubar suas canecas de café.

Você pode mudar a cor da caneta selecionando **Opções do ponteiro**, **Cor de caneta** e selecionando um cor de caneta da lista. Você pode apagar tudo o que desenhou selecionando **Tela, Apagar caneta** ou digitando a letra e — mas você não tem que se preocupar em apagar o slide quando estiver pronto para seguir adiante. A caneta é automaticamente apagada quando você passa para o slide seguinte; se voltar para este slide, ela não vai mais estar lá.

Como evitar a tinta invisível

Você pode ajustar um default para a cor da caneta. Escolha uma cor que apareça no fundo que está usando.

Mas e se você quiser desenhar um diagrama completo, sem que todo o material do slide fique no caminho? Bem, você poderia pegar uma caneta e cobrir cuidadosa e vagarosamente tudo o que estiver no slide com uma cor, bem parecido com o que fez uma vez quando sentou e poliu toda a prataria de modo que pudesse ver o interior. Ou poderia fazer do modo mais fácil: selecionando **Tela, Tela em branco**. O slide inteiro vai ficar preto, e você pode selecionar **Caneta** e começar a desenhar nele. Depois que terminar, selecione **Tela, Tirar o preto da tela** e você vai voltar a trabalhar com o seu slide.

Você pode retornar a usar o ponteiro de seta a qualquer momento simplesmente selecionando **Opções de ponteiro, Automático**.

Um slide escondido

O que fazer se houver um slide que você não tem certeza se quer mostrar? Talvez ele tenha as respostas para uma pergunta que você acha que alguém vai fazer em um determinado momento, mas não quer mostrá-lo a não ser que a pergunta seja feita. A resposta é fácil: esconda o slide!

Na visualização do classificador de slides, selecione o slide que você quer esconder, e depois puxe o menu **Apresentação de slides** e selecione **Esconder o slide**. (Você pode saber que isto está funcionando, porque o número do slide vai estar riscado.) Então, quando você estiver exibindo o slide anterior ao que está escondido, e de repente resolver exibir o que está escondido, simplesmente pressione **h**. O slide escondido será exibido. Se você não for para o slide escondido de propósito, ele será omitido em ordem. Você pode ter quantos slides escondidos quiser na sua apresentação, desde que não esconda todos eles!

O show acabou!

Para acabar com a exibição a qualquer momento, simplesmente selecione **Acabar com a exibição** no menu escondido ou pressione a tecla **Esc**. De outro modo, a exibição vai acabar quando você tentar avançar depois do último slide.

Um slide em uma janela

Você pode mostrar a sua exibição de slides em uma janela que pode ter o seu tamanho alterado na sua tela, o que é realmente útil se você estiver tentando jogar *Os coelhos da morte* em outra janela. Para fazer isto, puxe o menu **Apresentação de slides** e selecione **Organizar a exibição**. Depois, no quadro de diálogos, clique **Tabelado por uma janela individual**. Clique no botão **OK**, e depois selecione o comando **Apresentação de slides, Visualizar a exibição**. A janela se abrirá, e a exibição começará.

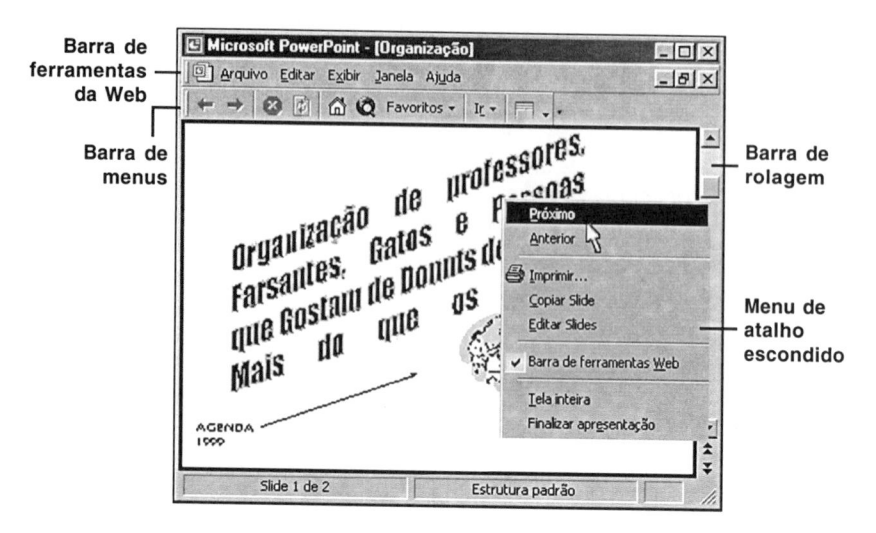

O slide é mostrado na janela no maior tamanho possível sem que seja distorcido.

Menus: escondidos nunca mais!

Janelas têm menus. Isto é uma coisa tão certa quanto cachorros terem pulgas, ou manuais de computadores terem terminologia ofuscante. Como tal, a exibição de slides não precisa de um menu escondido neste modo. Ela ainda tem um, mas tudo que está lá também está nos menus padrão.

E enquanto eles estiverem lá, você também pode usá-los. A sua janela pode estar mostrando também uma barra de ferramentas relacionada à Web, e se a sua apresentação não estiver ligada à Web, não há nenhuma necessidade disto. É somente um tumulto adicional na tela. Para se livrar dela, puxe o menu **Window** e selecione **Barra de ferramentas da Web**.

Como passar pelos seus slides

Como de costume, se você estiver usando a característica de tempo, os slides vão avançar automaticamente, e se não estiver, pode passar rapidamente pela apresentação usando a barra de rolagem que está à direita da janela. E se você quiser ver os nomes dos slides de modo que possa escolher para qual pular, puxe o menu **Procurar** e, do submenu **Por título**, selecione o slide para qual quer ir.

Como finalizar

Depois de ter terminado a exibição de slides, simplesmente escolha **Arquivo, Fim da exibição**, e ele irá embora!

Quiosque: à prova de acidentes, à prova de idiotas, seguro em uma lata!

Deixar que outras pessoas usem o seu computador para ver uma apresentação é procurar problema. A próxima notícia que vai ter, é a de que eles pararam a exibição de slides, e em uma tentativa de reiniciá-la conseguiram de alguma maneira reformatar o seu disco rígido, e você sente o cheiro fraco mas revelador que te faz perceber que alguém colocou um pedaço de queijo Americano processado, embrulhado individualmente no seu drive do CD-ROM.

Isto não é bom. É uma coisa que deve ser evitada, a não ser que o seu computador esteja muito bem segurado e você esteja querendo receber o seguro. Entretanto, se você começar a exibir a sua apresentação no modo quiosque, pode deixar de se preocupar com isto. Por que? Porque você pode esconder o seu computador e o teclado em algum lugar onde cabos possam alcançar, mas mãos intrometidas não. Tudo o que o usuário precisa é do mouse e do monitor, e eles não podem parar a apresentação usando o mouse. Tudo o que eles podem fazer é usar um hyperlink ou esperar pelo tempo para avançar para o próximo quadro. Se eles chegarem ao final da apresentação ela começará novamente.

Isto é chamado de *modo de quiosque* porque pode ser usado para ajustar um *quiosque*, uma unidade separada como as que você pode ver no shopping — uma grande caixa de madeira com um monitor aparecendo e uma trackball saindo de um buraco. O computador fica todo trancado lá dentro, longe de mãos intrometidas (a não ser que as mãos intrometidas tenham um pé-de-cabra).

Trackball atraente

Se você estiver querendo juntar rapidamente um ajuste do tipo quiosque que crianças ou idosos possam utilizar, considere o uso da trackball EasyBall da Microsoft. Ela tem uma bola maior que é melhor para aquelas pessoas que não são tão ligeiras, e só tem um botão, o que reduz a confusão.

Como ajustar uma exibição de quiosque

Puxe o menu **Apresentação de slides** e selecione **Organizar a exibição** para trazer o quadro de diálogos favorito de todos (bem, deve ser o favorito de alguém, pelo menos). Clique na opção **Tabelar em um quiosque** (tela inteira) e depois no botão **OK** para ajustar o modo quiosque. Finalmente, puxe o menu de novo e selecione **Visualizar a exibição** para vê-lo funcionando.

Como visualizar os slides

Você não pode retornar, não pode selecionar para qual slide ir, e não pode executar nenhum daqueles truques excelentes. Não há nenhum menu escondido para te ajudar. Você só pode esperar pela característica de tempo para poder ir para frente, ou seguir um hyperlink embutido na apresentação. Prova de idiotas e poderoso não se misturam.

> PRÓXIMO LANÇAMENTO DA CIÊNCIA MODERNA
> *PARA LEIGOS PASSO A PASSO: O GUIA!*
>
> ✦ Tudo o que você sempre quis saber sobre as atrações do parque temático mais popular do mundo.
>
> ✦ Saiba como 107 toneladas de aço, 15 quilômetros de cabos e 30.000 parafusos foram usados para construir esta emocionante viagem.
>
> ✦ Dicas e truques para obter o máximo de sua experiência de leigo.

Não há nenhum menu, nem escondido nem de outro jeito, no modo quiosque, como o slide Ride Guide mostra.

Você não pode nem clicar para ir para frente, a não ser que tenha um hyperlink para o próximo slide. Este seria um bom lugar para incluir um hyperlink para o próximo slide no slide principal, porque se você não está fazendo uma apresentação baseada no tempo, vai precisar dar ao usuário algum jeito de se mover para frente.

Capítulo 18 ➤ A cena é vista na sua tela   **213**

Como planejar o quiosque

É uma boa idéia ter todas as transições, menos a do primeiro para o segundo slides, cronometradas. Desta forma, se alguém for embora do quiosque, a exibição vai continuar até que chegue ao primeiro slide, e então vai parar, esperando que alguém clique no hyperlink para continuar a apresentação. Em apresentações longas, você também deve ter um hyperlink para reiniciar a exibição, para as pessoas que chegarem ao quiosque no meio da apresentação.

Como terminar a exibição

Depois que a exibição estiver concluída e o espectador tiver visto o último slide, a exibição começa de novo automaticamente, pronta para a próxima pessoa! Então como você para a exibição quando quiser o seu computador de volta? Simplesmente pressione a tecla **Esc**!

Início simples da exibição

Você pode salvar uma cópia da sua apresentação, que começa a ser exibida automaticamente quando você clica duas vezes em um ícone da sua área de trabalho. Isto pode economizar o seu tempo, e tornar as coisas bem mais fáceis para qualquer pessoa que queira olhar a sua apresentação sem ter que aprender nada sobre o PowerPoint.

Para fazer isto, puxe o menu **Arquivo** e selecione **Salvar como**. Um navegador de arquivos aparece. Clique no botão drop-down para obter o menu drop-down **Salvar em**, e selecione **Área de trabalho**. Isto diz ao PowerPoint que você quer um ícone para o arquivo na área de trabalho. Depois, puxe o menu drop-down **Salvar como tipo** que está na parte inferior do navegador, e selecione **PowerPoint Show (*.pps)**. Isto diz ao PowerPoint que você está salvando a sua apresentação como uma exibição de início automático.

Um ícone da exibição do PowerPoint.

Clique no botão **OK**, e o ícone para esta apresentação aparecerá na sua área de trabalho.

O mínimo que você precisa saber

➤ Puxar o menu **Apresentação de slides** e selecionar **Organizar a exibição** te dá um quadro de diálogos Organizar a exibição, que tem muitas funções para controlar como o seu slide aparece.

➤ Selecionar **Apresentado por um orador** te dá o controle máximo sobre a apresentação quando você a exibe. Quando estiver percorrendo uma exibição de slides no modo Orador, há um menu escondido que pode ser aberto apontando para o símbolo da seta que aparece na parte inferior esquerda do slide, ou clicando nele com o botão direito do mouse. A exibição no modo Orador termina quando você chega ao final da apresentação ou quando seleciona **Fim da exibição** no menu escondido.

➤ No modo Orador, selecione **Visualizar** do menu escondido para voltar um slide, ou selecione **Ir**, **Por título** para ir para qualquer slide que queira. Se você criou um slide escondido (usando **Apresentação de slides**, **Esconder slide** em qualquer modo de edição de slides), pode ir até ele pelo slide anterior selecionando **Ir**, **Slide escondido**.

➤ No modo Orador, você pode desenhar em um slide selecionando **Opções do ponteiro**, **Caneta**, mudar a cor da caneta selecionando **Ponteiro**, **da caneta**, e apagar o seu desenho selecionando **Tela**, **Apagar caneta**.

➤ Se você selecionar **Navegado por um indivíduo** no quadro de diálogos Organizar a exibição, a sua apresentação será mostrada em uma janela que pode ter seu tamanho alterado com menus visíveis (modo de janelas). No modo de janelas, você pode ver o slide que quiser escolhendo **Procurar**, **Por título**. Termine uma exibição de slides no modo de janelas quando chegar ao fim ou apertando a tecla Esc.

➤ Para ver a exibição de slides no modo de quiosque, selecione **Navegado em um quiosque** no quadro de diálogos Organizar a exibição. No modo de quiosque, a exibição de slides se repete constantemente, e você não pode clicar para avançar para o próximo slide. Você só pode avançar por hyperlinks ou pelo tempo. Para parar a exibição no modo de quiosque, pressione a tecla **Esc**.

Capítulo 19

Como enviar a apresentação para outras pessoas

Neste capítulo
➤ Faça uma apresentação fácil para ser enviada para outras pessoas.
➤ Envie a sua apresentação por e-mail.
➤ Coloque a sua apresentação em um disquete e envie pelo correio de verdade.

Você criou a sua apresentação e há pessoas do país inteiro, até mesmo do mundo inteiro, que querem vê-la.

Você poderia enviar a todos eles passagens de avião para que viessem ver a sua apresentação no seu computador. Ou, poderia empacotar o seu computador e enviá-lo para todos os lugares onde as pessoas estivessem, dedicando alguns dos próximos anos da sua vida a espalhar a sua apresentação.

Para a tristeza das companhias aéreas, há uma outra opção, uma que não exige que você dê a elas nem um tostão. Você pode simplesmente enviar a apresentação, através de e-mails ou em disquetes através do correio regular. E, para a tristeza da Microsoft (e eles não podem culpar ninguém a não ser eles mesmos), você não tem nem que dar cópias pessoais do PowerPoint para todo mundo, porque também vai estar enviando um programa que permite que as pessoas vejam a apresentação.

Como preparar apresentações que possam ser enviadas

Então você criou esta apresentação excelente, cheia de luzes e sons e clips de vídeo da série completa do programa de TV *Mr. Peppers*. E você começa a colocá-la em um disquete. E em outro disquete. Dezessete mil quinhentos e trinta e seis disquetes depois, você está com a sua apresentação armazenada e pronta para enviar. Onde você vai encontrar uma caixa grande o suficiente?

Mas, hey, isto valeria a pena. Imagine só a cara de quem receber! E os dias de divertimento que estas almas sortudas vão ter para instalar todos os disquetes nos seus próprios PCs para poder ver a apresentação!

Obviamente, isto é alguma coisa que você quer evitar. Se o seu objetivo é enviar a sua apresentação para outras pessoas, tem que tentar deixá-la enxuta, certificando-se de que ela não está muito grande. Isto não significa, entretanto, que você não possa ter muitos slides. Um slide só com texto toma muito pouco espaço, e você poderia colocar dúzias deles em um único disquete. Não, o culpado por criar uma apresentação inchada é mais provável que seja todos aqueles pequenos toques de multimídia atraentes.

Aquela apresentação de vídeo onde você está lendo a Declaração da Interatividade é a primeira culpada. Vídeos comem o espaço de disco realmente rápido. Um minuto de vídeo, mesmo em uma pequena janela, pode facilmente tomar 10 megabytes, o que acrescentaria sete disquetes à sua apresentação. Estes mesmos 10 megabytes poderiam levar uma hora para serem transferidos para o computador de alguém via e-mail, se esta pessoa tiver uma conexão dial-up com a Internet.

Depois do vídeo, o próximo grande culpado é o áudio. Pequenos efeitos de som aqui e ali não comem tanto espaço, mas se estiver usando narração, você vai encher os discos rapidamente. Você pode cortar a quantidade de espaço de disco que a narração toma reduzindo a qualidade de áudio da sua gravação (como foi dito no Capítulo 17, "Aviso sonoro sobre som").

Finalmente figuras também podem tomar muito espaço. Fotografias bem detalhadas, com alta resolução comem espaço de disco muito rapidamente. Tente manter as suas figuras originais pequenas e em um número mínimo. (Não faça isto simplesmente alterando o tamanho da foto uma vez que já a tenha trazido para o PowerPoint; isto não reduz a quantidade de espaço de disco que ela vai tomar.)

Capítulo 19 ➤ Como enviar a apresentação para outras pessoas   **217**

Forçar ferozmente as fotos

Para usar fotos enquanto mantém o tamanho do arquivo o menor possível, armazene as suas fotos no formato JPEG. O seu software de foto deve oferecer isto como uma opção e te deixar escolher entre uma variação de qualidades da armazenagem JPEG (quanto menor for a qualidade, menos espaço tomará). Depois, quando você usar o comando **Inserir**, **Figura**, **Do Arquivo** para acrescentar a foto à sua apresentação, o quadro de diálogos Inserir Figura aparecerá. Selecione o seu arquivo, e depois clique na seta para baixo que está ao lado do botão Inserir e selecione **Link To File**.

Empacote a apresentação

Você está com a sua apresentação toda bem arrumada e pronta para ser empacotada para sua viagem. Se você for colocá-la em um disquete, vai querer usar um programa especial chamado Empacotar e enviar Wizard, que vai te guiar pelas etapas deste processo. Você também vai querer usar este Wizard se for mandar a apresentação via e-mail.

Para fazer o processo funcionar, abra a apresentação no PowerPoint, e depois puxe o menu **Arquivo** e selecione Empacotar e enviar. Se esta é a primeira vez que você está usando a característica Empacotar e enviar, o seu computador pode sugerir que insira o CD-ROM de Office, para que ele possa instalar a característica.

O Empacotar e enviar Wizard aparecerá, listando as quatro etapas pelas quais você tem que passar. Clique no botão **Avançar** para ir para a primeira etapa.

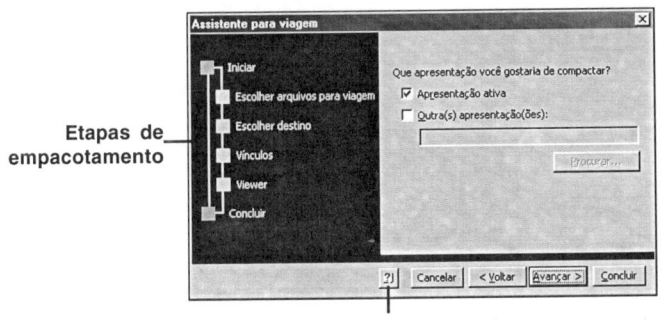

Etapas de empacotamento

Clique aqui para ajuda

O Empacotar e enviar Wizard: não é um mágico que não merece confiança!

Primeira etapa: a escolha do que empacotar

A primeira etapa pede para você escolher a apresentação que quer empacotar. Por default, Apresentação ativa já está marcada. Como este é o que você quer, simplesmente clique **Avançar** para ir para a próxima etapa!

Pacote para dois
Você pode enviar várias apresentações simultaneamente. Simplesmente marque **Outras apresentações**, clique no botão **Procurar**, e selecione as outras apresentações que você quer acrescentar. (Isto é particularmente útil se você estiver fazendo o hyperlink de uma apresentação para outra.)

Segunda etapa: coloque isto no seu disco

A próxima etapa que aparece é para escolher em qual unidade de disco a apresentação vai ser armazenada. Os botões de opções listam todas as unidades de discos flexíveis do seu sistema, e um botão de opção está marcado Escolher o destino. Se você estiver colocando a sua apresentação em um disquete, clique no botão de opção da unidade de disco flexível correta. Coloque um disquete formatado na unidade.

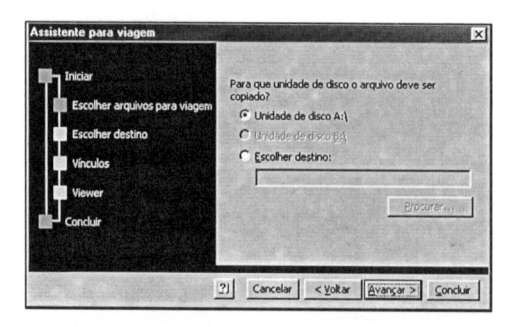

Opte por um disquete, ou encontre uma pasta.

Capítulo 19 ► Como enviar a apresentação para outras pessoas

Se você está preparando a apresentação para ser enviada por e-mail, vai querer armazená-la no seu disco rígido. Clique no botão **Escolher o destino** e depois no botão **Procurar**. Um tabelador de arquivos vai aparecer. Selecione a unidade de disco e a pasta onde quer armazená-la, e depois clique no botão **Selecionar** para mostrar que fez a sua seleção.

Depois de selecionar a sua unidade de disco, clique no botão **Avançar**.

Terceira etapa: incluir arquivos ligados

O quadro de diálogos agora pergunta se você quer incluir os seus arquivos ligados. É claro que você quer! Arquivos ligados são figuras, vídeos, e arquivos de som que você usou na sua apresentação, mas que não estão embutidos no arquivo principal da apresentação. Esta é uma pergunta tola! Marque este quadro de seleção.

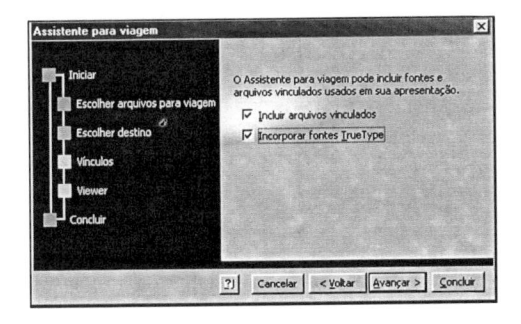

Não crie o elo que está faltando! Inclua tudo!

Um quadro de seleção também pergunta se você quer incluir os seus arquivos de fonte. Marque este também. Senão, todas aquelas fontes que você escolheu cuidadosamente porque elas pareciam perfeitas podem ser substituídas por outras fontes nos PCs de outras pessoas.

Depois de colocar uma marca em todos os quadros de seleção aqui, clique no botão **Avançar** para ir para a próxima etapa.

Quarta etapa: decida se vai empacotar um programa

A última etapa do Wizard é escolher se você quer incluir o programa Viewer com a sua apresentação. Este programa vai passar a apresentação para os usuários que não tenham o PowerPoint. Se você não tiver certeza se a pessoa tem o PowerPoint (ou se a versão do PowerPoint pode ser anterior ao PowerPoint 97), inclua o programa. Mesmo uma pessoa que não tenha o PowerPoint vai precisar de um sistema que tenha o Windows 98, o Windows 95, ou o Windows NT para poder assistir a sua apresentação. Hoje em dia, isto inclui a maioria das pessoas para quem você quer enviar a sua apresentação.

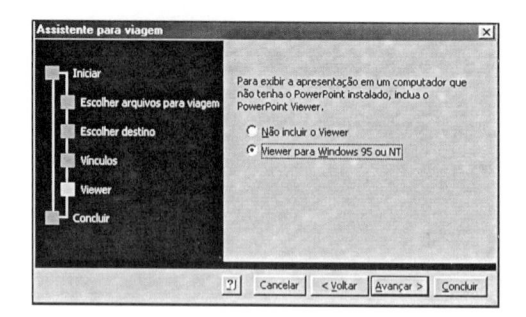

Um programa do PowerPoint permite que as pessoas que não tenham o PowerPoint leiam as suas apresentações.

Depois de ter feito a sua escolha, em vez de clicar no botão **Avançar**, simplesmente clique no botão **Finalizar**. O processo de empacotamento vai começar.

O computador empacota como uma coisa que empacota muito bem

O computador vai começar a empacotar os arquivos, enquanto te mostra um quadro de diálogos de status que permite que você saiba o que está acontecendo. O primeiro arquivo que ele cria é *pngsetup.exe*, que é o programa que as pessoas que pegarem a apresentação vão percorrer para desempacotá-la nas suas máquinas. Isto toma somente menos de um décimo do espaço de um disquete padrão.

Depois ele cria presO.ppz, que tem a informação da apresentação. Se você estiver gravando em um disquete e este arquivo encher o disco, o PowerPoint vai te pedir um novo disquete. Ele então vai criar um arquivo neste disquete, com mais uma parte da apresentação. Se este disquete ficar cheio, ele vai pedir outro, e assim por diante. Certifique-se de que numerou os disquetes na ordem que você os colocou no computador! Senão, o usuário vai ter que ficar adivinhando qual é qual, e provavelmente vai querer te pegar da próxima vez que se encontrarem.

Depois que o empacotamento estiver completo, o PowerPoint te mostrará orgulhosamente um quadro de diálogos, permitindo que você saiba que o trabalho foi concluído com sucesso.

Certifique-se de que disse a quem vai receber para desempacotar a apresentação percorrendo o programa pngsetup.exe, que pode ser feito clicando no botão **Iniciar**, selecionando **Executar**, e depois clicando no botão **Procurar** e encontrando o lugar onde o arquivo está (ou no disquete ou no e-mail que foi armazenado). Se estiver enviando via e-mail, lembre-se de enviar ambos os arquivos! (Também lembre-se de que se fizer alterações na apresentação, terá que reempacotá-la.)

Capítulo 19 ➤ Como enviar a apresentação para outras pessoas   221

Como colocar a sua apresentação em um CD-ROM

Se você realmente tiver uma apresentação grande cheia de som e vídeo para ser repartida, pode querer considerar fazer os seus próprios CD-ROMs. Gravadores CD-R, que podem fazer CD-ROMs, caíram para algumas centenas de dólares, e discos individuais em branco podem ser encontrados por apenas U$1 cada.

Se você realmente colocar a sua apresentação em um CD-ROM, não use Empacotar e enviar para colocá-la lá. Empacotar a apresentação significa somente que quem receber vai ter que desempacotá-la no seu disco rígido, e você vai tomar muito espaço desnecessário lá. Em vez disto, não use figuras ligadas ou narrações ligadas (as que estão no arquivo da apresentação estão bem), e use somente as fontes padrão do Windows. Copie o arquivo da apresentação e o programa Viewer (um arquivo nomeado Ppview32.exe encontrado no CD-ROM do Office no Pfiles\MSOffice\Office\Xlators directory) no diretório raiz do seu disco CD-R. (Isto é feito diferentemente de copiar para o disquete. Consulte o seu manual do CD-R para maiores detalhes.) Deste modo, as pessoas podem ver a apresentação diretamente do CD-ROM.

Xô! Mande-a embora rapidamente

Se você tiver o ajuste Microsoft Outlook para manipular o e-mail e somente quiser enviar a apresentação rapidamente sem empacotá-la (que é bom se estiver enviando-a para alguém que já tenha um programa ou o PowerPoint 97 ou 2000), você pode fazer isto realmente rápido.

Abra a apresentação que quer enviar, puxe o menu **Arquivo**, e do submenu **Enviar para** selecione **Receptor da correspondência (como conexão)**. O seu programa de e-mail vai aparecer para descobrir para quem você quer enviar o e-mail. Dê a ele esta informação (esta não é mais a hora de guardar segredos do seu computador), e ele vai enviar o arquivo. Se você quiser que todo mundo na sua organização possa obter a apresentação, use o comando **Arquivo, Enviar para, Trocar as pastas**, e selecione uma pasta pública para colocá-la.

O mínimo que você precisa saber

➤ Para manter a sua apresentação pequena o suficiente para ser facilmente enviada em um disquete ou via e-mail, evite usar vídeo e áudio de alta qualidade nela.

➤ Se você quiser enviar a sua apresentação, use o Empacotar e enviar Wizard. Puxe o menu **Arquivo** e selecione **Empacotar e enviar** para iniciá-lo. No quadro de diálogos Empacotar e enviar Wizard, clique no botão **Avançar** para iniciá-lo, preencha todas as informações que cada tela perguntar, e clique **Avançar** para ir para a próxima. Depois de fazer isto, clique **Finalizar**, e o empacotamento vai acontecer.

➤ Se a característica Empacotar e enviar ainda não tiver sido usada no seu computador, você pode precisar do CD-ROM onde o PowerPoint vem.

➤ Enquanto a sua apresentação é empacotada, o PowerPoint vai te dizer quando você tem que colocar outro disquete na unidade de disco. Certifique-se de que numerou todos eles.

➤ Se você estiver enviando a apresentação via e-mail, terá que enviar dois arquivos: pngsetup.exe e pressO.ppz. Certifique-se de que avisou a pessoa que vai receber o arquivo para executar pngsetup.exe para desempacotar a apresentação de modo que ele possa ser executado.

➤ Para usar Microsoft Exchange para enviar o seu arquivo da apresentação para outro usuário do PowerPoint, simplesmente use o comando **Arquivo, Enviar para, Receptor de correspondência**.

Capítulo 20

Como atingir uma multidão: slides, transparências, telas de projeção e apresentações da rede

Neste capítulo
➤ Faça dos seus slides do computador slides para projetores de slides.
➤ Crie transparências.
➤ Use projetores de telas de computador para aumentar a sua imagem.
➤ Convença ao seu patrão que você precisa de dois monitores: um para passar a exibição, e outro para mostrar o show.
➤ Passe a sua apresentação na rede, a uma distância segura do seu público.

Com o seu ajuste de computador típico, você pode mostrar a sua apresentação para até 273.000 pessoas. Naturalmente, você só pode mostrá-la para três de cada vez — mas hey, você não tem nada melhor para fazer, certo?

Projetando a sua apresentação em uma tela grande (mesmo que não seja uma tela muito grande), você pode mostrá-la para várias pessoas de uma vez só. Talvez não para 273.000 pessoas (a não ser que você a projete no placar do Super Bowl), mas certamente para mais de três.

Você pode usar qualquer uma das quatro formas de projeção. Pode usar um projetor de slide, realmente fazendo slides dos seus slides. Você pode colocá-los em folhas claras e projetá-los com um projetor de transparências. Pode usar um dos vários métodos para projetar a sua exibição do computador diretamente. Ou, pode enviá-la para a rede, de modo que os membros do seu público estejam nas suas próprias mesas, olhando para os seus próprios PCs.

Slides em slides

Usar o seu projetor de slides para mostrar a sua apresentação coloca muitas limitações no que você pode fazer. Um slide não pode mostrar animação, ou tocar som, ou ser interativo. Tudo o que ele pode fazer é projetar uma imagem, o que reduz o PowerPoint a um programa de desenho.

Entretanto, isto tem algumas vantagens úteis que não devem passar despercebidas. Um projetor de slides é muito fácil de ser carregado, e você pode enviar slides para a maioria das corporações e escolas e estar certo de que eles terão o equipamento não só para ver o que você enviou, mas também para mostrar para um grande grupo. E, se agentes inimigos te encurralarem, os slides são mais fáceis de engolir do que os disquetes.

Como fazer o seu slide

Se você quiser fazer os seus próprios slides, poderia tentar simplesmente fotografar a sua tela e dizer a quem for revelar que quer que o filme seja revelado em slides. Elas vão ficar horríveis, mas vai ter feito do modo mais barato!

O equipamento apropriado para ser usado é um *gravador de filmes*. Este é um dispositivo que você liga ao seu computador usando uma placa e um cabo. O computador trata o gravador de filmes do mesmo jeito que trata uma impressora, enviando a mensagem para o gravador quando você diz para ele imprimir. Você pode fazer com que os gravadores de filme façam um slide em um minuto e meio. Simplesmente vá passando pela sua apresentação no computador, e diga a ele para tirar uma foto quando cada slide aparecer.

As más notícias, entretanto, são o custo. É muito provável que você vá gastar mais no gravador de filme do que no computador que ele estiver ligado. Em linhas gerais, isto não é um dispositivo que você compra para montar uma apresentação rápida. É alguma coisa que você compra para o departamento de gráfico da sua companhia, quando eles precisarem dele para isto e para um número de outras coisas.

Deixe outra pessoa pagar pelo grande material

Felizmente, você pode contratar uma outra pessoa para fazer os seus slides. *Escritórios de serviço de imagem de computador* são especializados em lidar com gráficos de computador, e eles podem fazer os slides para você. Você pode procurar por eles nas Páginas Amarelas, ou pode perguntar a quem faz os gráficos de computador da sua empresa.

Você terá que saber do escritório de serviço qual o meio que eles usam. Certamente eles podem trabalhar com disquetes. Se o seu arquivo é muito grande para isto, eles podem ser capazes de colocá-lo em fita, em CD-R, em um disco rígido removível, em formato comprimido em um disco ZIP, ou em qualquer outra de muitas possibilidades. Isto vai te custar provavelmente por volta de U$10 por slide, que pode rapidamente chegar a centenas de dólares. Entretanto, a maioria destes lugares estão usando equipamentos de qualidade muito boa, assim os seus slides vão ficar bem nítidos.

Escritório de serviço via modem

A Microsoft fez um acordo com uma companhia chamada Genigraphics para que eles aceitem as apresentações do PowerPoint por modem, e-mail, ou discos fisicamente enviados, e enviem os slides para você (ou transparências coloridas, ou posters) pela entrega noturna. O custo varia de U$4.50 a U$13.50 por slide, dependendo da rapidez que você precisa que eles fiquem prontos. Descontos para grandes quantidades estão disponíveis.

Para enviar o arquivo para Genigraphics, puxe o menu **Arquivo** e selecione **Enviar para, Genigraphics**. De lá, um wizard te leva pelo processo. (Se esta for a primeira vez que você está usando a característica Genigraphics, o PowerPoint pode pedir para você inserir o CD-ROM do Office para que ele possa instalar a característica.)

Como planejar previamente a apresentação

Se você está preparando uma apresentação para slides, é melhor planejar primeiro. (É melhor planejar primeiro mesmo que não esteja fazendo isto, mas os planos que você faz são diferentes!) Quando abrir pela primeira vez a sua apresentação, mas antes de colocar qualquer coisa nela, puxe o menu **Arquivo** e selecione **Configurar página**. Um quadro de diálogos que controla a razão da largura e da altura da página aparecerá.

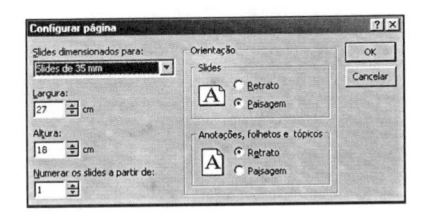

Usando o quadro de diálogos Configurar página, você pode ajustar a altura e a largura separadamente.

Clique no botão drop-down no campo **Slides com o tamanho**, selecione **Slides de 35mm**, e depois clique no botão **OK**. Isto tornará os slides um pouco menores do que eles eram, que é a razão certa de altura e largura para os slides. (Se você vir esta exibição na sua tela, vai ver tiras pretas em cima e em baixo que fazem com que ela caiba na sua tela, como alguns filme na TV.)

Como mudar uma apresentação já existente

Usar Configurar página para mudar o tamanho de slides já existentes vai esmagar ou esticar os elementos gráficos. O texto não vai esticar, mas ele pode ficar rearrumado na página; assim verifique todos os seus slides para ver se eles continuam com uma aparência boa.

Como preparar os arquivos para um escritório de ser viços

O escritório de serviços não quer mexer na sua apresentação do PowerPoint. O que eles querem é um arquivo todo pronto para a impressora deles. Para conseguir isto, ligue para eles e pergunte qual *driver de impressão* eles querem usar. (Você pode ter que instalar este driver do disco de instalação do Windows, se ele não já não estiver instalado.) Depois puxe o menu **Arquivo** e selecione o comando **Imprimir**.

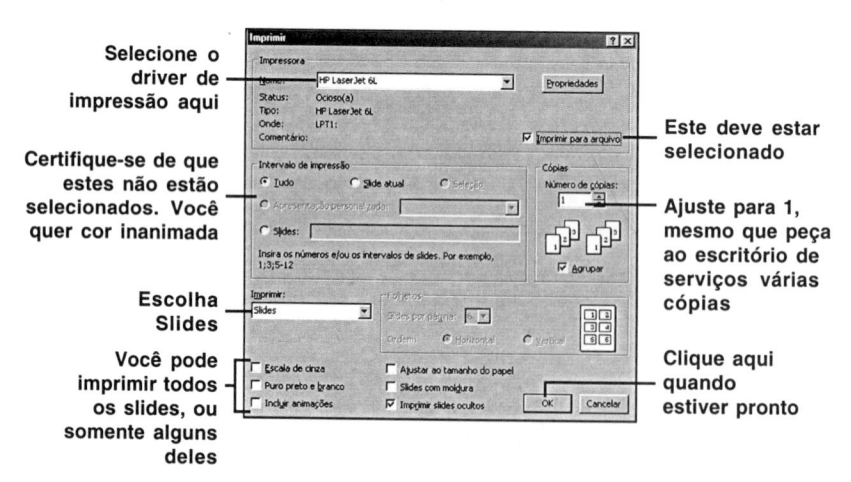

Selecione o driver de impressão aqui

Certifique-se de que estes não estão selecionados. Você quer cor inanimada

Escolha Slides

Você pode imprimir todos os slides, ou somente alguns deles

Este deve estar selecionado

Ajuste para 1, mesmo que peça ao escritório de serviços várias cópias

Clique aqui quando estiver pronto

Use o quadro de diálogos Imprimir para criar um arquivo que o seu escritório de serviços possa usar para fazer slides.

Selecione o driver de impressão que o escritório de serviços pediu no campo **Nome**, coloque uma marca de seleção no quadro de seleção **Imprimir para o arquivo**, selecione **Slides** no campo Imprimir o que. Certifique-se de que nenhuma das opções Escala de cinza, Preto e branco puros, e Incluir animações esteja selecionada, e depois clique no botão **OK**. Um tabelador de arquivos irá se abrir, querendo que você dê um nome ao arquivo e escolha um disco e uma pasta para colocá-lo. Você também pode colocá-lo diretamente no disco que vai enviar para o escritório de serviços. Depois de selecionar para onde ele vai, clique no botão **OK**, e o arquivo será criado. (Faça uma cópia do disco para você, assim se acontecer alguma coisa errada no escritório de serviços, você terá uma cópia.)

Como encaixar nos disquetes

Se você estiver usando disquetes padrão, provavelmente não vai conseguir colocar a sua apresentação inteira em um disco. Em vez disto, você deve tentar colocar somente quatro slides em cada disquete. Para fazer isto, no quadro de diálogos Imprimir, clique na opção **Slides** na área Imprimir faixa. No campo que fica ao lado disto, digite o número do primeiro slide que você quer neste disco, depois um traço, depois o número do último slide (como 1-4 ou 13-16), depois clique **OK** e termine o procedimento. Repita isto com um disquete novo para cada grupo de quatro slides da sua apresentação.

Eu tenho um gravador de filmes, e quero usá-lo!

Para enviar a imagem para o seu próprio gravador de filmes, faça as mesmas coisas descritas anteriormente para enviar para o escritório de serviços, somente selecione o seu gravador de filmes no campo **Nome** do quadro de diálogos Imprimir e *não* selecione o campo **Imprimir para o arquivo**. Clique no botão **OK**, e todas as informações necessárias serão enviadas para o gravador de filmes.

Transparências muito fáceis

Transparências, folhas claras que você usa com um projetor de transparências, são um tanto interessantes. Elas não são somente versões grandes, translúcidas dos seus slides, mas se você pegar uma folha de transparência em branco e usá-la para bloquear o caminho favorito do gato, ele vai tentar andar através dela.

Transparências são uma forma acessível de mostrar a sua apresentação porque você mesmo pode fazê-las sem muitos gastos, e a maioria dos lugares onde você pode querer mostrar a sua exibição provavelmente vai ter um projetor de transparências (e se não tiverem, você pode conseguir um por U$200-U$300). Se nenhuma das pessoas envolvidas puder comprar um projetor, você pode simplesmente mostrar as folhas para as pessoas. (Você pode tentar fazer isto com slides, mas as pessoas vão acabar tendo que ler com os olhos muito apertados!)

Para fazer as suas próprias transparências, você precisa de uma impressora (uma impressora a laser ou uma a jato de tinta) e de algumas folhas de transparências. Certifique-se de que comprou as folhas projetadas especificamente para o seu tipo de impressora. (Se você pegar uma folha de transparência para impressora a laser e colocá-la em uma impressora a jato de tinta colorido, a tinta não vai se fixar na página e você vai terminar projetando poças psicodélicas do que era a sua informação. Isto pode ser excelente para pessoas ácidas, mas se a maioria do seu público for ácida, provavelmente está na hora de mudar a linha de trabalho! Por outro lado, se você colocar uma folha de jato de tinta na sua impressora a laser, a folha pode derreter e tornar a sua impressora a laser uma massa high-tech.)

Cada folha de transparência em branco custa entre 50 cents e um dólar, e você a compra em pacotes de 20 unidades ou mais. Você deve comprar alguns quadros de cartolina para elas, se for usá-las repetidamente e quer deixá-las em boa forma. Você também pode manter as transparências em uma encadernação de três anéis usando protetores de folha de encadernação transparentes, que são úteis porque você não tem que tirar as transparências do protetores para projetá-las.

Ajuste das transparências

O ajuste das transparências é muito parecido com o ajuste dos slides, simplesmente selecione **Transparências** no quadro de diálogos Configurar página em vez de Slides de 35mm. Entretanto, você tem uma outra escolha para fazer: **Retrato** ou **Paisagem**. Agora, a Microsoft jogou estes dois termos de arte em você somente para confundir aqueles de nós que trabalham com palavras em vez de com arte, mas eles são realmente bastante simples. *Retrato* significa que a página fica de modo que seja alta e estreita. *Paisagem* significa que ela fica de modo que seja baixa e larga. (Se você estiver mudando o ajuste em uma apresentação já planejada, verifique os seus slides depois, pois isto tende a esticar os seus gráficos e rearrumar as suas palavras para preencher as novas dimensões.)

Capítulo 20 ➤ Como atingir uma multidão...

Transparências Paisagem são mais largas.
Transparências Retrato são mais altas.

O modo Retrato é realmente bom se você está usando muito texto e longas listas de coisas. Entretanto, Paisagem tem a grande vantagem de ter as mesmas dimensões relativas que a tela do computador, assim você pode mostrar a sua exibição na tela ou no projetor de transparências, e ela vai ter a mesma aparência.

Pensamentos claros em impressões transparentes

Se você estiver fazendo a sua exibição de slides para transparências, há algumas coisas que deve lembrar. Escreva as transparências na sua mão, se tiver que escrever (mas prepare-se para engolir a sua mão se for capturado pelo inimigo).

A primeira coisa que deve ser lembrada é que se a sua impressora for em preto-e-branco, as suas transparências serão em preto-e-branco (bem, preto-e-transparente). Todas as suas cores fantásticas serão arruinadas, e se você colocar uma cor em cima da outra, poderá ser difícil de diferenciá-las. Para planejar isto, enquanto estiver projetando os seus slides, clique no botão **Visualização da escala de cinza** na barra de ferramentas padrão. O PowerPoint mostrará agora os seus slides em preto-e-branco, assim você saberá o que pode esperar. (No modo de visualização de slides, ele também vai te mostrar uma versão colorida em uma pequena janela.) A versão em preto-e-branco pode ser muito diferente do que você espera; se quiser dicas sobre como dizer ao PowerPoint para fazer as apresentações em preto-e-branco do jeito que você quer, consulte o Capítulo 22, "Como imprimir o material e lidar com informativos".

Se estiver usando uma impressora colorida, você pode ainda querer evitar a superposição das cores e o uso de fundos. As tintas das impressoras a jato de tinta sempre mancham um pouco, e isto pode provocar um efeito feio, turvo se você tiver grandes áreas de conexão de cores. Até cores que estão sozinhas podem ficar turvas, porque a impressora tem que misturar várias cores para fazer a cor que você quer. Grande parte disto depende da qualidade da sua impressora colorida e de como ela funciona com as folhas de transparências que você tem. Se mesmo assim, você quiser experimentar os fundos coloridos, primeiro, antes de fazer isto com um grupo inteiro, teste-os em uma transparência para ver como ficará.

Medo de borrar o jato de tinta
Certifique-se de que deixou as suas folhas impressas a jato de tinta secarem completamente antes de empilhá-las! Senão, você vai acabar ficando com as transparências manchadas dos dois lados, que não vão servir para nada, a não ser para atormentar o gato.

Transparências coloridas com transparência inferior

Se você não tem uma impressora colorida e quer transparências coloridas, ou se quiser se certificar de que as transparências que está usando são da melhor qualidade, pode usar um escritório de serviços para imprimi-las. Você faz isto imprimindo-as para um arquivo (como foi mostrado na seção dos slides) e levando o arquivo para o escritório de serviços, onde eles terão impressoras coloridas de última geração para imprimi-las.

Isto, entretanto, não é barato. Você pode esperar pagar a alguém por volta de U$15 por cada transparência colorida. Se você só está querendo cor, pode ser mais barato comprar uma impressora colorida. Impressoras coloridas baratas custam tanto quanto você pagaria por 10 ou 15 transparências do escritório de serviços.

Com duas telas, ou sem duas telas

Slides e transparências são atraentes, mas eles não podem mostrar todas aquelas bonitas animações e aqueles filmes que você embutiu na sua apresentação. Não seria bem melhor se você pudesse pegar o que está no monitor do seu computador e projetar em uma tela grande?

Não, não seria; seria bem melhor se comer sorvete nos deixasse esbeltos e saudáveis. A coisa da projeção também é boa, e há várias formas de fazer isto. Você poderia comprar uma placa que pudesse converter o seu vídeo do computador em um vídeo que possa ser visto na TV, e ligar a sua tela a um sistema de projeção de televisão. A imagem pode ficar um pouco embaçada, mas se você usar fontes grandes, isto não deve ser problema.

Outra forma de fazer isto é usar um dispositivo planejado para projetar informações do computador. Um *projetor LCD* é como um projetor de televisão, só que é planejado para gráficos nítidos de computador. Um *painel LCD* é como a tela de um laptop colorido, só que ele não tem um fundo, assim a luz pode iluminar através dele. Se você colocar um painel LCD em um projetor de transparências, a luz iluminará através do monitor e projetará a imagem colorida na tela!

LCD: pequenos pontos coloridos

LCD é a abreviatura de *liquid crystal display* (monitor de cristal líquido). Este monitor é feito de pequenos segmentos que são normalmente transparentes, mas que se tornam visíveis quando uma pequena quantidade de eletricidade é aplicada a eles. Relógios digitais têm LCDs, com oito segmentos sendo usados para formar os números.

Se você estiver usando este monitor, realmente não quer ficar olhando para a tela grande, e provavelmente não quer mostrar para todo mundo os menus escondidos e outras coisas que você esteja fazendo com o sistema. Uma boa apresentação deve parecer mágica. Não seria bem melhor se você pudesse ter um monitor para você olhar, e fazer todo o trabalho, enquanto os usuários só vêem a projeção de slides que você quer que eles vejam? Não, a melhor coisa é o sorvete, lembra? Mas isto não é só bom, é possível!

Não é barato, mas aqui está como fazer

Primeiro, você precisa de um PC que tenha o Windows 98 ou o Windows NT 5.0; versões anteriores do Windows não vão permitir que faça isto. A seguir, você precisa ajustar este PC para manipular dois monitores. Você faz isto desligando o seu computador, instalando uma segunda placa de vídeo, conectando o seu projetor LCD, e depois ligando o seu PC novamente. O Windows vai detectar o segundo exibidor de vídeo e vai tentar configurá-lo. (Deixe o seu CD do Windows à mão; ele pode ser necessário.)

Depois que o seu PC de dois monitores estiver ajustado, carregue a sua apresentação do PowerPoint. Escolha **Exibir slide, Organizar a exibição**, e o quadro de diálogos Organizar a exibição aparecerá. No menu **Mostrar**, selecione o monitor que você quer que o seu público assista. Clique **OK**. Agora, quando você passar a sua apresentação, ela aparecerá nos dois monitores, mas o que o público assiste não vai mostrar todos os menus e controles com os quais você está trabalhando.

Apresentações da rede: como evitar o seu público

Ter PCs funcionando unidos com uma intranet, de modo que cada membro do seu público esteja na sua própria mesa, no seu próprio PC, pode ser útil porque destrói menos o dia de trabalho. Também é muito útil se você estiver dando más notícias ou trocadilhos ruins, porque vai estar fora do alcance de lançamento de biscoitos do seu público. Em alguns casos, você pode até transmitir pela Internet, que significa que pode ficar bem distante, em uma cabine de uma montanha remota, quando o texto do seu esquema ilegal for divulgado.

Novidade Intranet
Este método de enviar a apresentação para os tabeladores da Web das outras pessoas é novo com o PowerPoint 2000. Versões anteriores do PowerPoint têm uma maneira mais incômoda, mais custosa, e muito mais limitada de manipular as apresentações pela Intranet.

A pessoa que está exibindo a apresentação (você) precisa ter uma cópia do PowerPoint 2000. Cada PC usado para ver a exibição precisa ter uma cópia do tabelador da Web da Microsoft: Internet Explorer, com um número de versão de 4.0 ou mais. Isto deixa a Microsoft feliz.

Além disto, se a apresentação for ser vista em mais de 15 PCs, ou se quiser incluir vídeo na sua apresentação, você precisa de um servidor NetShow local. Se você quiser transmitir esta apresentação pela Internet para pessoas de outras localidades, precisa alugar um servidor NetShow.

Ajuste e preste atenção

Antes de poder fazer uma apresentação online, você precisa dizer ao seu PC o que vai fazer. Nada de guardar segredos para o seu computador! Para fazer isto, salve a sua apresentação. Depois, puxe o menu **Exibir slide** e do submenu **Transmissão online** selecione **Ajuste e Horário**. (Se esta for a primeira vez que está usando esta característica, o PowerPoint pode perguntar pelo CD-ROM do Office para que possa instalá-lo.) Um quadro de diálogos **Transmitir o horário** aparecerá. Certifique-se de que o botão de opção **Ajustar e planejar uma nova transmissão** esteja selecionado, e depois clique **OK**.

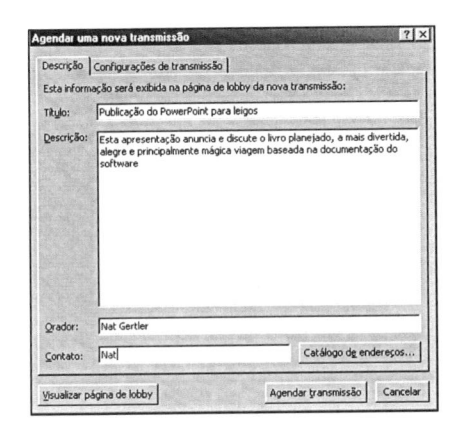

A tabulação Descrição do quadro de diálogos Planejar uma nova transmissão te ajuda a avisar ao seu pobre público indefeso o que eles devem esperar.

Uma boa descrição é a prescrição para a aprovação do espectador!

A tabulação Descrição do quadro de diálogos que aparece é usada para criar informações que o público vai ver quando eles assinarem a apresentação. Use os campos **Título, Descrição, Transmissor,** e **Contato** para deixar que o seu público saiba sobre o que é e quem está dando a apresentação. Se você clicar no botão **Visualizar a página de espera,** vai ver uma amostra da página da Web que os usuários vão ver quando acessarem a apresentação.

Como conseguir serviço dos servidores

Depois, clique na tabulação **Ajustes de transmissão** e veja as opções que estão lá. Coloque uma marca no quadro de seleção **Enviar áudio,** e tudo o que você falar no microfone do seu PC será ouvido durante a apresentação, desde que os espectadores se lembrem de ligar seus alto-falantes. Naturalmente, você pode simplesmente dizer a todo mundo para ligar seus alto-falantes quando começar a falar... não, isto não vai funcionar.

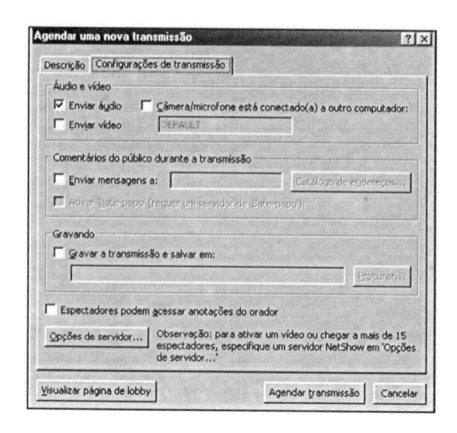

A tabulação Ajustes de transmissão é aonde você deixa o seu PC e a rede saberem o que podem esperar.

Se você estiver usando uma daquelas câmeras de vídeo digital de mesa e a sua rede tiver um servidor NetShow, você pode selecionar o quadro de seleção **Enviar Vídeo**. Desta forma, os seus espectadores verão os seus lábios se movendo e dirão para si mesmos "Aha! Ele está falando alguma coisa! Os meus alto-falantes devem estar desligados!"

Se esta for a sua primeira apresentação, clique no botão **Opções de servidores**. O quadro de diálogos Opções de servidores (surpresa, surpresa) aparecerá. Clique no botão **Procurar** e use o navegador de arquivos para selecionar um diretório na intranet do qual a sua apresentação será transmitida. Tome o cuidado de escolher um diretório que outros usuários terão acesso. Na metade inferior do quadro de diálogos Opções de servidores, selecione entre usar (neste caso, terá que entrar o nome do servidor e uma localização para os arquivos) ou não usar o servidor NetShow (esta opção não permite usar vídeo e deve limitar o seu público a 15 pessoas). O seu administrador de sistemas deve poder te ajudar. Clique **OK** para retornar para o quadro de diálogo Planejar uma nova transmissão.

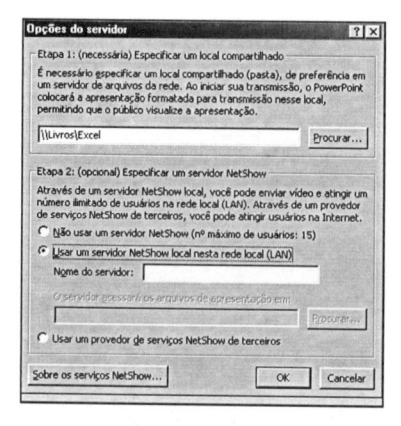

Você só precisa ajustar o Opções de servidores da primeira vez que transmitir a sua apresentação, a não ser que o seu ajuste LAN mude.

Simplesmente diga quando!

Finalmente clique no botão **Planejar a transmissão**. Se o seu escritório usa Microsoft Outlook, isto irá permitir que você acrescente à sua apresentação não só o seu horário, como os horários do seu público também. Se você não tiver o Microsoft Outlook no seu sistema, então o PowerPoint só vai iniciar o programa de e-mail com um e-mail pré-formatado que você pode usar para anunciar a apresentação, incluindo informação da localização da intranet para que os espectadores vejam a apresentação.

Como iniciar a apresentação

Quando chegar a hora de iniciar a transmissão, carregue a sua apresentação e use o comando **Exibir slide, Transmissão online, Começar a transmissão**. Todas as pessoas que estiverem com os seus Internet Explorers abertos no lugar que você enviou para eles via Outlook ou e-mail vão começar a ver a sua apresentação.

Um time etiquetado de ferramentas para ser usado com centenas de espectadores

O PowerPoint tem duas ferramentas que você pode usar se estiver exibindo sua apresentação em uma tela, em duas, ou em muitas pela rede, mas que é mais provável usa-las quando estiver exibindo em mais de uma tela. Isto é devido ao fato delas cobrirem parte da tela, o que iria arruinar o efeito para os seus espectadores.

A característica *Observações do orador* te dá um exibidor de texto para cada slide. Você pode colocar o que quiser nestas observações — um pequeno script que te diga sobre o que falar no slide, um lembrete que há um slide escondido, um poema humorístico sujo, ou qualquer outra coisa. Você não tem que se preocupar com o que coloca lá, porque todas as outras pessoas estarão vendo a tela inteira — a não ser que tenha um daqueles caras esquisitos no corredor em frente que tente ver a apresentação pelo reflexo dos seus óculos.

Os *Lembretes para a reunião* são usados para tomar notas durante a apresentação, e são particularmente úteis se a sua apresentação tem a pretensão de organizar o projeto.

Observações sobre as observações

Você pode criar as observações do orador na visualização normal, na visualização do esquema, ou na visualização da página de observações. A visualização do esquema é melhor para trabalhar com isto, porque ela te dá um espaço maior para as observações (diferente da visualização normal) e as mostra em um tamanho de texto razoável (diferente da visualização da página).

O campo Observações do orador está na parte inferior direita da janela do PowerPoint. Entre as suas observações clicando dentro do campo e digitando-as.

Para as observações do orador, a visualização do esquema, é certamente a que você precisa...

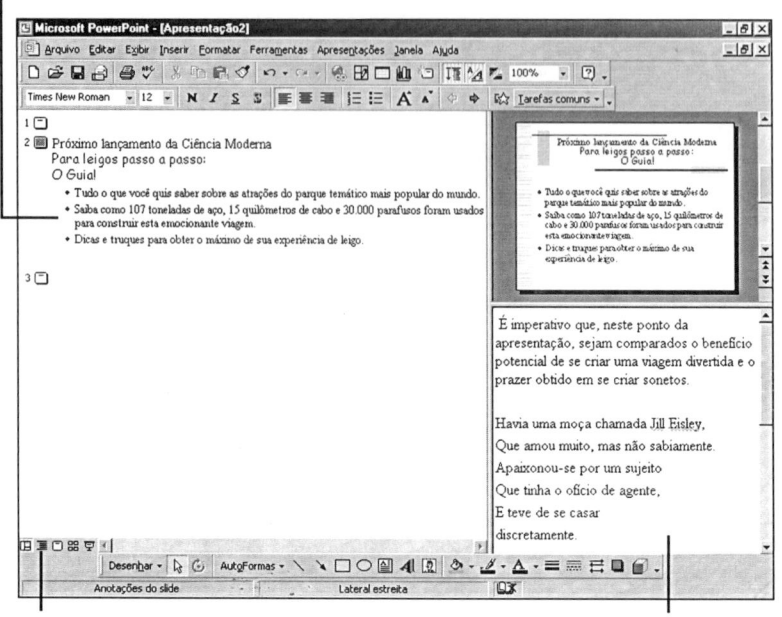

...aqui você deve clicar, e ela aparecerá rapidamente...

...depois digite as suas observações até terminar!

Não há nenhuma regra que diga para você colocar poemas humorísticos nas observações do orador, mas por que não colocar?

Depois que estiver com as suas observações no lugar, você pode iniciar a sua exibição de slides. Para isto funcionar você tem que fazer a exibição de slides no modo Orador. Clique com o botão direito do mouse em qualquer slide e selecione **Observações do orador**, e o quadro de diálogos Observações do orador aparecerá. Você pode até editar as observações durante a apresentação. A medida que você avança para cada novo slide, o quadro de diálogos vai mostrar as observações para este slide.

Capítulo 20 ➤ Como atingir uma multidão...   **237**

Observações do orador para apresentações sem duas telas
Você pode imprimir as suas observações do orador para usar como folhas de cola ou informativos. Simplesmente selecione **Arquivo**, **Imprimir**, e escolha **Páginas de observações** no campo Imprimir o que.

Use os lembretes para a reunião, ou nunca se importe com ela!

Há outro bloco de anotações que você pode usar durante a sua apresentação, o Lembrete para a reunião. Isto é realmente projetado para trilhar o feedback e para fazer planos durante a apresentação, mas isto também pode ser usado para colocar poemas humorísticos e talvez para outras coisas.

Para puxar o Lembrete para a reunião enquanto estiver exibindo uma apresentação no modo Orador, simplesmente clique com o botão direito do mouse e selecione **Lembrete para a reunião**. Um quadro de diálogos se abrirá, com duas tabulações. A tabulação Minutos da reunião é usada para notas gerais, e a tabulação Itens de Ação é usada para criar uma relação listando as coisas que precisam ser feitas e quem precisa fazer estas coisas.

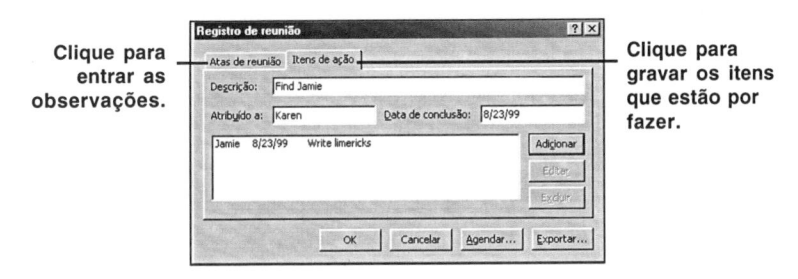

Clique para entrar as observações.

Clique para gravar os itens que estão por fazer.

A tabulação Itens de ação permite que você liste itens para outras pessoas fazerem. Com um pequeno planejamento, você pode evitar de ter que fazer as coisas.

Selecione a tabulação Minutos da reunião e você verá que ela é somente um grande campo. Digite o que quiser lá.

Clique na tabulação **Itens de ação** e verá campos para entrar as designações de tarefas, incluindo uma descrição da tarefa que deve ser feita, o nome da pessoa que tem que fazer, e a data que tem que estar pronta. Entre estas informações e clique no botão **Adicionar**, e elas são acrescentadas à lista que está embaixo delas. (Você pode mudar as coisas na lista selecionando-as e clicando **Editar**, ou remova-as inteiramente selecionando-as e clicando **Apagar**. Estas duas coisas são úteis para você se certificar que qualquer coisa que tenha sido designado para você fazer seja novamente designado para outra pessoa fazer!) Quando você chegar ao final da sua apresentação, descobrirá que o PowerPoint fez um novo slide listando os novos itens de ação!

Como lembrar das suas reuniões em outras horas

Você pode puxar o Lembrete para reunião enquanto estiver editando a sua apresentação. Simplesmente puxe o menu **Ferramentas** e selecione **Lembrete para reunião**.

Se você instalou o Microsoft Office 2000 (não somente o produto PowerPoint), clicar no botão **Horário** abrirá o programa Planejador de Reunião/Calendário de Compromissos do Microsoft Outlook — que, em separado, é outro programa completo. Você pode fazer com que o PowerPoint envie para o Outlook um e-mail de cada item de ação que você gravou, de modo que ele apareça na relação da pessoa apropriada e na lista de coisas por fazer. Clicar Exportar permite que você exporte todas as informações do Lembrete para a reunião para o Microsoft Word, o processador de texto que faz parte do Microsoft Office. Aqui não há espaço para te dizer como usar nenhum destes produtos, mas sinta-se a vontade para gastar o dinheiro que você ganhou com tanto sacrifício no *The Complete Idiot's Guide to Microsoft Office 2000* e *The Complete Idiot's Guide to Microsoft Word 2000*.

Capítulo 20 ➤ Como atingir uma multidão...

O mínimo que você precisa saber

➤ Para ajustar a sua apresentação com as dimensões certas para slides de projetores de slides, use o comando **Arquivo, Configurar página** e selecione **Slides 35mm** na lista **Slides com o tamanho**. Para enviar as imagens para um gravador de filmes, use o comando **Arquivo, Imprimir** e selecione o seu gravador de filmes na lista **Nome**.

➤ Você pode imprimir transparências em uma impressora a laser ou em uma impressora a jato de tinta, se tiver as folhas em branco apropriadas. Para ajustar a sua apresentação com as dimensões certas para transparências, use o comando **Arquivo, Configurar Página** e selecione **Transparência** na lista **Slides com tamanho**. Se você selecionar a opção **Paisagem**, as dimensões serão as mesmas de uma exibição de slides na tela.

➤ Você pode mostrar uma apresentação em dois monitores simultaneamente, se tiver uma segunda placa de gráficos instalada no seu PC. Isto é particularmente bom se você usar um dos monitores para projetar uma grande imagem que todo mundo possa ver. Para mostrar uma exibição desta forma, selecione **Exibir slide, Organizar a exibição**, e escolha qual o monitor que o público vai ver na lista **Mostrar**. O outro monitor vai mostrar os slides e todas as características de controle.

➤ Para mostrar a apresentação para outras pessoas por uma rede caseira, todo o seu público tem que estar percorrendo o Internet Explorer. Para ver todos os controles que você precisa para ajustar esta exibição, puxe o menu **Exibir slide** do submenu **Transmissão online** selecione **Ajuste e horário**.

➤ A característica Observações do orador lhe permite criar uma pequena folha de observações na tela para te ajudar com cada slide. Entre as observações do orador na parte inferior direita da visualização do esquema ou na visualização normal. Para ver as observações enquanto estiver exibindo a sua apresentação no modo Orador, clique com o botão direito do mouse e selecione **Observações do orador**.

➤ O Lembrete para a reunião permite que você tome notas e programe eventos para o Microsoft Outlook, enquanto estiver expondo a sua apresentação. Para fazer isto aparecer clique com o botão direito do mouse e selecione **Lembrete para a reunião**.

Capítulo 21

Como colocar na Web

> **Neste capítulo**
> ➤ Deixe a sua apresentação pronta para ser publicada na Web Mundial.
> ➤ Ajuste o tamanho e formate a sua apresentação.
> ➤ Escolha uma ferramenta melhor para fazer apresentações para a Web.

A Web Mundial é realmente grande. A coisa mais importante da Web, entretanto, é que ela pode atingir o mundo inteiro. É possível que a maioria das pessoas que você quer que a sua apresentação atinja esteja em algum lugar do mundo. Transformando a sua apresentação em um site da Web Mundial, você faz com que qualquer pessoa que tenha uma conexão com a Internet possa dar uma olhada nela. O Powerpoint inclui as ferramentas necessárias para tornar a sua apresentação pronta para ser colocada na Web.

Por que você não deve usar o PowerPoint para construir um site da Web

Quando você usa o PowerPoint para fazer um site da Web (uma publicação na Web), ele não tenta fazer com que pareça um site normal da Web. Em vez disto, ele tenta fazer com que a Web haja mais como o PowerPoint. O PowerPoint é realmente planejado para apresentar pequenas quantidades de texto de cada vez, levando a discussões, com muitas possibilidades de designs fantásticos. Os sites da Web, entretanto, são melhores para apresentarem uma quantidade maior de texto, cobrindo completamente um tópico em uma simples página da Web, e todos os gráficos ornamentais e os layouts de texto complexos, provavelmente, só vão aumentar a quantidade de tempo que o espectador da Web vai levar para conseguir a página e tornar difícil a leitura da página. Ele também é planejado para fazer com que a página seja percorrida de forma bem parecida com a do PowerPoint se o espectador estiver usando á última versão (5.0) do tabelador da Web, o Internet Explorer da Microsoft. As pessoas que estiverem usando versões anteriores do Internet explorer ou outros tabeladores da Web inteiros, provavelmente verão a página muito diferente, tornando difícil de antecipar o que o espectador realmente verá.

Isto não quer dizer que você nunca deva usar o PowerPoint para criar um site da Web. Ele é muito bom para uma coisa, que é colocar a apresentação que você criou em alguma outra forma e torná-la disponível na Web. Se você criou uma apresentação para os seus alunos sobre A subida e a queda do golpeador designado, e quer que eles possam fazer referência a ela enquanto estiverem trabalhando nos seus trabalhos finais, você pode dar a eles um acesso instantâneo através da Web. Desta forma, você não terá que recriar todo o seu trabalho.

Se você tiver um Microsoft Office, já tem um programa melhor de planejamento da Web, e você já pode saber como usá-lo. O processador de texto Microsoft Word tem algumas ferramentas muito boas para fazer páginas da Web adequadas e de fácil entendimento. Para maiores informações sobre como usar estas características, dirija-se para a livraria local e compre uma cópia do *Complete Idiot's Guide to Microsoft Word 2000!*

Ferramentas reais para o site da Web

Se o seu objetivo é criar o melhor site da Web possível, a sua melhor aposta é usar um programa planejado especialmente para isto. Tanto Netscape Communicator quanto Internet Explorer têm ferramentas melhores de planejamento da Web embutidas neles. A Microsoft oferece Página da frente, uma ferramenta poderosa (incluída em algumas versões do Office!) que é um pouco inconveniente para um usuário individual, mas ótimo se você está trabalhando com um monte de pessoas para construir um site. Para ter controle máximo sobre as suas páginas, você deve aprender HTML, que é a abreviatura de *Hypertext Markup Language*, a linguagem usada para descrever as páginas da Web de modo que o tabelador da Web saiba o que exibir. Todas as outras ferramentas simplesmente pegam o que você quer e traduzem para HTML.

Como apresentar: apresentações apresentáveis na Web

Se você pretende colocar a sua apresentação na Web, deve ficar com isto na sua cabeça durante o seu planejamento. Algumas coisas são boas para o planejamento da Web; outras coisas não são tão boas. Planejar tudo com antecedência pode te ajudar a evitar dor de cabeça mais tarde.

Capítulo 21 ➤ Como colocar na Web

(Se bem que se você for uma daquelas pessoas que gostam de dor de cabeça, não planejar pode ser uma boa idéia!)

Algumas coisas funcionam bem na Web, outras coisas não funcionam tão bem, e outras não funcionam de jeito nenhum.

Coisas que funcionam bem

Textos e figuras funcionam bem na Web. A Web provavelmente vai reduzir o tamanho deles na tela, assim você deve deixá-los grandes; tirando isto, eles devem ficar bem.

Hyperlinks de slides para slides funcionam bem, e hyperlinks para sites da Web funcionam muito melhor na Web do que funcionam em uma apresentação que não seja da Web, porque estes sites são exibidos na mesma janela usada pela apresentação propriamente dita.

Coisas que não funcionam tão bem

Animações. Transições. Efeitos de som. Narrações. Vídeo. Mostarda. Um espectador que esteja usando Internet Explorer 4.0, ou um mais avançado, pode experimentar todas estas coisas. Oh, exceto pela mostarda. Ela só acabou indo parar na minha tela porque eu errei o cachorro quente na hora de colocar a mostarda. Entretanto, se o espectador estiver usando algum outro tabelador, poucas ou nenhuma destas coisas vão funcionar. Se a sua apresentação precisa da narração para ser entendida, por exemplo, alguém que não esteja usando o tabelador da Web certo, não vai conseguir entendê-la. E neste momento, a *maioria* dos usuários da Web Mundial não estão usando uma versão recente do Internet Explorer.

Até os gráficos não vão funcionar em alguns tabeladores da Web. Algumas pessoas (principalmente as pessoas que trabalham em ambientes acadêmicos, ou as que usam dispositivos de computador de mão) só vão conseguir ver o texto da sua apresentação.

Web sofisticada

A qualidade e flexibilidade da criação do site da Web foram muito aperfeiçoadas nesta nova versão do PowerPoint. Versões anteriores não podiam suportar, entre outras coisas, áudio e vídeo de jeito nenhum.

Coisas...que...funcionam... devagar...na...Web

A informação super veloz está chegando. Logo, com um simples clique em um único botão, você poderá ter qualquer filme *Academia de Polícia* que quiser enviado diretamente para sua casa em segundos, pela instalação elétrica especial da Internet conhecida pela sua simples acrossemia, ASDBLCNUTZYZYZYBFHIMOMGGH!

Mas isto é o futuro. Hoje, as pessoas estão usando modems lentos para sintonizar uma Web lenta. Os sites da Web devem ser planejados para manter os tamanhos dos arquivos o menor possível, o que vai manter as coisas com um tamanho parecido. O maior culpado na maioria dos sites da Web é o gráfico. Se você for colocar a sua apresentação na Web, tente deixar os desenhos simples e as fotografias pequenas.

Áudio e vídeo não funcionam bem para a maioria das pessoas pela Web. Não culpe a Microsoft (bem, por isto). Tentar colocar um vídeo de velocidade total na Web é como tentar entregar um carro para alguém passando peça por peça por um canudo: quando você conseguir passar uma parte suficiente dele para poder usar, o receptor já perdeu o interesse. Mesmo que você escolha colocar estas coisas (se confiar na hipótese do seu público ter o tabelador certo), deixe os vídeos pequenos e curtos.

Inicie a mágica da Web!

Para converter a sua apresentação para uma forma que possa ser usada na Web, abra-a, puxe o menu **Arquivo**, e selecione **Salvar como página da Web**. O tabelador de arquivo Salvar como se abrirá. Clique no botão **Publicar**, o que abrirá um novo quadro de diálogos onde você poderá escolher entre uma série de opções de como a sua apresentação vai aparecer na Web.

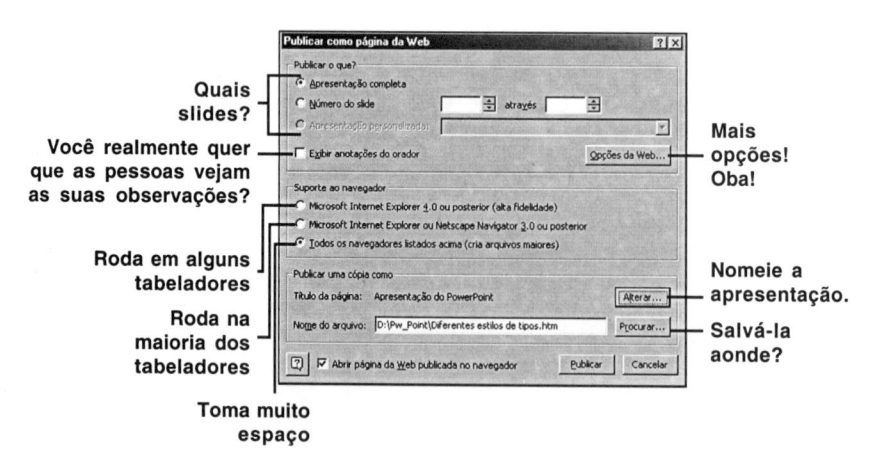

Você precisa tomar muitas decisões quando for colocar a sua apresentação na Web, mas elas são todas pequenas e simples.

Decisões simples
para tempos complexos

A primeira seção deste quadro de diálogos permite que você escolha se quer colocar a apresentação inteira na Web, ou somente um grupo de slides. Há também uma opção para selecionar se você quer que as suas observações sobre o slide sejam exibidas. As observações sobre o slide vão aparecer em uma parte separada da tela do slide. Outra vez, isto faz parte da diferença entre uma exibição de slides e uma página da Web; em uma página da Web boa, tudo está integrado em vez de estar dividido em seções separadas deste jeito. Se você não tiver observações, ou se as observações foram feitas para você em vez de para o público (como alguns daqueles poemas humorísticos picantes), apague o quadro de seleção **Exibir as observações do orador**.

Na seção Suporte do navegador do quadro de diálogos, você terá que decidir quem são os seus espectadores. Se todos eles vão usar as novas versões do Internet Explorer, escolha a primeira opção. Se eles provavelmente vão usar outros tabeladores, escolha a segunda ou a terceira opção. A segunda cria uma versão que a maioria dos tabeladores pode ver. A terceira cria duas versões, uma que vai ser exibida no Internet Explorer atual e uma para todos os outros. (Esta toma mais espaço no disco.)

Embaixo disto, você verá o título para o seu site da Web, que vai aparecer na barra de títulos do tabelador do espectador. Se você criou a sua apresentação sem dar a ela um título, o título será somente Apresentação do PowerPoint. Clique no botão **Mudar** para substituir este título por um melhor.

Clique no botão **Procurar** para conseguir um tabelador de arquivos para selecionar o lugar onde os arquivos serão arquivados. Você pode escolher um lugar no seu disco rígido, ou na sua rede, ou pode publicá-los diretamente no seu espaço da Web Mundial.

Mais opções! Opções
em abundância!

Este não é o final das opções. Clique no botão **Opções da Web**, e você terá o prazer de tomar muitas outras decisões. Ah, decisões suaves.

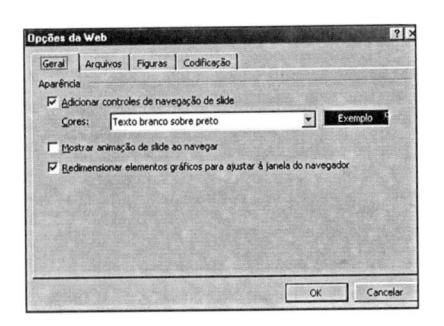

A tabulação Geral controla a aparência da sua apresentação, que é importante se você quiser que a sua apresentação realmente apareça.

Opções gerais, comandante do quarto batalhão de opções da marinha

Se você colocar uma marca no quadro de seleção **Acrescentar os controles de navegação de slides**, o seu site da Web terá uma barra de navegação acrescentada a ele, assim o espectador poderá facilmente passar para qualquer slide. Você também pode escolher o esquema de cores para esta barra.

A próxima opção permite que você escolha **Exibir a animação do slide enquanto estiver sendo tabelado**. Se você vai ter animações, você deve também mostrá-las. Entretanto, estas animações não vão aparecer em todos os tabeladores.

Finalmente, esta tabulação contém uma opção para mudar o tamanho dos gráficos para que eles se adeqüem ao tamanho da janela do tabelador do espectador. Se manter o layout da sua página é importante para você, escolha esta opção. Senão, o gráfico vai completar o espaço dos espectadores que tenham janelas do tabelador relativamente pequenas, e aqueles que têm janelas grandes em monitores de alta resolução verão um gráfico pequeno.

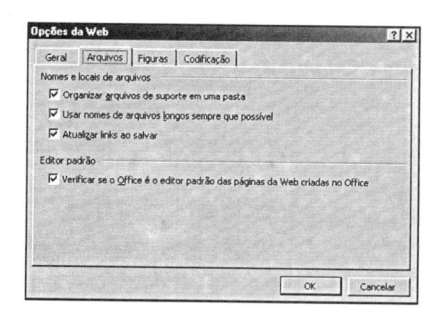

Geralmente, você vai querer todos os quadros de seleção da tabulação Arquivo selecionados.

Opções de arquivo, como "O batalhão deve se enfileirar agora?"

A tabulação **Arquivo** tem uma série de opções sobre como os arquivos são salvos e armazenados. O único destes que você pode querer desligar é o que está marcado **Organizar os arquivos suporte em uma pasta**, e só vai querer desligá-lo se o serviço da Web no qual você está publicando te limitar a somente uma pasta.

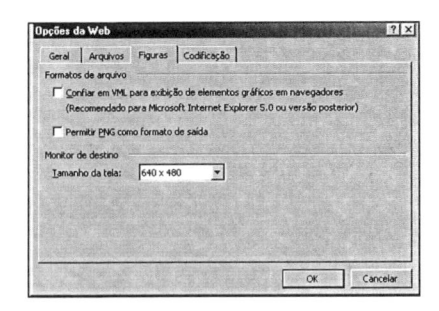

Não selecione estas opções de figuras a não ser que queira atormentar as pessoas por não terem o mesmo tabelador que o seu.

Opções de figuras, como "O batalhão deve dizer 'X'?"

A tabulação **Figuras** contém dois quadros de seleção que não devem ser selecionados. Eles servem principalmente para garantir que qualquer pessoa que não tenha a última versão do Internet Explorer não possa ver a sua apresentação na Web.

Você tem que se preocupar com o menu **Tamanho da tela**, que diz ao PowerPoint para qual tamanho de janela do tabelador a apresentação deve estar ajustada. Se você selecionou a opção **Alterar o tamanho dos gráficos para adapta-los ao tamanho da janela do navegador** na tabulação Geral, você deve ajustar este tamanho para **800x600**. Senão, ajuste para **640x480**.

Preste atenção na sua língua

Você só precisa se preocupar com a tabulação Codificação se a sua apresentação está em uma língua estrangeira que precise de uma série de caracteres própria, como Cirílico ou Turco.

Depois de você ter ajustado todas as opções que quiser, clique no botão **OK** para voltar para o quadro de diálogos Publicar como página da Web.

Publicar ou sucumbir! (Dica: escolha "publicar")

Clique no botão **Publicar** no quadro de diálogos Publicar como página da Web, e o PowerPoint salvará os arquivos de apresentações da Web no lugar que você especificou. (Se você estiver publicando diretamente na Web em vez de no seu disco rígido, o PowerPoint vai abrir a sua conexão da Web. Ele pode pedir a sua senha para a conexão da Web e outra senha para ter acesso para publicar no seu espaço da Web.)

Se você publicou os arquivos no seu disco rígido, terá que transferi-los para o seu servidor da Web. Os diferentes servidores da Web têm diferentes modos de aceitar os arquivos. A melhor forma de fazer isto é perguntar à pessoa que é responsável pelo site da Web como você pode colocar as páginas lá. Se você se atrapalhar um pouco e agir de forma meio-competente, talvez o administrador da Web até tome conta disto para você e economize o seu trabalho!

O que está errado? Como ver a sua apresentação na Web

Se você selecionou a opção **Abrir no tabelador a página publicada na Web** quando apertou o botão Publicar, o PowerPoint vai automaticamente abrir o seu tabelador para exibir a sua apresentação da Web. Senão, inicie o seu tabelador e pressione **Ctrl+O** para começar a tabelar de modo que possa encontrar a sua apresentação.

Os nomes de todos os slides estão listados. Os slides que não têm nome estão numerados. Clique em um nome para ver um slide.

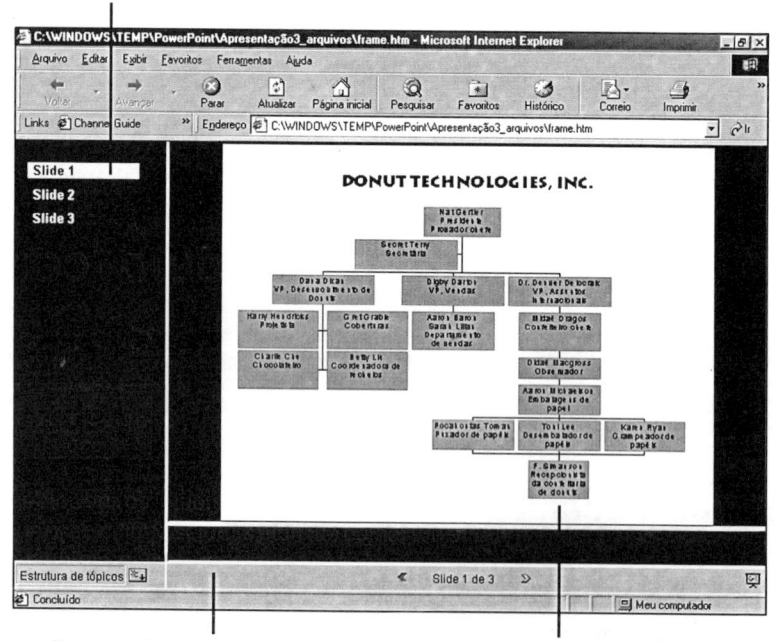

Barra de ferramentas de navegação da apresentação.

Os textos que forem pequenos quando o slide é exibido na tela inteira, podem ficar impossíveis de serem lidos em uma janela reduzida.

Uma apresentação vista como uma página da Web.

Capítulo 21 ➤ Como colocar na Web   249

O mínimo que você precisa saber

➤ Quando você estiver preparando uma apresentação para a Web Mundial deve evitar áudio, vídeo, desenhos complexos e fotos grandes.

➤ Para salvar a sua apresentação em uma forma pronta para a Web, use o comando **Arquivo, Salvar como página da Web**.

➤ No quadro de diálogos Salvar como, clique no botão **Publicar** para poder escolher como a sua apresentação vai aparecer na Web.

➤ A opção Microsoft Internet Explorer 4.0 ou mais recente na lista Suporte do navegador limitará severamente as pessoas que poderão ver a sua apresentação. Mais pessoas poderão ver se você escolher uma outra opção.

➤ Clique no botão **Opções da Web** para ajustar opções adicionais sobre como a sua apresentação vai aparecer.

Capítulo 22

Como imprimir o material e lidar com informativos

Neste capítulo
- Imprima os seus slides e informações sobre eles em papel de verdade.
- Especifique o que vai imprimir, quantas cópias, e qual deve ser a aparência disto.
- Imprima informativos com vários slides na mesma página.
- Passe o papel por uma máquina destruidora para acabar com as evidências (na realidade, você pode decifrá-lo para você!)

O advento dos computadores deveria nos dar um escritório sem papel, com tudo sendo feito eletronicamente. Infelizmente, isto não aconteceu. A única parte do escritório que é provável que fique sem papel é o banheiro, e somente se o zelador esquecer de abastecer a dispensa.

Em vez disto, os computadores nos deram a habilidade de criar mais itens e mais cópias destes itens com grande eficiência. O escritório agora está sendo soterrado por uma montanha de papéis — e não há nenhuma razão para o PowerPoint não estar em ação!

Impressão rápida

Se você quer imprimir rapidamente a sua apresentação, simplesmente clique no botão **Imprimir**. Isto vai imprimir ela toda. Entretanto, a versão impressa pode não ficar exatamente como você queria. O PowerPoint tem um monte de opções diferentes para serem ajustadas, que estão relacionadas à aparência da versão impressa. Quando você usa o botão Imprimir, ele usa os ajustes que você fez da última vez que usou os comandos Imprimir do menu Arquivo descritos nas próximas páginas.

Como imprimir as apresentações do PowerPoint perfeitamente

Para ter um controle maior sobre o que vai imprimir, puxe o velho menu **Arquivo** e selecione os comandos **Imprimir**. Você verá que o PowerPoint te dá bastante controle sobre como o seu material impresso vai ficar. Lá estão provavelmente mais opções do que você algum dia vai usar, mas é para isto que serve um programa poderoso. Se ele não tivesse todo este poder ele teria que ser chamado somente de Microsoft Point, que é realmente um nome idiota para um programa.

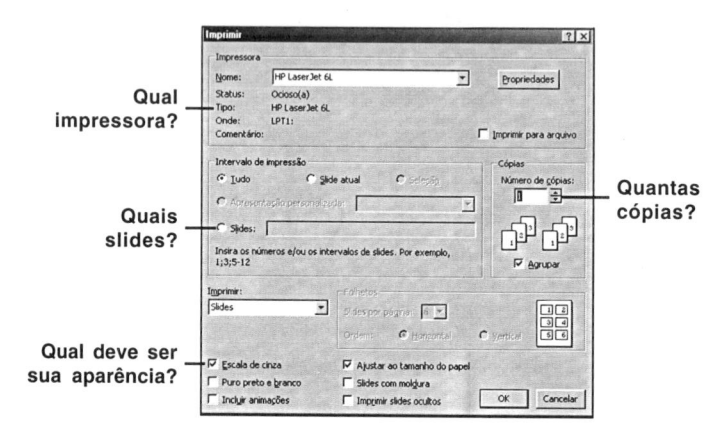

O quadro de diálogos Imprimir certamente tem muitos botões para serem clicados!

Qual impressora?

Clique no botão de seta que está no final do campo **Nome** para ver uma lista drop-down de todos os dispositivos de impressão do seu sistema. Mesmo que você só tenha uma impressora, pode ter vários ajustes de dispositivos. Isto acontece porque o Windows conta as impressoras na rede e os sistemas de fax/modem como impressoras. Você pode até ter impressoras reais configuradas que não estejam conectadas ao seu computador. (Isto pode ser útil se você quiser criar um arquivo que possa carregar para o computador de outra pessoa e imprimir na impressora dela.)

Selecione a impressora na qual quer imprimir. Se você quiser mudar alguma coisa no ajuste desta impressora (como qual bandeja de papel ela deve usar ou quão escura a impressão deve ser), clique no botão **Propriedades**.

Capítulo 22 ➤ Como imprimir o material e lidar com informativos

Fax sem papel

Se você tem um fax modem propriamente configurado, você pode passar a sua apresentação por fax do PowerPoint sem imprimi-la. Simplesmente selecione a unidade de fax na lista da impressora. Quando você clicar **OK**, um programa de fax aparecerá te perguntando por detalhes como, qual o número que deve ser chamado e qual deve ser a folha de cobertura.

Quais slides?

A área Print Range do quadro de diálogos tem um número de escolhas que você usa para controlar quais as partes da sua apresentação que serão impressas. Clique **Todos**, e todos os slide serão impressos. Escolha **Current Slide**, e somente o slide no qual está trabalhando será impresso. Escolha **Selecionar**, e todos os slides que estão selecionados atualmente serão impressos. (Isto é normalmente igual a Slide atual, a não ser que você tenha selecionado vários slides, como foi descrito no Capítulo 4, "Como deslocar os slides para os seus lugares".)

Escolha **Slides**, e o quadro de texto ao lado se iluminará. Digite os números dos slides que você quer imprimir, separados por vírgulas. Você pode incluir *séries* de slides, todos os slides de um slide até o outro, listando o primeiro slide, depois um traço, e depois o último slide. Por exemplo, se você colocar 3-5, 7, 9, neste campo, o PowerPoint vai imprimir os slides 3, 4, 5, 7, e 9.

Qual deve ser sua aparência?

Quando chegar a hora de definir como a sua impressão deve ficar, seria bom se tivesse uma opção marcada Perfeita. Não há uma coisa assim, então você tem que escolher sozinho.

Primeiro, clique na seta drop-down no campo **Imprimir o que**. Uma opção é **Slides**, que imprime um slide por página. Depois há **Informativos**, que imprime várias miniaturas de slides por página. Escolher **Páginas de observações** imprime um slide na parte de cima de cada página, com as Observações do orador para aquela página embaixo dele. Escolher **Visualização do esquema** imprime o esquema do texto para as páginas.

Embaixo disto está uma série de quadros de seleção. Selecionar o primeiro, **Escala cinza**, faz com que o seu material impresso não inclua nenhuma cor. Em vez disto, as cores serão transformadas em tons de cinza. Se você tiver uma impressora em preto-e-branco, o PowerPoint vai automaticamente usar esta característica para você. (Seria um truque incrível do PowerPoint se ele descobrisse um meio de imprimir colorido na sua impressora em preto-e-branco, não seria?) Selecionar **Somente preto e branco** significa que não há nenhuma tonalidade de cinza. As suas cores vão ficar pretas ou brancas. Nos casos em que você tem um item colorido em um fundo colorido, ele pode ficar mais fácil de ser lido em preto e branco, ou pode ficar impossível de ser lido (se ambas as cores ficarem pretas ou ambas ficarem brancas).

Como evitar os problemas em preto-e-branco

Quando você imprime com as opções Escala cinza ou Somente em preto e branco, a impressão pode não ficar como você esperava. Isto acontece porque o PowerPoint tenta clarear os itens que podem não ficar bem quando todas as cores são convertidas para preto, branco, e cinza, e algumas das suas tentativas funcionam mal. Por exemplo, o PowerPoint coloca linhas ao redor de formas que não tinham linhas (e pode acrescentar linhas que você não quer), e imprime todo o texto em preto (o que faz com que ele fique invisível quando o fundo também for preto). Para evitar isto, na visualização de slides use o comando **Exibir, Preto e branco** para ver como vão ficar os seus slides impressos. Se alguma coisa estiver errada, clique nele com o botão direito do mouse, e selecione **Preto e branco** do menu pop-up. Um submenu lista as diferentes formas nas quais o PowerPoint pode exibir este item em preto-e-branco; selecionar **Escala cinza** nesta lista normalmente vai te dar o que você quer.

A opção **Incluir animações** vai imprimir uma cópia de como o slide é antes de quaisquer animações, e para cada objeto animado do slide, uma cópia de como o slide ficou depois da animação. Se você não selecionar isto, somente uma cópia de cada slide será impressa, mostrando como o slide ficará depois que todas as animações estiverem concluídas.

Escolher **Escala para caber no papel** vai esticar o slide para que ele caiba na página. Escolher **Emoldurar slides** vai desenhar um retângulo ao redor de cada slide, para mostrar onde as bordas do slide estão (bem parecido com a forma que eles aparecem na visualização do classificador de slides).

Imprimir slides escondidos diz ao computador para incluir os slides escondidos na sua apresentação. Este quadro de seleção já vai estar marcado se você tiver escolhido um slide escondido para imprimir; você vai ter que tirar a marca dele se quiser manter os seus slides escondidos, bem, escondidos.

Quantas cópias?

Se você quiser imprimir mais de uma cópia, entre o número de cópias que você quer imprimir no campo **Número de cópias**. Se você quiser imprimir *menos* de uma cópia, está realmente desperdiçando o seu tempo aqui, não está?

Quando você imprime mais de uma cópia de mais de uma página, o agrupamento se torna importante. Se você colocar uma marca no quadro de seleção **Agrupar**, ela vai imprimir todas as páginas na primeira cópia, e depois a segunda cópia inteira, e assim por diante. Se não houver uma marca lá, ela vai imprimir todas as cópias da primeira página, depois todas as cópias da segunda página, e assim por diante até a última página. Não usar o agrupamento pode fazer com que a impressão seja mais rápida em muitos casos, mas depois você tem que perder tempo colocando todas as páginas em ordem.

Fotocópias?
Se você vai fazer fotocópias do material que imprimir, escolha **Escala cinza**. Os impressos em Escala cinza copiam melhor do que os impressos coloridos.

O que você está esperando?

Depois que tiver selecionado tudo, clique **OK** para começar a imprimir. OK, a impressão não começa automaticamente. Isto não significa que o computador esteja te ignorando. O que está acontecendo é que o computador está enviando para o disco a informação do que tem que ser impresso. Depois a informação será enviada do disco para a sua impressora. Desta forma, você não precisa esperar que a sua impressão esteja concluída para poder voltar a trabalhar na sua apresentação. Mas você provavelmente quer fugir para comer um sanduíche, não quer?

Informativos

Um *informativo* é uma série de páginas que reimprime todos os slides da sua apresentação, vários slides em uma página. Eles são chamados de informativos porque presume-se que você vai entregá-los ao seu público para que as pessoas possam levar a apresentação com elas quando forem embora. Eles também ajudam ao espectador durante a apresentação.

Se você selecionar **Informativos** no campo Imprimir o que, a área das opções de informativos passa a poder ser utilizada. A opção principal é a lista Slides drop-down por página, que permite que você escolha se vai imprimir dois, três, quatro, seis, ou nove slides por página. Se o seu número favorito não está nesta lista, você está sem sorte.

Se você selecionar **2**, serão impressos dois slides por página, um em cima do outro.

Selecione **4**, **6**, ou **9** e terá que escolher se os slides serão numerados de um lado ao outro da página (Horizontal) ou de cima a baixo (Vertical). Se você estiver escolhendo quatro slides por página e escolher **Horizontal**, o primeiro slide da primeira página será o número 1, e à direita dele estará o número 2, e então, embaixo deles estará uma linha com os slides 3 e 4. Se por outro lado, você escolher **Vertical**, o slide 1 estará no canto superior esquerdo, mas o slide 2 estará embaixo dele. À direita do slide 1 começa a segunda coluna, com os slide 3 e 4. Normalmente, você vai querer usar Horizontal, a não ser que queira confundir o seu público (o que pode ser divertido).

Se você escolher **3**, você obterá alguma coisa um pouco diferente. Em vez de somente slides impressos, você obterá três slides à esquerda da página, cada um acompanhado de uma série de linhas à direita. Estas linhas podem ser usadas para fazer observações sobre os slides, o que torna esta forma de informativo boa para ser entregue *antes* da sua apresentação.

Um informativo com três slides por página.

Capítulo 22 ➤ Como imprimir o material e lidar com informativos

O mínimo que você precisa saber

➤ Para imprimir a sua apresentação toda ou parte dela, use o comando **Arquivo, Imprimir**.

➤ No quadro de diálogos Imprimir, primeiro selecione a impressora que você quer usar na lista do campo Nome.

➤ Você pode selecionar **Todos** para imprimir todos os slides, **Seleção** para imprimir somente os slides selecionados, ou **Slides** para digitar em uma lista os slides que quer imprimir.

➤ No campo Imprimir o que, selecionar **Slides** vai imprimir um slide por página; **Informativos** vai imprimir 2, 3, 4, 6, ou 9 slides por página, dependendo da opção que você escolher; **Observações** vai imprimir um slide por página com as suas observações do orador, e **Esquema** vai imprimir o esquema do texto da sua apresentação.

➤ Coloque o número de cópias que você quer imprimir no campo **Número de cópias**. Se for mais de um, certifique-se de que **Agrupar** está selecionado; senão, você mesmo terá que arrumar as páginas.

➤ Selecionar a opção **Escala cinza** vai imprimir em preto, branco, e tons de cinza; **Somente preto e branco** não usa cinza.

➤ Se você quiser imprimir os slides escondidos assim como os que não estão escondidos, selecione **Slides escondidos**.

➤ Quando você estiver pronto para imprimir, clique no botão **OK**.

Parte V

Como tirar o máximo do PowerPoint

Se você gosta de dar apresentações, você vai querer tirar o máximo do PowerPoint. Se você não gosta de dar apresentações, vai querer se livrar do PowerPoint todo. Mas nesta altura do livro, é muito tarde! Você agora é um expert!

Nesta parte estão os segredos para fazer uma boa apresentação, uma de comunicação clara e direta, uma que as pessoas queiram prestar atenção e possam entender. E você vai aprender a salvar coisas de (e passá-las de volta para) outros programas para economizar o seu esforço.

Capítulo 23

Mexerico de escritório: como trocar informações com produtos de outros escritórios

> **Neste capítulo**
> ➤ Copie palavras e figuras de qualquer processador de texto ou programa de desenho livre para a sua apresentação.
> ➤ Transforme um documento do Word em uma apresentação (Kazam!)
> ➤ Transforme uma apresentação em um documento do Word (Unkazam!)
> ➤ Copie números e diagramas do Microsoft Excel para a sua apresentação.

Você provavelmente está usando o seu computador para mais alguma coisa além do PowerPoint. Há o Tetris, há o Tomb Raider, há a Paciência...e ah, todos aquele processadores de texto e planilhas e outras coisas tolas que você precisa usar para fazer o seu trabalho.

Por você ter uma cópia do PowerPoint, tem chances de ter todo o Microsoft Office instalado na sua máquina, incluindo o processador de texto Microsoft Word e a planilha Microsoft Excel. Algumas vezes, você vai querer usar no PowerPoint as informações que criou em um destes programas.

Como roubar bits de qualquer lugar

O Windows tem embutida uma série de ferramentas para copiar e colar, isto permite que palavras de um documento sejam retiradas, independente do programa no qual tenham sido criadas, e colocadas na sua apresentação. Para fazer isto, selecione o texto no documento. Pressione **Ctrl+C**, que é o comando de cópia padrão. O texto será armazenado em uma área de memória chamada área de transferência. Depois, vá para a sua apresentação, abra um quadro de texto para ele (ou selecione um lugar no texto existente), e pressione **Ctrl+V** ou o botão **Colar** para o comando Colar. Isto vai pegar o texto da área de transferência e colocá-lo no quadro de texto.

Trabalhar com figuras é bem parecido. Em qualquer programa de figuras que esteja usando, selecione a área da figura que quer copiar pressione **Ctrl+C**. Vá para a sua apresentação, e no modo Exibir slide, pressione **Ctrl+V**. O material copiado aparecerá na página.

Documentos que vão sair do Word

Microsoft Word é um editor de esquemas muito bom. Ele é tão cheio de características e ferramentas valiosas que eu realmente não posso descrever como usá-las aqui. Assim é certamente aceitável que você queira fazer o esquema da sua apresentação no Word, ou queira pegar um esquema que já tenha feito e fazer uma apresentação com ele.

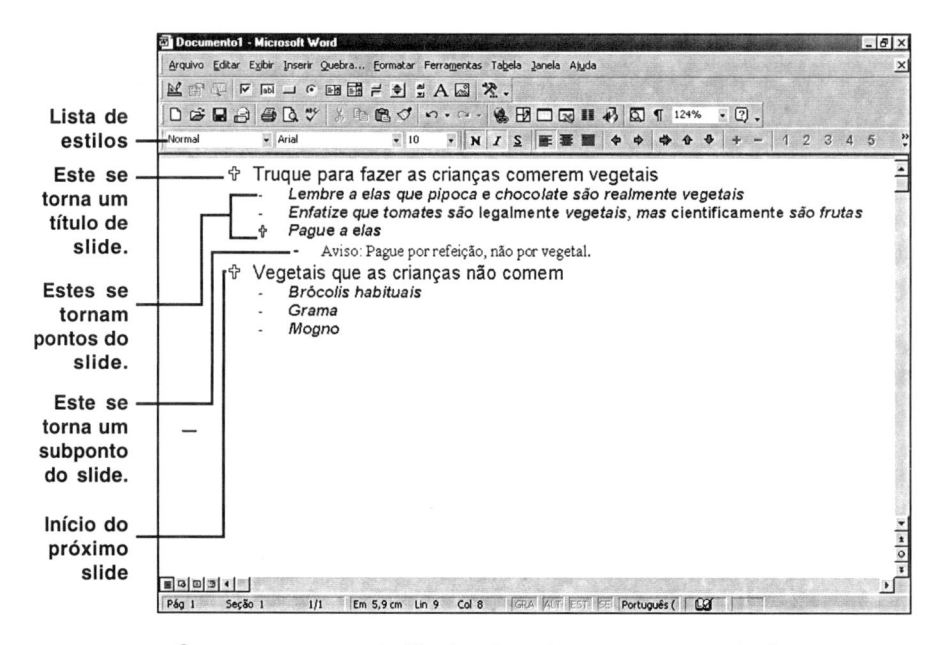

Como um esquema do Word pode se tornar uma apresentação.

Fazer isto é fácil como uma torta (um daqueles tipos fáceis de torta, e não uma daquelas tortas complicadas). Abra o documento no Word, abra o menu do Word **Arquivo**, e do submenu **Enviar para**, selecione **Microsoft PowerPoint**. O Word vai iniciar o PowerPoint (a não ser que ele já esteja rodando, neste caso ele não tem que iniciar o programa), e o esquema vai aparecer como uma nova apresentação. Cada ponto principal vai ser o título que aparece no topo de um novo slide, e os itens que estão embaixo dele vão aparecer como o texto do slide.

Mesmo se você não estiver muito confortável com o modo de esquema, ainda poderá transformar o seu documento do Word em uma apresentação. Para cada slide, você vai querer um parágrafo para ser o título, e um ou mais parágrafos de texto para ser o texto do slide. Depois de ter ajustado tudo isto, pressione **Ctrl+A** para selecionar todo o texto do seu documento. Depois clique no menu drop-down **Estilo** e selecione **Corpo de texto 2** como estilo. Depois, para cada um dos parágrafos de título, clique no parágrafo, puxe a lista **Estilo**, e selecione **Corpo de texto 1**. Finalmente, use o comando **Arquivo, Enviar para, Microsoft PowerPoint** para transformar isto em uma apresentação.

Documentos para o Word

Você pode transformar a sua apresentação em um dos vários tipos de documentos do Word. Você pode criar um documento do Word com fotos dos slides acompanhadas das suas observações. Pode fazer um com as fotos dos seus slides acompanhadas por grifos, ou pode simplesmente fazer um com todo o texto do seu slides. Você é quem decide. Eu realmente não me importo com o que você vai escolher. Eu tenho um problema de indiferença.

Fazer isto é fácil como uma torta um pouquinho mais difícil. Com a sua apresentação carregada no PowerPoint, puxe o menu **Arquivo**, encontre o submenu **Enviar para**, e selecione o comando **Microsoft Word** que você vai encontrar lá. Um quadro de diálogos Gravar aparecerá querendo saber qual o tipo de documento que você quer fazer.

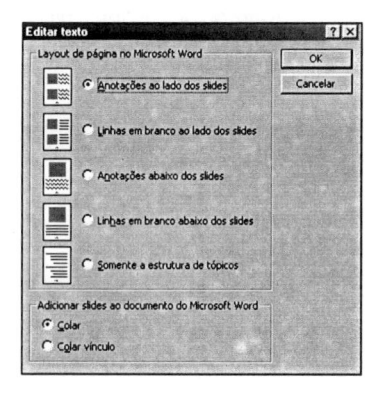

Escolha um dos formatos de documentos do Word.

Selecione o estilo do documento do Word que você quer clicando no botão que está ao lado deste estilo, e depois clique no botão **OK**. O novo documento aparecerá no Word.

Saltar para trás e para frente

Você pode pegar um esquema no qual estava trabalhando no PowerPoint, enviá-lo para o Word, fazer algumas mudanças lá, e depois enviar de volta para o PowerPoint. Quando você fizer isto, perderá todos os seus gráficos e a sua formatação de marcadores poderá mudar; portanto só faça isto se ainda não tiver trabalhado muito nestas coisas, ou se se divertiu tanto fazendo os gráficos da primeira vez que quer fazê-los novamente!

Como transferir do Excel para a sua apresentação

Se você quer fazer uma torta, bem, isto é quase tão fácil quanto copiar uma planilha do Excel para o PowerPoint. Entretanto, eu não vou te ensinar a fazer uma torta aqui. (Escreva e insista para que eles deixem que eu escreva *The Complete Idiot's Guide to Pie* – Tortas para leigos passo a passo!) No Excel, selecione as células que você quer copiar, e depois pressione o botão **Copiar** ou pressione **Ctrl+C** para copiá-las. Depois vá para o PowerPoint, puxe o menu **Editar**, e selecione **Colar especial**. Porque colar especial em vez de colar normalmente? Porque isto vai nos dar alguns truques especiais.

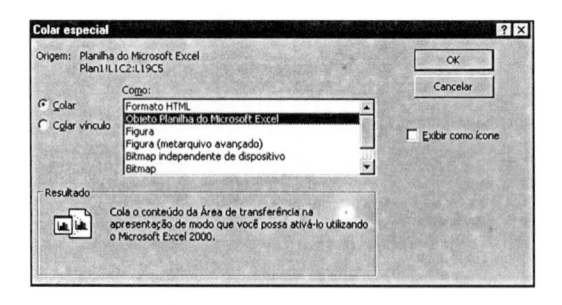

Esta é uma colagem especial, melhor até do que uma colagem de biblioteca!

Quando você selecionar Colar especial, um quadro de diálogos aparecerá. No centro deste quadro de diálogos está uma lista de estilos nos quais ele poderá fazer esta colagem. Escolha **Documento do Microsoft Excel objeto**.

Capítulo 23 ➤ Mexerico de escritório...   265

À esquerda está um par de botões de opções. Se você selecionar o que está marcado **Colar**, a planilha será colada como o seu próprio pequeno documento no PowerPoint. Se você escolher **Colar vincular**, ganhará um benefício excelente a mais: sempre que alguém mudar a planilha original, a mudança será feita automaticamente na sua apresentação! Isto acontece porque o PowerPoint na realidade não armazena a planilha. Em vez disto, ele a armazena assim "Aqui nós vamos exibir células A3 através do J27 da planilha Lucros 99." Sempre que o PowerPoint carrega a apresentação, ele verifica a planilha novamente para ver o que está lá atualmente.

Entretanto, você pode não querer usar Colagem vinculada. Um motivo, você pode querer que a sua apresentação reflita a planilha como ela está agora em vez de mudar com o tempo. Outro motivo, se alguém mover, apagar, ou rearrumar esta planilha, pode bagunçar a sua apresentação.

Depois que estiver com esta seleção pronta, clique **OK**. A seção da planilha aparecerá no seu slide (embora você possa ter que alterar o tamanho usando os manipuladores de tamanho dela para ter uma visão mais clara).

Como mover um diagrama

Copiar um diagrama do Excel é tão fácil como um diagrama de torta! Na realidade, é quase igual a copiar uma planilha. No Excel, selecione o diagrama clicando nele perto da borda. (Certifique-se de que não está clicando em uma parte do diagrama ou nas suas marcas.) Clique no botão **Copiar** para copiá-lo para a área de transferência. No PowerPoint, puxe o menu **Editar** e selecione **Colar especial**. Desta vez, o tipo que você selecionará será **Diagrama do Microsoft Excel objeto**. Outra vez, você poderá escolher entre Colar e Colagem vinculada, pelas mesmas razões. Clique **OK**, e o diagrama aparecerá no slide!

É uma cópia completa

Quando você usa Colar especial para colar em uma planilha ou em um diagrama, o PowerPoint realmente pega toda a planilha, não só a parte que você copiou. Ele só mostra a parte que você copiou; entretanto, se você clicar com o botão direito do mouse nela, obterá os menus e barras de ferramentas do Excel e poderá trabalhar com todos os dados da planilha.

O mínimo que você precisa saber

➤ Para copiar textos ou figuras de qualquer programa de edição, selecione-os, pressione **Ctrl+C** para copiar, e depois vá para o PowerPoint e clique no botão **Colar** para colá-los.

➤ Para usar um esquema do Word como a base da sua apresentação, carregue o esquema no Word e use o comando **Arquivo, Enviar para, Microsoft PowerPoint**.

➤ Para copiar todo o texto de sua apresentação em um novo documento do Word, use os comandos **Arquivo, Enviar para, Microsoft Word** do PowerPoint.

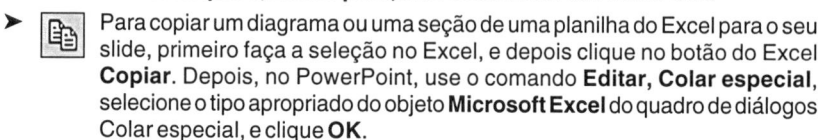

➤ Para copiar um diagrama ou uma seção de uma planilha do Excel para o seu slide, primeiro faça a seleção no Excel, e depois clique no botão do Excel **Copiar**. Depois, no PowerPoint, use o comando **Editar, Colar especial**, selecione o tipo apropriado do objeto **Microsoft Excel** do quadro de diálogos Colar especial, e clique **OK**.

➤ A opção Colagem vinculada do quadro de diálogos Colar especial diz ao PowerPoint para verificar o documento fonte todas as vez em que a apresentação é carregada e para atualizar a parte copiada se houver qualquer mudança.

Capítulo 24

Como tornar a sua apresentação interessante

Neste capítulo
- Faça uma exibição de slides que as pessoas possam ver.
- Faça uma exibição de slides que as pessoas queiram ver.
- Coloque elos de controle nos seus slides que as pessoas possam usar.
- Não fuja do tema e mantenha a sua exibição de slides interessante.
- Evite ficar entusiasmado.

Até aqui, o livro te ensinou a montar uma apresentação. Isto é como um livro sobre pinturas que te ensina a mergulhar o pincel na tinta e depois arrastá-lo pela tela. Você agora tem todas as ferramentas para fazer uma boa apresentação, ou uma tremendamente medonha. Este capítulo tem algumas dicas que devem permitir que você saiba exatamente o que está fazendo.

Você pode ver a floresta através das árvores policromáticas super ligadas?

O PowerPoint é uma ferramenta poderosa, cheia de características e truques que você pode usar para fazer uma surpreendente apresentação estrondosa. Com tudo o que pode fazer com a sua apresentação, é fácil de esquecer que você não queria realmente uma apresentação. Ter uma apresentação não é o seu objetivo final.

A não ser que esteja apenas perdendo o seu tempo usando o PowerPoint para se divertir (e se esta é a forma que você se diverte, não há nada de errado com isto), o seu objetivo final é dar informações para as pessoas (e até isto pode ser um passo para uma outra coisa, como fazer com que as pessoas comprem os seus biscoitos de plástico reutilizáveis). A sua apresentação é somente uma ferramenta para informar às pessoas. O PowerPoint é uma ferramenta que faz ferramentas.

Como não fugir do tema no PowerPoint

O primeiro passo para fazer uma boa apresentação é ter alguma coisa que mereça ser dita para as pessoas. Antes de começar a se esforçar, pense no que está fazendo. Você tem uma informação que as pessoas vão querer saber? Você tem todas as informações que eles querem, ou vai deixá-los com mais perguntas que respostas? Você precisa saber a informação que vai dar às pessoas antes de colocar a primeira palavra em um slide.

Não é difícil de descobrir se o que você tem vai interessar às pessoas. Tudo o que precisa fazer é encontrar pessoas, contar para elas o que você sabe, e ver se elas se interessam. (Isto pode parecer complicado porque não há o item *pessoas* nas Páginas Amarelas, mas se você checar as Páginas Brancas, vai encontrar algumas lá. Existe a possibilidade de que alguém que você conheça já seja uma pessoa!) Pegue alguém que seria um membro do seu público, e depois fale sobre o assunto em questão. Não diga que está planejando fazer uma apresentação, simplesmente fale um pouco e veja se conseguiu despertar algum interesse. Se conseguiu, você já tem alguma coisa. Se não, esta pode ser a hora de repensar. E se você ouviu quaisquer perguntas a respeito do tema, preste atenção a elas, e considere a possibilidade de colocar as respostas na sua apresentação.

Aparência ousada, ofuscação aumentada

As ferramentas do PowerPoint têm muitas opções. Você pode perder horas experimentando diferentes preenchimentos metálicos para o seu logotipo, usando diferentes graduações, diferentes direções, e assim por diante. Você provavelmente *vai* perder muitas horas fazendo isto, porque é fácil de ficar atraído por esta manipulação. Você pode ficar tão extasiado em gira-lo para o ângulo certo, ajustar a sombra, e mudar o espaço entre as letras, que não perceberá que as palavras que estão no seu logotipo são *Como falar bem*.

Ter uma apresentação clara e que possa ser entendida é muito mais importante do que ter uma apresentação com aparência viva. Certamente, você deve prestar atenção para que ela tenha uma boa aparência, mas acrescentar todos os brilhos e truques, campainhas de multimídia e apitos dos hyperlinks, deve ser a última coisa da lista, não a primeira.

É mais importante ter a sua informação em uma ordem razoável, de modo que você não precise de alguma coisa que venha depois para entender alguma coisa que já passou, do que ter o seu logotipo em 3D em cada slide. Se você perder algum tempo planejando a apresentação antes até de iniciar o PowerPoint, economizará muito do tempo que iria gastar para rearrumar as coisas depois.

Capítulo 24 ➤ Como tornar a sua apresentação interessante   269

Se você perceber que está gastando mais tempo com o PowerPoint do que levou para montar a informação da primeira vez, provavelmente se tornou um viciado em PowerPoint, e deve tentar ficar um pouco menos no computador.

Preste atenção na sua linguagem

Dizem que uma imagem vale por mil palavras, e isto antes da inflação. Entretanto, algumas palavras, bem escolhidas, podem comunicar muita coisa. Algumas palavras, mal escolhidas, podem rapidamente confundir o seu público todo.

Verifique a sua ortografia. O verificador de ortografia que está embutido é realmente útil, sublinhando as palavras que ele não conhece. Entretanto, ele não é esperto o suficiente para reconhecer um erro que transforma uma palavra em outra. Se você está tentando digitar a frase de Shakespeare: "Now is the winter of our discontent" (Agora é o inverno do nosso descontentamento), e acidentalmente pressionar a barra de espaços ao invés do *n*, o PowerPoint não vai absolutamente reclamar de Now is the winter of our disco tent (Agora é o inverno da nossa tenda de discoteca).

Uma boa ferramenta para encontrar os seus erros de digitação é a característica AutoCorreção. Ela fica prestando atenção à sua digitação, encontrando os erros mais comuns e corrigindo-os automaticamente, sem nem se importar em perguntar. Para se aproveitar desta característica, puxe o menu **Ferramentas** e selecione **AutoCcorreção**. Um quadro de diálogos AutoCorreção listando todos os tipos de coisas que o AutoCorreção pode perceber aparecerá, com quadros de seleção para cada tipo. Certifique-se de que todos os seus erros favoritos estão selecionados, e verifique especialmente se o quadro **Substituir o texto à medida em que você digita** está selecionado, ou o AutoCorreção não vai corrigir direito.

Exceções excepcionais

Se você usar uma abreviatura que termina com um ponto (como abrv. para abreviaturas), clique no botão **Exceções** e acrescente a abreviatura à lista na tabulação **Primeira letra** para que o AutoCorreção não considere que isto seja o fim de uma frase e coloque a letra seguinte maiúscula. Da mesma forma se você usar palavras que tenham mais de uma letra maiúscula seguida, mas nem todas as letras sejam maiúsculas (como TVaholic – viciado em TV), acrescente-as na lista da tabulação **INiciais maiúsculas**.

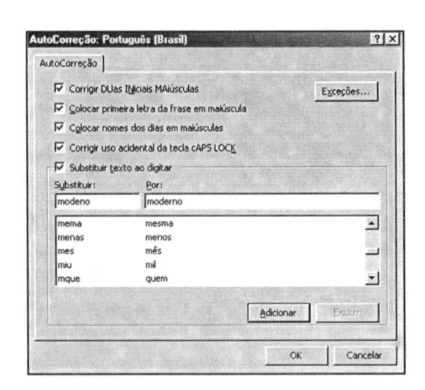

Eu continuo tentando digitar uma lista de erros que o AutoCorreção corrija, mas a mesma característica no meu processador de texto continua corrigindo os mesmos erros!

Você pode até acrescentar os erros que você comete mais freqüentemente de modo que o AutoCorreção os corrija, simplesmente digite o erro no campo **Substituir**, e a versão correta no campo **Por**, e depois clique no botão **Adicionar**. Isto será acrescentado à lista de erros comuns que está na parte inferior do quadro de diálogos. Para tirar um erro da lista, simplesmente clique nele, e depois clique no botão **Apagar**.

Algumas das correções da lista não são nem erros. Por exemplo, se você digitar (tm), o AutoCorreção vai transformar isto em um pequeno símbolo de marca registrada no final da palavra.

Autoincorreção

O AutoCorreção automaticamente substitui (c) pelo símbolo de direitos autorais, o que pode ser um problema se você estiver tentando exibir pontos marcados por letras. Você pode querer apagar esta correção.

Gramática é uma coisa da qual você vai ter que tomar conta sozinho, a não ser que seja astuto o suficiente para colocar alguém para verificar isto para você (o que não é uma má idéia, porque os seus próprios erros são os mais difíceis para você perceber. Eu tenho um time completo de editores trabalhando neste livro, assim a minha gramática é perfeita). Preste atenção a isto; um erro de gramática espalhafatoso pode fazer você parecer menos inteligente e mais descuidado.

O erro de gramática que parece que chama a atenção mais rápido das pessoas é o uso errado do apóstrofo. Os apóstrofos são fáceis de errar, porque embora só tenham algumas poucas exceções para cada regra de apóstrofos, estas exceções aparecem freqüentemente. Não use um apóstrofo para fazer o plural de uma palavra (*The monkey's got their report cards* (Os macacos conseguiram os seus boletins escolares) — está errado, a não ser que o que você esteja colocando no plural seja uma única letra (*The monkey got all A's on his report card* (O macaco só teve A no seu boletim escolar) — está certo.) Use um apóstrofo para acrescentar um *s* para indicar possessão (*The mokey's report card was delicious* (O boletim do macaco estava delicioso) — está certo, porque é o boletim que pertence ao macaco), com exceção de quando estiver acrescentando o *s* a um pronome, como its (dele), hers (dela), ou yours (seu). (*The monkey ate its report card* – O macaco comeu o boletim dele – não *it's report card*.) Sempre use um apóstrofo quando estiver fazendo a contração de duas palavras em uma. (*It's a bad idea to make edible report cards* (É uma má idéia fazer boletins comestíveis) — está certo, porque *it's* é a forma contracta de *it is*.) Não confunda as contrações *you're* (você é/está), *they're* (eles são/estão), e *we're* (nós somos/estamos) com as formas parecida *your* (seu), *their* (dele/delas), e *were* (passado do verbo ser/estar para a segunda pessoa do singular e para todas as pessoas do plural).

Preste atenção na linguagem das outras pessoas

Quando se trata de termos técnicos, saiba quem é o seu público. Eles vão conhecer os termos que você vai usar? Se não tiver certeza, você tem duas opções. Você pode evitar de usar todos os termos, ou pode defini-los para eles. Uma definição não tem que ser uma coisa grande, meticulosa que interrompa o fluxo do que você está dizendo. Você pode usar rápidas *definições paralelas* (definições curtas em parênteses depois de usar o termo) sem discutir muito. Aí, eu acabei de usar uma! Não doeu, doeu?

Em algumas aplicações você precisa se preocupar com a linguagem inteira. Isto é particularmente verdadeiro em aplicações para consumidores como os quiosques. Em grandes partes dos Estados Unidos e Canadá, um número significante de pessoas tem alguma coisa além do Inglês como primeira língua. Você vai normalmente encontrar Francês (Canadá) ou Espanhol (Estados Unidos), mas em área específicas há outras línguas também. Levar a sua mensagem para as pessoas na língua com a qual elas se sentem confortáveis não é somente um bom negócio, mas pode ser exigido legalmente em algumas situações.

Há várias formas de lidar com o problema de várias línguas. Uma é evitar todas as línguas, o que você pode fazer em uma vitrine de loja onde só coloque figuras e preços, mas os casos que podem ser facilmente resolvidos desta forma são mais exceções do que regra. Você também pode colocar muitas línguas na tela ao mesmo tempo. Se você fizer isto, deve manter o lugar onde está cada versão em todos os slides. E também tem que se certificar de que não está usando um diálogo gravado. Finalmente, você pode ter um hyperlink no seu primeiro slide, que esteja marcado com o nome da língua e que leve o espectador para uma versão da exibição de slides naquela língua.

The discovery of the donut goes back to primitive times. Early donuts were made of stone, and were considered to be quite a delicacy among those with the strength to chew them.

Modern donuts are made from a broad range of materials, including something called "pumpernickel." Those seeking authentic early donut taste need only keep their donuts for a few days.

Ehtay iscoverday ofay ethay onutday oesgay ackbay ootay imitivepray imestay. Earlyay onutsday ereway ademay outay offay onestay, anday ereway onsideredicay ootay ebay itequay ayay elicacyday ongamay osethay ithway ethay engthstray ootay ewchay emthay.

Odernmay onutsday array ademay omfray ayay oddlbray angeray offay aterialsmay, includingay omethingsay alledcay ümpernickelpay." Osethay eekingsay authenticay earlyay onutday astetay eednay onlyay eepkay eirthay onutsday orfay ayay ewfay daysay.

Torne a língua dominante do lugar mais fácil de ser identificada, para que a maioria das pessoas seja atraída para o texto certo. Tipos menores são úteis para línguas que tenham muitas palavras ou para aquelas que tenham palavras longas.

Certifique-se de que fez uma boa tradução. Traduções que tenham muitas coisas erradas são difíceis de ler e você deve evitá-las.

Isto não está errado, é estrangeiro

Quando você incluir um texto em uma língua estrangeira, selecione-o e use o comando **Ferramentas, Idioma**. Desta forma o Verificador de ortografia automático sabe que não é para verificá-lo, e a parte de verificação de ortografia do Verificador de estilo sabe que tem que procurar um dicionário estrangeiro para este texto.

Ruim para os olhos: slides para os quais é difícil olhar

Fazer um slide verdadeiramente feio é como fazer uma casa verdadeiramente feia — normalmente não acontece porque você tentou fazer muito pequeno, mas porque tentou fazer muita coisa, tudo de uma vez, misturando muitos estilos diferentes e cores conflitantes. Tentar fazer menos muitas vezes vai deixar que o seu slide tenha mais efeito.

Olhe aqui! Não, lá! Não, espere, ali!

Uma exibição de slides não deve ser como um circo de três picadeiros, com um monte de coisas chamando a atenção dos espectadores ao mesmo tempo. Isto não significa que você não possa ter uma quantidade razoável de coisas em um slide, mas só deve ter uma coisa que diga "olhe para mim primeiro", que deve orientar as pessoas a olharem para todas as outras coisas importantes.

Há várias maneiras de decidir o que tem que ser visto primeiro. Os itens maiores tendem a serem vistos antes dos itens menores. (É por isto que as pessoas lêem primeiro as manchetes e só depois os artigos: o texto é maior.) Cores que se destacam em contraste com o fundo são mais visíveis do que as cores que são mais parecidas com o fundo. Os olhos se fixam mais rápido em designs mais simples (como o desenho de um cartum) do que em coisas mais detalhadas (como uma fotografia). As coisas que estão no topo do slide são lidas primeiro do que as coisas que estão na parte de baixo. As coisas que são animadas chamam mais atenção para si próprias do que as coisas que estão paradas.

Tudo isto não quer dizer que você não possa colocar muitas coisas em um slide, mas se colocar, a maioria das coisas deve parecer mais uma parte do fundo do que uma coisa que chame a atenção individualmente. Se você quer colocar o seu logotipo em todos os slides, só faça dele um elemento chave no primeiro slide, e coloque-o em uma cor tênue em todos os outros. Se você quer controlar os botões que aparecem em cada slide, coloque-os na parte inferior do slide. As pessoas vão conseguir encontrá-los se procurarem.

Quando as cores se chocam!

As cores são complicadas.

Quando você quer que alguma coisa seja facilmente vista, a reação natural é simplesmente usar uma cor diferente da cor do fundo. Coloque um objeto vermelho em um fundo verde e ele deve ser facilmente visto, certo? Não necessariamente.

O que realmente faz com que as coisas sejam mais fáceis ou mais difíceis de serem vistas não tem muito a ver com a cor que elas têm. Em vez disto, tem a ver com o fato delas serem mais claras ou mais escuras. Se você colocar um texto azul claro em um fundo azul escuro, ele será fácil de ler. Se você colocar texto vermelho claro em um fundo verde claro, ele será difícil de ler. O preto vai se destacar em qualquer fundo claro, e o branco vai se destacar em qualquer fundo escuro.

Há um truque bom para verificar se as cores que você escolheu estão fáceis ou difíceis de serem lidas, e ele é esquecer de todas as cores! Clique no botão **Preto e branco** na barra de ferramentas padrão, depois clique com o botão direito do mouse nos itens com os quais você está preocupado, e escolha **Preto e branco, Escala de cinza** do menu pop-up. O exibidor em preto-e-branco não mostra as cores (obviamente), mas somente o nível de escuridão, tornando as cores claras em cinzas claros e as escuras em cinzas escuros. Se estiver difícil de ler neste modo, será um esforço violento para os olhos das pessoas nos modos coloridos. Se você estiver planejando imprimir esta apresentação em uma impressora em preto-e-branco, pode querer clicar com o botão direito do mouse nos itens novamente e escolher **Preto e branco, Automático**, o que vai fazer com que o seu texto que não é preto seja impresso em preto em vez de em cinza.

Preocupação com as cores

Selecionar a visualização Preto e branco também garante que as pessoas que não enxergam as cores possam ver os objetos do seu slide. Esta deficiência atinge mais ou menos 1 em cada 25 pessoas.

Da mesma forma, as coisas que devem fazer parte do design do fundo da página não devem sobressair. Isto não significa que elas tenham que ter a mesma cor, somente o mesmo brilho. Usando os controles de contraste e brilho na barra de ferramentas de figuras, você pode fazer versões desbotadas das figuras que vão ser boas para serem usadas no fundo.

Saiba quais as relações de comportamento que as cores criam. O vermelho é freqüentemente relacionado a perigo, aviso, e perdas financeiras; ele não deve ser usado para dar boas notícias ou resultados financeiros positivos. O verde está freqüentemente associado com seguir em frente, e é bom para mensagens de encorajamento. O azul tem um efeito calmante, e o roxo sugere uma coisa estranha. Não sobrecarregue a sua apresentação com cores; se você usar mais do que três ou quatro cores básicas para texto, cores de diagramas, e fundos na sua apresentação, está provavelmente deixando-a sobrecarregada.

Muito extravagante

Já há muitas palavras feias neste mundo, como *fome, ódio* e *doença*. O texto do seu slide não deve acrescentar a sua própria forma de feiúra. Há muitas formas de você errar na aparência do seu texto.

Ter texto que seja muito pequeno para ser lido é obviamente um problema. Qual deve ser o tamanho é uma decisão difícil, mas tenha em mente que o fato dele parecer bom em uma tela de computador, não significa que vai ficar bom em uma tela de projeção. Em ambientes de projeção, não só as pessoas estão tentando ler claramente de um lado a outro da sala, como você também tem o problema do foco. A não ser que você acerte o foco perfeitamente, o texto vai ficar embaçado.

Ter muitos pontos com marcadores em um slide também é um problema. Um marcador deve chamar atenção para um ponto. Muitos marcadores acabam não chamando atenção para nada.

Até agora, nós todos vimos formas de abuso de fontes. Uma forma comum de fazer isto é pegar uma fonte com letras maiúsculas complexas e usá-las para todas as letras maiúsculas, de modo que todas as letras estejam chamando atenção. Isto é normalmente bastante espalhafatoso. Um problema mais sutil, e mais fácil de acontecer, é usar muitas fontes diferentes. Toda vez que você usa uma nova família de fonte, o leitor tem que se ajustar de alguma forma. Isto não é tão ruim se tiver duas ou até três fontes em uma apresentação, usadas para coisas diferentes. Quando você coloca mais de três, está procurando problema. É melhor que você use variações da mesma fonte (negrito ou itálico ou um tamanho diferente) do que uma fonte completamente diferente.

As fontes normalmente são divididas em duas categorias, chamadas serifadas e sem serifas. As fontes *serifadas* têm pequenas linhas detalhadas (chamadas *serifas*) no final de muitas letras. Estas pequenas linhas ajudam aos olhos a reconhecerem as letras; assim fontes serifadas são boas se você tiver muito texto (por exemplo, este parágrafo está em fonte serifada). As fontes *sem serifas* não têm estas pequenas linhas, o que as tornam mais simples e portanto chamam mais atenção em títulos e pequenas quantidades de texto. É por isto que todos os nomes das seções deste livro estão em fontes sem serifas.

Para salvar os olhos do mundo, o PowerPoint incluiu uma característica chamada Verificador de estilo. Puxe o menu **Ferramentas** e selecione **Opções**. No quadro de diálogos Opção, clique na tabulação **Ortografia e estilo**. Verifique para ter certeza de que o quadro de seleção **Verificar estilo** está selecionado, e depois clique no botão **Opções de estilo**.

A tabulação **Claridade visual** permite que você escolha selecionar todas as diferentes formas de atrocidades de texto que já estão listadas, exceto pelo uso feio de todas as letras maiúsculas. Para isto, você só vai ter que desenvolver um pouco de gosto... ou evitar todas as letras maiúsculas. Você também pode escolher os seus próprios limites para as coisas, no caso de você achar que mais de três fontes fica bem, mas que mais de 53 já é demais.

Mantenha as fontes grandes o
suficiente para serem lidas.

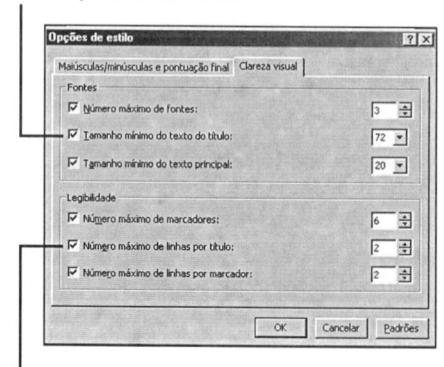

[Opções de estilo — tabulação Clareza visual: Fontes (Número máximo de fontes: 3; Tamanho mínimo do texto do título: 72; Tamanho mínimo do texto principal: 20); Legibilidade (Número máximo de marcadores: 6; Número máximo de linhas por título: 2; Número máximo de linhas por marcador: 2)]

Não coloque coisas
demais no seu slide.

Use a tabulação Claridade visual para ajustar o Verificador de estilo para evitar de tornar as suas fontes difíceis de ler.

A tabulação **Caixa e pontuação no final** soa como se fosse fazer uma caixa para dar um final à pontuação como nós a conhecemos. Na realidade, isto vai te ajudar a ter certeza de que está usando letras maiúsculas e pontuação de forma coerente. Na seção da caixa, você tem menus liberados para os títulos dos slides e para os pontos do seu slide (o *corpo de texto*) para permitir que você escolha se quer *Caixa de frase* (somente a primeira letra de cada sentença maiúscula), *Caixa De Título* (A primeira letra de cada palavra maiúscula), *letras minúsculas* (nenhuma letra maiúscula) ou *LETRAS MAIÚSCULAS* (TODAS MAIÚSCULAS)... ou você pode apagar os quadros de seleção. Da mesma forma, na seção Pontuação no final, você pode escolher separadamente se os títulos e os pontos dos seus slides devem ter pontuação no final.

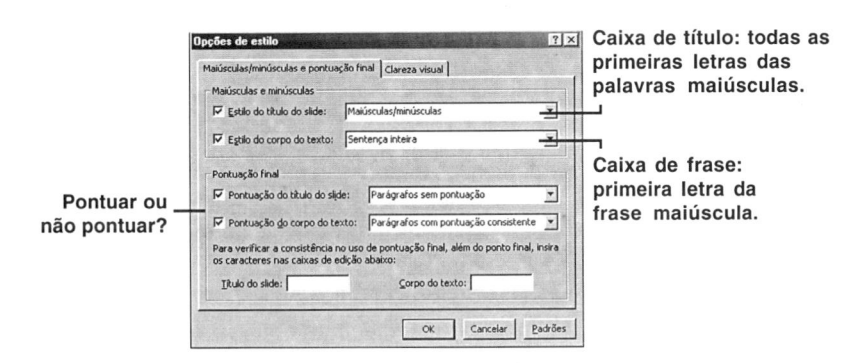

Capítulo 24 ➤ Como tornar a sua apresentação interessante

A tabulação Caixa e pontuação no final permite que o Verificar estilo veja se você está propriamente, ummm, casual e pontual... não, espere, isto não está certo.

Vá mais devagar com a luz amarela

O Verificar estilo automaticamente verifica o seu texto para todos os elementos listados nas duas tabulações Opção de estilo. Quando ele ver que você digitou alguma coisa que não esteja compatível com o estilo listado, ele exibirá uma lâmpada acesa.

Se você vir uma lâmpada amarela acesa, clique nela. O Assistente de Office vai te dizer qual é o seu *faux pas* (*passo em falso* em francês) estilístico, e vai te oferecer uma correção para ele. Clique na correção para fazer com que ele mude o seu texto tornando-o compatível com as regras de estilo, ou simplesmente clique **Ignorar** para fazer com que a lâmpada vá embora sem mudar nada.

Controles: não reinvente o volante

Se você está construindo uma apresentação interativa, você tem que ensinar ao usuário como usá-la. Senão, ele só olhará para a apresentação por um tempo, e depois irá embora.

O primeiro truque é deixar claro que ela é interativa. Não coloque simplesmente duas figuras e espere que alguém vai saber que terá que clicar em uma delas. Você também deve evitar de inventar alguma nova forma de dizer o que tem que ser clicado. Há várias formas já existentes para isto ser feito.

Uma forma é simplesmente dizer diretamente. Se você colocar as palavras Clique aqui para aprender mais sobre como passar roupa, as pessoas vão saber que podem clicar lá para aprender mais sobre como passar roupa (a não ser que elas não saibam o suficiente para entender a frase, neste caso elas não são espertas o suficiente para passar roupa).

Outra forma é tirar vantagem dos botões 3D no Autoformas. Coloque uma palavra em um botão, e de repente a idéia de clicar nele surge muito clara.

Entretanto, você deve ser cuidadoso quando for usar os botões com as figuras neles. Você pode saber o que é um triângulo apontando para uma linha reta, porque tem alguma coisa parecida no seu VCR. Entretanto, muitas pessoas aí fora não têm um VCR, e muitas outras têm um, mas não podem usá-lo. O símbolo internacional de informação pode ser a melhor forma de se dirigir a um público internacional, mas se a sua apresentação for em Inglês, você deve contar que o seu público leia em Inglês.

Use palavras! Coloque a palavra Informação em um botão, e as pessoas terão uma pista de para que ele serve. Coloque a frase Clique aqui para obter informações, o que pode tomar mais espaço, mas dificilmente não será entendido. Colocar a palavra em um formato de seta (apontando para a esquerda para voltar um slide ou para a direita para ir para o próximo slide) pode ajudar às pessoas a encontrarem o que devem clicar, mas as palavras esclarecem para que o botão serve.

Os seus controles estão fora de controle?

Se você tiver controles demais, a sua apresentação vai ser difícil de usar. Imagine tentar usar um mouse que tenha 37 botões, com cada um fazendo uma coisa diferente, e você vai entender o que eu estou tentando dizer.

Se você quiser que o seu usuário possa fazer uma porção de coisas, não faça isto com uma porção de botões na mesma página que está a sua informação. Coloque somente quatro ou cinco controles em cada página, e ligue um deles, através de um hyperlink, a um slide que tenha a série completa de controles. Desta forma, somente as pessoas que quiserem fazer alguma coisa complicada precisam encarar os controles, que não vão ficar atravancando o resto da sua apresentação.

As pessoas não devem ter que caçar os controles em cada slide. Deixe os seus controles em um lugar padrão em todos os slides em vez de ficar mudando de lugar de slide para slide. Também não mude a aparência dos botões.

Gritar por socorro!

Nos anos 80 existia um computador caseiro que tinha um monte de características inovadoras, mas talvez a melhor e mais simples delas era que ele tinha um grande botão no teclado escrito Help (Ajuda). Você deveria pressionar este botão se precisasse de informações sobre como fazer o que quisesse fazer. Infelizmente, a maioria dos programas não aproveitou as vantagens do botão. Você chamava por socorro, mas nenhuma ajuda aparecia.

Se você tiver uma apresentação interativa complexa, pode querer pensar em ter um botão na tela marcado como Ajuda. O usuário se sente mais confortável com este botão na tela, mesmo que ele nunca chegue a usá-lo. Mas se ele for pressionado, é melhor que o usuário seja levado para um slide cheio de informações úteis!

Mantenha o seu conteúdo interessante

Algumas vezes as pessoas precisam prestar atenção. Se você é o patrão, e é a sua reunião, eles têm que prestar atenção. Ainda que eles sejam forçados a prestar atenção, eles vão aproveitar muito mais se estiverem interessados. Se eles não estiverem interessados e não tiverem que prestar atenção, eles simplesmente irão embora.

O primeiro passo é certificar-se de que está dando a eles a quantidade certa de informação. Você tem que ficar de olho em três níveis de informação:

- O *mínimo* que deve dizer a eles é o que eles precisam saber.
- O *melhor* que deve dizer a eles é o que eles querem saber. Isto não significa que você vá dizer tudo o que cada um deles queira saber; se a sua apresentação está tentando vender um carro para todos eles, você não pode colocar todas as informações que uma pessoa viciada em carros queira saber, porque senão vai incomodar todas as outras pessoas. O que o leva à terceira quantidade.
- O *máximo* que deve dizer a eles é o máximo que eles querem saber. Pode haver uma grande história sobre o que está falando, e você pode ter passado a última década da sua vida investigando isto. Entretanto, a não ser que está história seja extremamente fascinante ou muito importante para eles, pule-a.

O tema: o tema

Você deve sempre deixar claro qual é o tema da sua apresentação, e qual é o objetivo final. Todos os slides devem ser sobre este tema e estar direcionados a este objetivo de alguma maneira. Isto não significa que você não possa incluir comentários extras, mas deve estar ciente de que são comentários extras e não deve devotar um slide inteiro (ou mais) a eles.

Parte do truque é definir o seu tema bem precisamente. Um título pode ser um bom lugar para esta descrição do seu tema, desde que ele não seja muito longo. Se o título da sua apresentação é *Como passar roupas*, você sabe que não precisa daqueles três slides sobre a história de passar roupa, porque não é uma aula de história, e sim uma aula prática.

Figuras contam uma história

As escolas nos ensinam a ser pessoas letradas. Nós sempre temos que escrever redações, nunca temos que desenhá-las. Isto é uma pena, porque as figuras são incrivelmente interessantes e informativos.

Você pode escrever 15 parágrafos como o novo automóvel NG-57 tem um sistema de suspensão maravilhoso que dá a ele um raio de curva de 3.79 polegadas, e as pessoas vão ficar sentadas tentando descobrir o que é toda esta tecnologia. Mas se você mostrar a eles um pequeno clip de filme do carro fazendo uma curva acentuada, eles não só vão entender melhor, como também vão acreditar.

Um desenho pode não ter o senso de realidade de uma fotografia, mas pode realçar o que você quer mostrar muito efetivamente. Naturalmente, para conseguir um desenho de alguma coisa original, você também precisa aprender a desenhar ou encontrar alguém que saiba. Entretanto, um simples diagrama pode ir longe.

Gráficos transformam números (que são difíceis de serem entendidos) em figuras (que são fáceis de serem entendidas). Isto é uma boa coisa.

Se você não pode agradar a uma pessoa, como vai conseguir agradar a todas elas?

Eu sei que esta sugestão apareceu de várias formas específicas, mas aqui está a versão geral: a melhor forma de ter certeza de que tem uma boa apresentação é fazer alguém experimentá-la para você. Pegue um ou dois amigos que ainda não conheçam a informação que a apresentação tem a oferecer. Deixe que eles te digam o que está errado com ela. Eles vão encontrar as coisas que estão faltando, as coisas desnecessárias, e as coisas confusas. Então, conserte estas coisas e encontre outra pessoa para testar novamente sua apresentação.

O mínimo que você precisa saber

- ➤ Tenha alguma coisa para dizer. Gaste o seu tempo com o conteúdo que comunica em vez de se preocupar em fazer a sua apresentação a mais bonita possível.
- ➤ Gramática e ortografia contam. O comando **Ferramentas, AutoCorreção** pode ficar de olho no seu trabalho enquanto você digita e te proteger de centenas de erros comuns.
- ➤ Deve haver uma coisa principal em cada slide, chamando atenção para que seja olhada primeiro.
- ➤ Se os objetos não são fáceis de serem vistos no modo **Exibir, Preto e branco**, eles não serão fáceis de serem lidos quando estiverem coloridos.
- ➤ Deixe claro o que o usuário pode clicar, transformando-o em um botão 3D ou escrevendo alguma coisa como "Clique aqui para". Não use muitos botões de controles em uma página. Um botão escrito Ajuda pode ser extremamente útil em um slide complexo, se ele te levar para um slide útil cheio de informações proveitosas.
- ➤ Não diga às pessoas mais do que elas querem saber, a não ser que elas tenham que saber.
- ➤ Figuras muitas vezes comunicam mais efetivamente do que textos.

Capítulo 25

Expressar para impressionar: como fazer boas apresentações orais

> **Neste capítulo**
> ➤ Fale com confiança.
> ➤ Fale com orgulho.
> ➤ Fale com as pessoas.
> ➤ Faça com que as pessoa te escutem e entendam.

Quando as pessoas sabem de alguma coisa que nós queremos saber, quando elas são boas em alguma coisa que precisamos aprender, nós queremos que elas nos fale sobre isto. O problema é que na maioria das vezes, as pessoas não são boas em falar com outras pessoas e em explicar coisas. Faça uma coisa bem, e é esperado que você faça outra coisa bem também. Felizmente, não é uma coisa difícil de aprender.

Na realidade, você já aprendeu a maior parte disto. Você já aprendeu o mecanismo para fazer isto. Você pode abrir a sua boca e fazer barulhos, e não só arrotar. Você pode fazer sons que signifiquem alguma coisa para outras pessoas (como, "Desculpe-me pelo arroto!"). Esta é a parte mais difícil e necessita de muito trabalho. Agora tudo o que você tem a fazer é aprender a arte de fazer uma apresentação, e felizmente, há um punhado de coisas que, se você guardar na cabeça, pode te levar rapidamente para a direção que quer. O pronunciamento é importante. Um bom pronunciamento não vai fazer uma apresentação ruim ficar boa (embora vá melhorá-la), mas um pronunciamento ruim pode acabar com uma apresentação boa.

Regra 1: não imagine o seu público inteiro nu

Imaginar o seu público inteiro nu é uma antiga recomendação, e é realmente uma péssima recomendação. A não ser que esteja trabalhando no escritório de uma colônia de nudismo, ficar em pé na frente de uma sala cheia de pessoas nuas pode te deixar nervoso, ou revoltado, ou excitado, ou simplesmente vai te fazer rir. No mínimo, você vai se sentir vestido demais para a ocasião (e fazer a sua apresentação nu para evitar este problema também não é uma boa idéia).

Regra 2: ensaie

Algumas pessoas neste mundo podem "deixar fluir". Eles podem ir, despreparados, e simplesmente falar sobre qualquer coisa que precise ser dita. Se você é uma destas pessoas, provavelmente já sabe que é. Se não for, vale a pena ensaiar. Isto não significa memorizar exatamente o que está planejando dizer, porque você não deve se prender muito a isto. Mas se você tentar falar para si mesmo, pode descobrir sobre o que se sente confortável para falar, sobre o que precisa tomar notas, e provavelmente antecipar onde devem aparecer as perguntas. (Feche a porta do seu escritório enquanto faz isto, se possível, ou as pessoas vão achar que você ficou maluco e está lá sentado falando com o seu computador.) Esta também é uma boa forma de descobrir os erros dos seus slides, assim como os lugares onde você pode arrumar melhor as coisas.

Você também pode ensaiar em frente a uma outra pessoa, que pode ter sugestões. Se você não confia nas outras pessoas (não são as "pessoas" que me preocupam tanto quanto as "outras"), grave o seu ensaio, e depois assista à fita. Você vai perceber coisas sobre a sua linguagem corporal que não iria perceber de outra maneira.

Regra 3: use notas, mas não use um script

Faça algumas notas para a sua apresentação. Elas podem incluir uma lista de pontos que você quer cobrir, frases específicas que queira usar (principalmente se elas explicarem alguma coisa clara, vigorosa, e notável), citações e outros detalhes. Se você está usando uma apresentação em duas telas, use a característica Anotações do orador para levá-las na tela. Do contrário, você pode usar a versão impressa do Anotações do orador, ou ainda simplesmente escrevê-las em um pedaço de papel ou em algumas fichas de arquivos. Não há nenhuma forma "certa" ou "oficial" de organizar as suas notas; você é a única pessoa que tem que entendê-las. Se alguma outra pessoa tentar olhar para as suas notas, enrole-as e bata com elas no nariz dessa pessoa. (Isto é particularmente difícil, mas efetivo, se você estiver usando as Anotações do orador na tela.)

Entretanto, você não deve escrever tudo o que vai dizer. Para começar, você não precisa disto. Se você é inteligente o suficiente para escrever, é inteligente o suficiente para falar. Depois, um script não pode se adaptar a situação; se você descobrir que o seu público sabe coisas diferentes do que pensou que eles soubessem, um script não poderá se adaptar. Finalmente, se você tiver um script, ou até notas muito longas, acabará olhando o tempo todo para o papel, falando com o papel, e se preocupando mais com a leitura do que com o que está falando. Esta é uma boa forma de se tornar chato e ininteligível.

Regra 4: fale com alguém

Se a sua resposta para isto é, "É claro que eu estou falando com alguém! Eu estou falando com uma *sala inteira* de alguéns!" este é exatamente o problema. Você está tentando falar com uma sala, mas não é a sala que está te ouvindo. Você tem que sentir que está lidando com pessoas. Se você não estiver lidando com pessoas, vai mostrar na forma de falar. Você vai parecer distante e chato.

Em vez disto, enquanto diz cada coisa, olhe para alguém do público especificamente e fale com esta pessoa. Quando você está olhando para uma pessoa, está naturalmente moldando o que diz para ter certeza de que foi entendido, e percebe reações (incluindo linguagem corporal) certificando-se de que foi entendido. Isto vai tornar a sua apresentação melhor e fazer com que ela soe humana.

Regra 5: não fale sempre com o mesmo alguém

Se você constantemente direcionar o que está dizendo para a mesma pessoa, vai parecer que é uma conversa direcionada àquela pessoa, e os outros vão começar mentalmente a se desligar do que você está falando. Os pensamentos deles vão voar e eles vão começar a pensar em biscoitos. Biscoitos são boas coisas para se pensar. Você sabia que biscoitos podem fornecer todos os quatro principais grupos de alimentos: substância para mastigar, substância para esmagar, farelo, e chocolate? Mmm, é, biscoitos.

Oh, espere, agora *eu* viajei. Se você dirigir um ponto para uma pessoa e depois dirigir o próximo para outra pessoa do outro lado da sala, subitamente todo mundo se sentirá incluído, mesmo que você nunca fale diretamente com elas. Isto não significa que você não possa voltar para a mesma pessoa regularmente. Se encontrar um rosto amigável no público, tire vantagem disto e volte para esta pessoa freqüentemente. Entretanto, olhando para outras pessoas, você também verá como os outros estão reagindo ao que está dizendo, e isto o ajudará a moldar o seu discurso. Você pode também acordar algumas pessoas que estejam desligadas.

Comediantes são bons exemplos

Bons comediantes vão olhar para diferentes membros da platéia enquanto pronunciam cada linha. Muitos deles encontram um rosto amigável na platéia, alguém que ri bem e facilmente, e pronunciam piadas rápidas para esta pessoa... mas depois falam com as outras pessoas.

Regra 6: olhe para cada slide novo

Sempre que você exibir um novo slide, pare e olhe para ele por alguns segundos, lendo-o completamente. Isto não é somente para te lembrar do que está no slide (embora isto não seja ruim). Isto também dá ao seu público alguns segundos para ler o slide e assimilar a informação que está lá. Deixando o seu público e olhando para o slide, você tira a atenção de você e transfere para o slide, certificando-se assim de que as pessoas o leram.

Regra 7: não fale com o slide

Quando você estiver olhando para a tela, as pessoas vão ter dificuldade para te escutar. Se elas não podem ver o seu rosto, é menos provável que prestem atenção a você.

Regra 8: pare para as perguntas

Muitos oradores responderão às perguntas durante uma pequena apresentação, mas em apresentações longas eles vão pedir para você guardar as suas perguntas para o final, de modo que eles possam falar tudo primeiro. Entretanto, o objetivo de uma apresentação não é *falar tudo*, mas fazer com que as pessoas *entendam* o máximo possível. Se você confundir as pessoas no seu primeiro slide usando *especialização em lulas*, e esperar até acabar o slide 3.327 para responder às perguntas sobre o que isto significa, vão ter passado 3.326 slides que o seu público provavelmente não entendeu, porque eles estavam todos pensando em como se trabalha como um especialista em lulas.

Isto não significa que você deva parar para responder às perguntas sempre que alguém tenha uma. Se a sua apresentação estiver bem organizada, você provavelmente vai construir as perguntas na cabeça das pessoas com um slide, e depois respondê-las com o slide seguinte. Entretanto, você deve encontrar bons pontos de parada na sua apresentação. Por exemplo, quando você acabar de completar um único subtópico, pode perguntar se alguém tem alguma pergunta até ali (Você pode até querer acrescentar um slide escrito "Perguntas?" neste ponto, que não só vai te lembrar de que está na hora das perguntas, mas também vai fazer o público sentir que perguntar realmente faz parte do processo.) Seja direto nas suas respostas e se a resposta for "Eu já vou chegar nisto", diga simplesmente isto!

Regra 9: pode ser muito fácil usar muitas palavras...

...quando, na realidade, você poderia ter dito a mesma coisa em muito menos palavras, e dizer em menos palavras for mais fácil para você e para o público, porque concisão (que é uma palavra elegante para curteza) pode aumentar a clareza (que é o mesmo que dizer entendimento), e clareza (entendimento) é uma coisa valiosa quando se está falando com o público, que presumo que é o que você vai estar fazendo.

Mantenha o seu discurso simples.

Regra 10: saiba o nível de sofisticação do seu público

Eu não estou dizendo para você verificar se eles são os donos dos seus próprios smokings. Se você está fazendo uma apresentação sobre um tópico técnico, quer saber quanto o público sabe sobre o tópico. Se você estiver discutindo sobre um novo telefone com um monte de engenheiros telefônicos, eles vão querer saber qual é a equivalência da campainha FCC do telefone. Se você usar o termo *equivalência da campainha* com um público menos técnico, eles vão achar que o telefone não toca realmente, que ele só faz o equivalente a tocar, independente do que isto possa ser.

Entretanto, a verdade é que você provavelmente vai encarar um público com uma grande variação de sofisticação. É melhor explicar algumas coisas que parte do seu público já sabe em vez de fazer muitas pessoas acharem que o que você está falando está além do entendimento delas. (Principalmente se estiver falando sobre bigornas. Ninguém quer bigornas acima da sua cabeça.)

Regra 11: use exemplos

Conceitos abstratos se tornam mais fáceis de serem entendidos com um exemplo concreto. Por exemplo, a primeira frase deste parágrafo é um conceito abstrato. Se ler esta frase te fez pensar "Bem, quando alguma coisa precisa de um exemplo?", está claro que esta discussão é uma que precisava de um exemplo. E aqui está ele! Exemplos podem ser palavras (este parágrafo é um exemplo de um exemplo em palavras), figuras (como os exemplos dos slides neste livro, vídeo, som, ou até um objeto físico que você possa passar pela sala. (Aviso: se o objeto físico for um exemplo de um biscoito, não espere que ele vá passar por toda a sala.)

Regra 12: humor pode ser engraçado

Coloque pequenos momentos de humor. Isto não só prende a atenção do público, mas também os coloca no seu slide. As pessoas gostam de serem entretidas. Confira.

Você não deve tentar transformar a sua apresentação em uma rotina de comediante, porque isto iria fugir do ponto que está trabalhando, mas até alguns trocadilhos maldosos ou nomes bobos podem dar à apresentação uma energia positiva.

Exemplos teóricos são uma boa hora para ser um pouco bobo. Olhe este livro e deve ver um monte de casos deste tipo. Eu poderia facilmente ter usado um texto de slide chato de alguma apresentação real sobre a maturação física da mosca da fruta, mas usar o exemplo bobo não tornou o exemplo menos claro. Por que usar Paciente A, John Doe, e Fabricante Smith, Inc. como seus exemplos quando poderia usar Samantha de Hoya von O'Goldberg, Myron McGillicuddly, e aquele tal maravilhoso, internacional e reciclador de café, Inc.? Somente certifique-se de que o seu humor não vai obscurecer o seu ponto e de que não vai ofender o seu público.

Regra 13: verifique o seu equipamento antes da apresentação

Isto é particularmente importante quando você usar o projetor de slides ou o computador de uma outra pessoa. Se você está fazendo uma apresentação no computador, deve realmente ver tudo na máquina desta outra pessoa, para ter certeza de que não há nenhum acontecimento sobrenatural; só porque tudo deve funcionar do mesmo jeito não significa que realmente vai.

Projetores de slides têm má reputação. Eles explodem, eles desaparecem, ou o seu carrossel de slides não encaixa direito. Mesmo quando tudo está no lugar e funcionando corretamente, você ainda tem que se acostumar com o controle remoto. Ter problemas para ir para frente e para trás é uma das coisas mais comuns que impedem a apresentação de discorrer tranqüilamente.

Certifique-se de que tem todos os cabos que precisa, lâmpadas extras para o projetor e até um fio de extensão extra. Desligue o slide ou o projetor de transparências quando não estiver usando, para reduzir o barulho e o calor. (Você não tem que desligar o seu painel LCD se estiver usando um, porque ele esquenta muito pouco e não faz nenhum barulho.)

Regra 14: verifique a sala antes da hora

Você quer saber onde estão todas as coisas importantes. Você quer ter certeza de que pode ficar em pé perto da tela e ainda ser capaz de controlar o projetor. Você quer saber onde está o interruptor das luzes, e se pode desligar parte das luzes. (Se for possível, você não quer apagar todas as luzes. Você ainda quer poder ver o seu público e que eles te vejam. Todavia, você precisa que esteja escuro o suficiente para que a imagem projetada fique clara.) Feche as janelas para não deixar a claridade entrar. Posicione o seu projetor de modo que a sua imagem fique fácil para todos verem. (Quanto mais longe da tela você o coloca, maior fica a figura, mas ela vai parecer obscurecida e indistinta.)

Verifique onde as pessoas vão estar sentadas. Você não quer que ninguém fique na frente do projetor. Você quer que o seu público tenha assentos confortáveis, assim os pensamentos deles estarão na sua apresentação em vez de estarem no seu próprio desconforto. (Iluminação e conforto tem muito efeito na disposição de espírito das pessoas, e você quer que elas estejam de bom humor.)

Se você tiver uma sala grande (e um orçamento bastante grande), você pode querer ter muitos projetores projetando em várias telas, para que todos possam ver.

Regra 15: se apresente para o seu público

Isto deve ser a primeira coisa a fazer para que o seu público saiba quem você é. Mesmo que você esteja lidando com os seus próprios colegas de trabalho, eles podem não saber qual é exatamente o seu trabalho ou qual é a relação dele com o assunto em questão.

Se você tiver um público pequeno, e se ele não for todo de pessoas conhecidas, faça com que eles se apresentem a você. Não peça só os seus nomes, mas o que eles fazem na companhia ou no clube. Isto não só vai te ajudar a direcionar a apresentação inteira apropriadamente, como também a entender o motivo deles estarem fazendo determinadas perguntas.

Mesmo que você não possa fazer com que eles se apresentem, tenha o cuidado de procurar saber quem são eles. No passado, você podia contar que a jovem quieta, bem vestida no canto era a secretária, e que o nobre senhor na frente era o presidente. Hoje em dia, entretanto, esta jovem pode ser a Chefe de Programação, e o presidente pode ser aquele senhor barbado com uma camisa da Hard Rock Café: Alcatraz.

Regra 16: não leia somente o que está no slide

O seu discurso deve ser baseado no que está lá. Presumisse que o seu público pode ler o slide. Você pode ler uma linha do que está lá, mas somente se for falar mais sobre o assunto.

Regra 17: diga a eles para onde você está indo

A sua apresentação não é uma história misteriosa (a não ser, é claro, se for). Se você disser a eles com antecedência que o objetivo da apresentação é mostrar a vantagem de colocar geléia nos biscoitos depois que eles estiverem assados, eles vão entender porque você está gastando todo este tempo explicando todo o trabalho entediante que é necessário para enrolar com a massa um pedaço de geléia já existente.

Isto não significa que você tenha que contar todas as suas conclusões. Os detalhes da conclusão são para o final. Mas eles devem saber o ponto principal da onde você está indo — a não ser que esteja falando de notícias tão ruins que ninguém prestaria atenção ("Como eu pretendia mostrar, a situação econômica da companhia é tão ruim que eu serei forçado a morder com força os cotovelos de todos vocês".) Você pode até dar a eles um pequeno resumo da sua apresentação de modo que eles saibam quais são os pontos principais que você vai estar cobrindo.

Regra 18: pronuncie claramente

Você está excitado. Você quer que todo mundo fique tão excitado com o seu descobrimento do Polo Leste quanto você. Masquandovocêficatãoexcitadovocêcomeçaafalarassim, ninguém vai entender. Vá devagar, e coloque um pouco de silêncio entre cada palavra. Um pequeno espaço está bom, e pode parecer uma reflexão intelectual. Muito espaço só vai irritar as pessoas enquanto elas esperam você terminar!

Ser muito quieto também é um problema. Não há nenhuma necessidade de gritar, mas deixe o som sair da sua garganta em vez de só ficar moldando-o com a sua boca. Não tenha medo de abrir bastante a sua boca!

E também não precisa falar tudo com a mesma velocidade ou volume. Se você quer que eles fiquem excitados com alguma coisa, mostre a sua excitação falando um pouco mais rápido e mais alto. Se você quiser que eles pensem em um assunto cuidadosamente, fale mais devagar, até pare antes e depois dele. Uma boa parada é uma forma de chamar atenção. Só não use esse artifício demais.

Regra 19: vista-se de forma asseada

Você não precisa necessariamente se vestir com elegância. Se você está falando com um grupo que está vestido confortavelmente, pode se vestir tão confortavelmente quanto eles. Mas mesmo que esteja usando um jeans e uma camiseta, eles devem parecer limpos e novos, e não surrados. Parecer arrumado mostra que você se preocupa com detalhes, e as pessoas vão dar valor ao que falar.

Regra 20: não seja simplório

Eu não posso explicar isto para você. Somente acredite em mim. Por razões que você não pode entender, você não deve falar de forma muito simplória com o seu público.

Isto não é irritante? Sem dúvida!

Não considere o seu público burro ou que eles não serão capazes de entender alguma coisa mesmo que você perca tempo explicando ao máximo. Certamente, você sabe mais sobre o que está falando do que eles (se não souber, por que está falando?), mas há uma razão para você querer que eles saibam o que está dizendo para eles, então eles são obviamente pessoas úteis. Eles ainda não sabem o que você está dizendo, mas isto só quer dizer que eles têm o que aprender, como todos nós.

Regra 21: não demore muito

As pessoas com quem você está falando provavelmente têm outras coisas para fazer. Preste atenção no tempo. Se você estiver passando da hora e ver um slide que não precisa de explicação, não explique. Vá diretamente para o próximo.

Não exiba um slide por muito tempo. Se por algum motivo você tiver muita coisa para falar antes de ir para o próximo slide, desligue o projetor para que o foco esteja em você e não no mesmo velho slide que não muda. (Mas talvez não teria sido melhor se você tivesse dividido a informação deste slide em vários slides separados?)

Regra 22: não se preocupe!

É só falar, e você vem falando por toda a sua vida. Você não vai estar perfeito, mas ninguém espera perfeição de você. Se você for *muito* perfeito, as pessoas podem achar que você está tentando colocar alguma coisa a mais em cima delas. Se alguma coisa sair errado, diga "opa", se corrija, e siga em frente. Se eles não entenderem alguma coisa, eles vão te perguntar. Não há necessidade de se preocupar com tudo.

E o mais estranho é que se você não se preocupar, vai se sair melhor. Confiança é muito convincente, então sorria e relaxe.

O mínimo que você precisa saber

- Ensaie e prepare notas, mas não use um script.
- Fale com alguém, mas não sempre com a mesma pessoa.
- Olhe para cada novo slide, mas não fale com o slide e não leia simplesmente o que está escrito nele.
- Pare para responder às perguntas.
- Mantenha a sua apresentação simples.
- Use exemplos e humor.
- Verifique o equipamento e a sala antes da apresentação.
- Apresente-se para o seu público, e diga a eles qual é o objetivo da apresentação.
- Pronuncie claramente.
- Não fale de forma muito simplória com o seu público.
- Não demore muito.

Apêndice A

Botões e menus e ratos, oh meu Deus!: maravilhas do trabalho com o Windows

> **No final deste apêndice, você vai ser capaz de...**
> ➤ Controlar o computador usando o mouse.
> ➤ Iniciar e mexer nos programas usando o Windows 95, o Windows 98, ou o Windows NT.
> ➤ Usar botões e menus para dar comandos.
> ➤ Reclamar do seu computador usando as palavras certas.

Este apêndice é sobre o *Windows*, o programa que manipula como você controla todos os outros programas. Há um número de diferentes versões do Windows por aí, mas você está provavelmente usando o Windows 95, o Windows 98, ou o Windows NT. Estes três funcionam de forma bem parecida.

Talvez esta tenha sido a primeira vez que usou o seu computador, ou talvez não. Se você já tinha usado um computador antes, provavelmente sabe tudo o que está neste apêndice, mas leia-o todo mesmo assim para se sentir mais confortável com a terminologia usada neste livro. (Por exemplo, você sabia que nós não estamos mais chamando a tecla W de "tecla W"? Em vez disto, estamos chamando de *Harold Stassen Memorial Digital Wuh-Sound Input Device* – Dispositivo de entrada do som Wuh digital memorial de Harold Stassen.)

Um rato na mão

Conectado ao seu computador provavelmente está uma coisa branca com dois ou três botões. Você usa este dispositivo para controlar o seu computador. Os Geeks in Charge of Naming Computer Things (GICONCT) – Experts responsáveis por nomear as coisas do computador — decidiram que porque você iria gastar muito tempo com a sua mão nele, eles deveriam dar o nome de alguma coisa na qual você nunca poria a sua mão. Ele é chamado de *mouse* (rato). Você usa o seu mouse colocando a mão nele e deslizando-o por uma superfície plana (normalmente um *mouse pad* feito exatamente para isto).

Experimente deslizar o seu mouse. Quando você o desliza, deve ver alguma coisa se mover na sua tela do computador. Quando você desliza o mouse de um lado para o outro, esta coisa também se move de um lado para o outro. Quando você desliza o mouse para frente, ela se move para cima na tela, e quando você move o mouse para trás, ela se move para baixo na tela. Esta coisa é chamada de *ponteiro*, e está sob o seu comando. Ele vai te seguir até a borda da Terra — ou pelo menos até a borda da tela.

Está faltando um mouse?

Se o seu computador não tiver um mouse, ele provavelmente tem uma *trackball* (empurre sua mão pela parte de cima da bola, e o ponteiro será empurrado na mesma direção) ou um *pad* (arraste o seu dedo por este retângulo plano, e o ponteiro será arrastado de forma similar).

O ponto do ponteiro

O ponteiro é usado para apontar para coisas diferentes na tela. Quando você quer dar um comando ao computador sobre uma certa parte do que está sendo exibido, você usa o ponteiro para dizer ao computador qual é a parte.

O ponteiro toma formas diferentes em horas diferentes. Normalmente, ele é uma seta, o que faz um ponteiro bastante claro. Quando você está apontando para uma área de texto, o ponteiro pode se transformar em alguma coisa que parece um *I* maiúsculo alto e magro. Isto é chamado de *barra-I*, e é útil porque você pode colocar a barra vertical fina do I entre duas letras, permitindo que aponte para um lugar específico do texto.

Algumas vezes o ponteiro se transforma na figura de uma ampulheta. Isto significa que o computador está ocupado fazendo alguma coisa, e que você tem que esperar até que ele termine. Se você se cansar de ver a ampulheta, ou está na hora de comprar um computador mais rápido ou está na hora de fazer uma outra coisa, como cortá-la. (Se você puder cortar um novo computador, vai poder fazer as duas coisas de uma vez só!)

Clicar é mole!

Não é suficiente apontar para alguma coisa para dar um comando. Afinal, o ponteiro está sempre apontando para alguma coisa. Você tem que ter uma forma de dizer ao computador que está na hora de agir no que está sendo apontado, e é para isto que os botões do mouse servem.

Apêndice A ➤ Botões e menus e ratos, oh meu Deus!   **293**

O mouse tem pelo menos dois botões. O da esquerda é o que você vai usar na maior parte do tempo. Quando nós falamos em *clicar* alguma coisa, queremos dizer que você *aponta* para ela com o ponteiro e pressiona o botão esquerdo do mouse. Não segure-o pressionado, simplesmente aperte e solte rapidamente. Para *clicar duas vezes* em alguma coisa, você aponta para ela e, em vez de clicar uma vez, clica duas.

Clicar com o botão direito do mouse é igual a *clicar*, só que você usa o botão direito do mouse em vez de usar o esquerdo. Você não vai fazer isto muito freqüentemente.

Canhotos não têm problemas!
Se você tem um mouse que está ajustado para o uso com a mão esquerda, vai usar o botão direito para o clique normal e o botão esquerdo quando te disserem para clicar com o botão direito do mouse.

Se o seu mouse tem três botões, provavelmente você não vai usar o do meio, pelo menos não no início. O terceiro botão está lá principalmente para os usuários avançados, que podem ajustá-lo para fazer coisas especiais com alguns programas.

Como clicar um botão

Na sua tela está um retângulo com um pequeno símbolo colorido do Windows e a palavra **Iniciar**. Ele está provavelmente no canto inferior esquerdo da tela. (Se você não o estiver vendo, experimente apontar para a parte mais baixa da tela; uma barra cinza deve aparecer com **Iniciar** no canto esquerdo.) Isto é um *botão*, uma área retangular na tela que, quando você clica, emite um comando para o computador. Neste momento, o botão **Iniciar** é provavelmente o único botão na sua tela, mas logo você terá mais botões na sua tela do que tem no assoalho de uma tinturaria que lava a seco!

Observe como o botão parece que está para fora da barra cinza na qual ele está. Experimente clicar no botão, e verá duas coisas. Uma é que o botão parece que foi apertado. Isto significa que o botão está atualmente *ativo*, que ele está tendo um efeito. A outra é que uma lista de itens aparece acima do botão (veja a figura a seguir). Esta lista, chamada de *menu Iniciar*, mostra um número de comandos que você pode dar ao computador. O ato de pressionar o botão Iniciar disse ao computador para te mostrar os comandos. Clique no botão novamente, e a lista desaparecerá e o botão aparecerá para fora novamente.

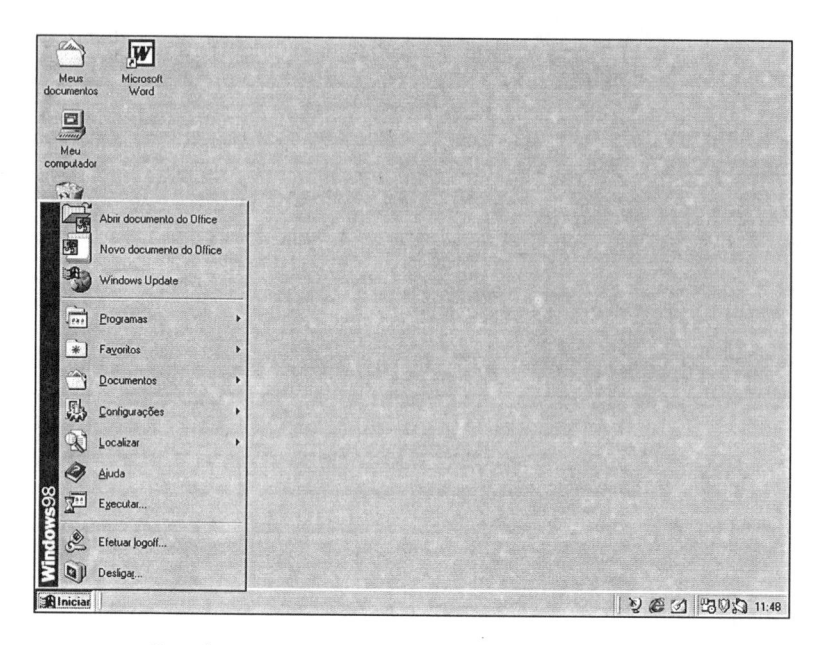

Pressionar o botão Iniciar fez o menu Iniciar aparecer.

Experimente *clicar com o botão direito do mouse* na grande área de fundo aberta da tela (ela é chamada de *área de trabalho*). Uma pequena lista de comandos que você pode escolher aparecerá. Isto é chamado de *menu de atalho*. Clicando com o botão direito do mouse em muitas coisas no Windows, você obtém um menu de comandos que se aplica ao que clicou. Clique com o botão direito do mouse na área de trabalho, e você irá obter um menu de atalho dos comandos que podem mudar a área de trabalho. Clique com o botão direito do mouse em um morango, e terá um menu de atalho do morango, que não chega nem aos pés de um menu de bolo de morango!

Como arrastar ou não arrastar

Algumas vezes, você tem que mover alguma coisa de uma parte da tela para outra. Isto é chamado de *arrastar*, e é bastante fácil. Para fazer uma mudança, vamos tentar arrastar um dos *ícones* pela sua área de trabalho. (Os ícones são as pequenas figuras com palavras embaixo. Cada um representa um programa, um arquivo, ou um dispositivo diferente do seu computador.)

Encontre o ícone com a figura de um computador (está escrito provavelmente **Meu Computador** embaixo dele). Aponte para este ícone. Enquanto estiver apontando para ele, aperte o botão esquerdo do mouse e segure-o. Com o botão pressionado, deslize o mouse. Uma cópia transparente da imagem segue o seu ponteiro. É o fantasma do seu computador!

Apêndice A ➤ Botões e menus e ratos, oh meu Deus! **295**

Deslize o ponteiro para um lugar da área de trabalho onde o ícone fantasma não esteja em cima de nenhum outro ícone. Solte o botão do mouse, e uma das duas coisas acontecerá:

➤ o ícone desaparecerá de onde você o arrastou e reaparecerá no lugar para onde o moveu, ou...

➤ os ícones se rearrumam em colunas caprichadas, com o ícone aparecendo em um novo lugar.

Se a segunda coisa acontecer, não significa que o seu arrasto não funcionou. A sua cópia do Windows está ajustada para manter a área de trabalho arrumada, e na hora que ela viu que alguma coisa estava fora do grupo, ela arrumou tudo. Se a sua área de trabalho real funcionasse tão bem quanto a sua área de trabalho do computador, você sempre conseguiria encontrar um lápis quando precisasse de um!

Em qualquer um dos casos, você pode colocar as coisas de volta para o lugar que estavam arrastando o ícone que moveu de volta ao lugar de onde tirou. Se os ícones rearrumados cobriram o lugar onde o ícone estava antes, arraste-o somente um pouco mais para cima na tela do lugar que está o ícone que tomou o lugar dele, outra vez se certificando de que o ícone fantasma não fique por cima de nenhum outro ícone.

Quando você precisa de um menu

Você já viu como o menu Iniciar e o menu de atalho podem aparecer quando você precisar deles, se escondendo como esquilos o resto do tempo. Os menus fornecem acesso para toneladas de comandos sem tomar muito espaço da tela quando você não precisar deles.

Inicie o menu Iniciar

Clique no botão **Iniciar** novamente. Dê uma olhada no menu Iniciar. Cada linha tem uma figura e uma palavra ou frase explicando o que o comando faz, algumas das linhas também têm uma ponta de seta na borda direita, apontando para a direita. A ponta de seta indica que os povos nativos antigos usavam estes menus, provavelmente enquanto percorriam o Windows 1273.

Na realidade, a ponta de seta significa que aquele comando faz surgir outro menu. Observe como, à medida que o ponteiro passar por cima de cada comando, ele mudará de cor. A mudança de cor é chamada de *destaque*. Exatamente como aquela água azul no seu toalete te diz que o sachet desinfetante está lá para você, a barra colorida lhe mostra que aquele comando está ali para você. Clique na linha marcada **Programas**.

Os programas têm uma ponta de seta, que significa que outro menu vai aparecer perto dele. Pode ser somente uma coluna, mas pode ser muitas. Encontre a linha que está escrito **Windows Explorer** (deve estar perto do final da última coluna), e clique nela. Isto inicia um programa que permite que você procure pelos seus arquivos nos seus discos.

Por que você não faz um drop-down e me vê de vez em quando?

Um grande retângulo aparece na tela, cheio de todo tipo de coisas nele. Esta é a *janela* do Windows Explorer, a área da tela onde o programa Windows Explorer exibe controles e informações (veja a figura a seguir).

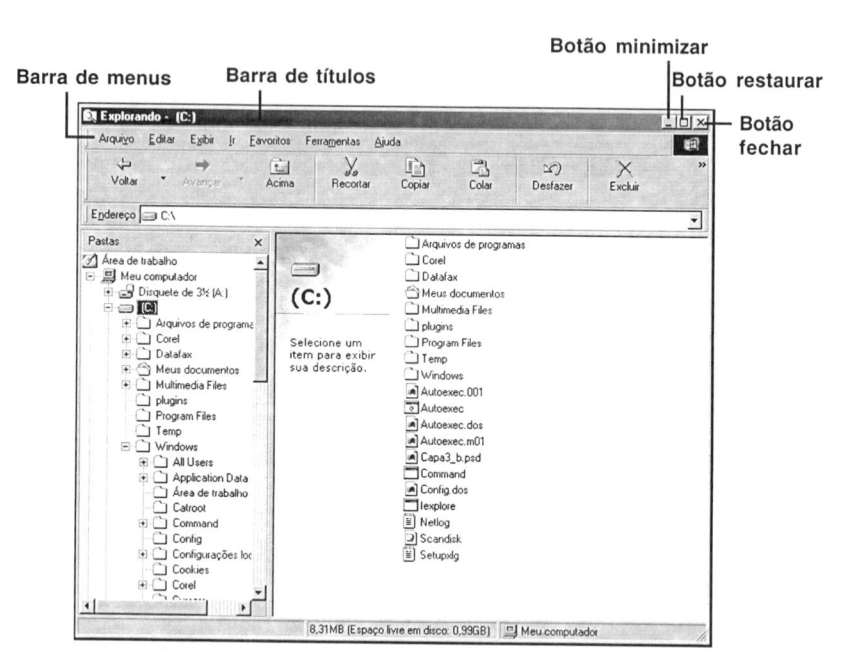

A sua janela Windows Explorer pode ter uma aparência diferente dependendo da sua versão do Windows e dos seus ajustes.

No topo da janela há duas barras. A primeira, chamada de *barra de títulos*, tem um nome para a janela. Na janela Windows Explorer, está escrito Explorando seguido do nome do seu disco rígido.

Apêndice A ➤ Botões e menus e ratos, oh meu Deus!   297

Como lidar com erros de menus

Se você acidentalmente abrir o menu errado, não se preocupe. Simplesmente clique no nome do menu novamente, e este menu desaparecerá!

A segunda barra é chamada de *barra de menus* (o oposto de dizer um *menu de bar*, que teria uma lista de bebidas e preços para aqueles ovos cozidos a 10 anos guardados em um vidro). Ela tem uma série de palavras escritas. Cada palavra é o nome de um menu. Experimente clicar na palavra **Exibir**. Aparecerá um menu de comandos que tem a ver com a forma que o programa está exibindo a lista e o que está no seu disco. Experimente clicar no comando **Renovar**. Este comando diz ao programa para verificar novamente o que está no disco rígido e para exibir a informação novamente; você deve poder ver quando a tela estiver sendo refeita.

Alguns programas tentam manter os seus menus simples usando um sistema chamado de *menu personalizado*. Isto significa que o programa adivinha quais os comandos que provavelmente serão usados e mostra somente estes comandos quando você clicar no menu. Na parte de baixo do menu vai haver uma seta para baixo. Clique na seta para baixo, e o resto dos comandos se tornará visível.

Utilidades do teclado

Algumas vezes você não quer ficar movendo a sua mão para o mouse e depois de volta para o teclado, só quer ficar digitando. Usar o seu pé para mexer com o mouse é exercício demais depois de um certo tempo! Felizmente, há formas de emitir comandos de menus sem clicar no menu.

Se você clicar no menu **Editar**, verá alguns comandos com coisas como **Ctrl+V** ou **Ctrl+A** no final deles. Isto te diz o atalho para este comando. Por exemplo, o **Ctrl+V** no final do comando Colar significa que você pode emitir um comando Colar a qualquer momento segurando a tecla **Ctrl** e pressionando a tecla **V**. Outras teclas que você pode ver deste jeito são as teclas **Shift** e a tecla **Alt**. Se um item de menu está seguido por **Shift+Alt+X**, por exemplo, isto quer dizer que você pode emitir este comando segurando as teclas Shift e Alt, simultaneamente, e batendo de leve na tecla X. Naturalmente, se você for novo em digitação, pode precisar das duas mãos e do seu nariz para fazer isto.

Na barra de menus, uma letra de cada palavra está sublinhada (por exemplo, o X em E_x_ibir está sublinhado.) Isto significa que você pode abrir este menu segurando a tecla **Alt** e pressionando a tecla da letra sublinhada (como **Alt+X**). No menu que aparece, uma letra de cada comando está sublinhada; simplesmente pressione a tecla desta letra (como R em _R_enovar) para emitir este comando. Então, resumindo, para obter o comando renovar, pressione **Alt+R**, e depois solte a tecla Alt e pressione a tecla **R**. Isto pode parecer muito trabalho — mas se você achar que é muito trabalho, deve falar com o seu avô, que vai te dizer que trabalho de verdade é carregar 16 toneladas de pedras por uma milha subindo uma montanha todos os dias, somente para ganhar o seu almoço (um sanduíche de pedras). (Naturalmente, o seu avô na verdade vendeu blusas para viver, mas não há nenhuma razão pela qual você deve ter alguma coisa fácil!)

Cinza significa que não tem jeito

A maioria dos comandos de menus estão em uma letra fácil de ler, provavelmente preta. Se você vir um que esteja quase da mesma cor do fundo (provavelmente cinza), isto significa que você não pode usar este comando agora. (Estes são comandos que só funcionam sob certas condições.)

Windows não tem que ser um painel!

Se você está usando vários programas simultaneamente, pode acabar ficando com a tela cheia de janelas, se sobrepondo e até escondendo completamente uma a outra. Isto pode tornar a sua área de trabalho tão bagunçada quanto aquela gaveta de "quinquilharias" da sua cozinha, onde você _sabe_ que tem uma bateria de 9 volts praticamente funcionando, se pudesse encontrá-la! Felizmente, há ferramentas que permitem que você mova as janelas, mude seus tamanhos, e até esconda-as por algum tempo (muito útil se você estiver jogando O ataque dos coelhos espaciais e ouvir o seu patrão chegar).

Limpe a sua janela

No final direito de uma barra de título de uma janela estão três botões. O primeiro, que tem uma linha reta, é o botão _Minimizar_. Clique nele, e a janela desaparecerá! Não se preocupe, ela não foi embora para sempre, assim você ainda pode ajudar aos coelhos espaciais a salvarem a galáxia. Se você olhar para a _barra de tarefas_ (a barra que está com o botão Iniciar), verá um botão com o título de cada janela que estiver usando atualmente. Clique no botão que tem o título da janela que acabou de minimizar, e a janela reaparecerá, boa como se estivesse nova, com cada coelho espacial ainda intacto.

Apêndice A ➤ Botões e menus e ratos, oh meu Deus!

Apodere-se do tamanho!

O botão do meio vai ter uma de duas figuras. Se ele tiver dois retângulos se sobrepondo, esta janela já está no *modo de tela inteira*, de modo que ela já tome automaticamente todo o espaço de tela disponível. Quando uma janela está no modo de tela inteira, você não pode movê-la ou mudar o seu tamanho. Ela parece que é invencível, exceto por uma falha fatal, o seu Calcanhar de Aquiles (ou, para nós que temos heróis mais modernos, a sua criptonita). Se você clicar neste botão (chamado botão *restaurar*), ela passa do modo de tela inteira para o modo no qual *o tamanho pode ser alterado*, e depois você pode fazer o quiser com ela! Você destruiu todas as defesas dela!

Se o botão do meio só tiver um único quadro, a janela já está no modo no qual o tamanho pode ser alterado. Clicar neste botão (chamado de botão *maximizar*) vai colocar a janela no modo de tela inteira. Isto é bom se você quiser ver o máximo possível na janela. (Mais coelhos espaciais!)

Como se tornar um deslocador e um agitador... e um alterador de tamanhos!

Para você mover uma janela, ela tem que estar no modo no qual o tamanho pode ser alterado. Aponte para a barra de títulos da janela e depois arraste-a. Dependendo de como o seu computador estiver ajustado, você pode estar arrastando a janela completa ou somente um contorno dela. Arraste-a para cima, arraste-a para baixo, arraste-a por todos os lados! Quando você soltar o botão do mouse, a janela vai estar no lugar para onde você a arrastou!

Se você quiser mudar o tamanho da janela, aponte para o canto inferior direito da janela. O ponteiro vai se transformar em uma seta inclinada com pontas de seta para ambas as direções (como um sinal de "mão dupla" de rua pareceria, se não houvesse necessidade de coisas como estas)! Tente arrastar o canto, e você verá que está arrastando o canto de um contorno da janela. Mova-o até que o contorno esteja do tamanho que você quer que a janela esteja, e depois libere o botão do mouse. A janela vai agora aparecer no retângulo. Com um pouco de prática, você vai ficar tão rápido em arrastar que estará pronto para as corridas de obstáculos!

Como fazer com que a janela suma

O botão que está na ponta direita da barra de títulos, o que tem um **X**, é o botão *Fechar*. Quando você terminar de usar uma janela, clique nele e a janela desaparecerá. Isto também diz ao computador que você acabou de usar o programa que abriu a janela; assim se estiver percorrendo um programa onde criou um arquivo (como um processador de texto), certifique-se de que salvou o arquivo antes de clicar nele.

Vamos falar sobre diálogos!

Algumas vezes, um programa quer te pedir alguma informação. Para fazer isto, ele usa um *quadro de diálogos*, um tipo de janela. A maioria dos quadros de diálogos não tem uma barra de menus e não pode ter o seu tamanho alterado, mas pode ser movida. O mais importante, é que você dê ao computador a informação que ele quer com este quadro de diálogos. Ou, se você não quiser se curvar às exigências do computador, pode simplesmente ignorar o quadro de diálogos. Naturalmente, depois o computador não vai fazer o que você quer que ele faça, mas algumas vezes é importante mostrar quem é que manda!

Um quadro de diálogos é tão básico quanto um formulário. Exatamente como os formulários de papéis podem ter lacunas para serem preenchidas, quadros para serem selecionados, itens para serem circulados, e assim por diante, os formulários de computador têm várias formas diferentes de conseguir informações. Afinal, preencher um formulário em um computador deve ser tão divertido quanto preencher um de papel!

Para ver alguns destes em ação, clique no botão **Iniciar**, e selecione o comando **Arquivo**. Quando o segundo menu (algumas vezes chamados de *submenu*) aparecer, escolha o comando **Arquivos or Pastas...** (O ... no final do nome de um comando significa que se você selecionar este comando, vai obter um quadro de diálogos (veja a figura a seguir). Você não pode reclamar que não foi avisado!)

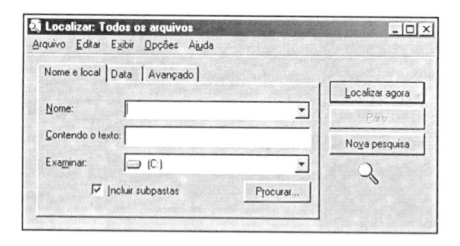

Um quadro de diálogos.

Tabulação: isto não é mais só para quem está de dieta!

No quadro de diálogos Encontrar arquivo, você pode ver um formato de uma pasta de arquivos com um formulário dentro. No topo dela, na tabulação onde o nome da pasta iria ficar, estão as palavras **Nome & Local**. Perto desta há duas outras tabulações, exatamente como se você tivesse uma série de boas pastas de arquivos com as tabulações alternadas. Clique em uma destas outras tabulações, e um outro formulário aparecerá. Clicando nas três tabulações, você pode facilmente escolher com qual formulário quer trabalhar!

O campo de texto é o tipo para digitação

Selecione a tabulação **Avançado** e a tabulação **Nome & Local**. Em uma delas (dependendo de qual versão do Windows você tem), você vai encontrar uma área em branco escrita **Contém texto**. Este é um *campo de texto*, um no qual você pode digitar. Para colocar algumas palavras neste campo, clique no campo, e depois digite. Você pode usar as teclas de cursores e a tecla de Retorno para corrigir quaisquer erros que fizer. Ou, pode deixar os erros lá, e somente confundir o seu computador!

Lista drop-down

Na tabulação **Avançado** tem um campo denominado **Do tipo**, que tem um botão no final com uma seta para baixo. Isto é uma *lista drop-down*, boa para escolher um item de uma lista de itens. Clique no botão (o *botão drop-down*, que é um nome melhor do que *Mildred*), e uma lista de itens aparecerá embaixo dele. Clique em qualquer item, e a lista irá embora, e este item aparecerá no campo.

O que é barra de rolagem?

À direita da *lista drop-down*, você verá uma barra vertical com um quadro dentro. Isto é uma *barra de rolagem*, que soa como se fosse uma taberna de um mágico. Na realidade, é a maneira do Windows te dizer que tem mais coisas para serem mostradas do que cabe na área na qual ele tem que trabalhar. A área da barra representa a lista toda. Se o quadro estiver no topo da barra, significa que você está vendo o início da lista; se ele estiver na parte de baixo da barra, você está olhando para o final da lista.

Para ver mais coisas da lista, simplesmente arraste o quadro pela barra. Quanto mais para baixo você arrastá-lo, mais coisas da lista verá. (Se você vir barras de rolagem laterais na parte de baixo de um exibidor, significa que o que o computador está tentando te mostrar é mais largo do que o espaço que ele tem. Uma barra de rolagem lateral funciona do mesmo jeito que uma regular, se você estiver deitado!)

Selecione o quadro de seleção!

Clique na tabulação **Nome & Local**. Na parte inferior do formulário você verá um pequeno quadro escrito **Incluir subpastas**. Isto é um *quadro de seleção*. Ou ele tem uma marca de seleção, o que significa *sim*, ou está vazio, o que significa *não*. Para mudar um quadro de seleção de selecionado para não selecionado (ou vice-versa, ou ainda ao contrário), simplesmente clique nele!

Botão de opção, botão de opção, quem pegou o botão de opção?

Clique na tabulação marcada ou **Data Modificada** ou simplesmente **Data**. À esquerda do formulário você verá duas colunas de círculos. Estes círculos são chamados de *botões de opção*. Estes "botões" são usados para selecionar uma coisa de uma pequena lista de opções. Você os usa para selecionar uma coisa de uma lista de opções, e quando você seleciona uma clicando nela, um ponto aparece no círculo. Você só pode ter um botão selecionado em cada coluna de cada vez; quando você clica em um, o ponto desaparece da seleção anterior.

Experimente clicar no botão de opção que está na parte de baixo da lista. Quando você clica nele, o campo que está perto desta opção fica branco; mas se você depois selecionar o botão que está acima dele, o campo ficará cinza. Isto acontece porque este campo só é usado se você usar aquela opção. Quando ele ficar cinza, o computador estará te dizendo que você não deve preenchê-lo. Pense nos campos como nos campos de neve — um campo branco é bom para se pisar, mas fique longe dos cinzas!

O mínimo que você precisa saber

➤ Deslizar o mouse pela sua mesa move um ponteiro na tela.

➤ *Clicar* significa apontar o ponteiro para alguma coisa e pressionar uma vez o botão esquerdo do mouse.

➤ *Clicar duas vezes* significa apontar para alguma coisa e rapidamente, pressionar o botão esquerdo por duas vezes. *Clicar com o botão direito do mouse* significa apontar para alguma coisa e pressionar o botão direito uma vez.

➤ Um *menu* permite que você selecione de uma lista de comandos. Clique no nome do menu para fazer surgir uma lista e depois clique no comando que quiser.

➤ Um *quadro de diálogos* é um formulário que o computador exibe te pedindo informações.

Glossário

Fale como um expert

As pessoas que planejam ou usam computadores gostam de inventar novas palavras para descrever as várias partes do computador e as coisas que estas partes fazem. Ainda pior, eles gostam de pegar palavras já existentes como *mouse* e *janela* e dar a elas novos significados.

Aqui está uma folha de cola para você. Com ela, você deve ser capaz de entender o que eles estão falando, e até cuspir tudo de volta para eles!

Access — Um programa de banco de dados feito pela Microsoft. Programas de banco de dados permitem que você organize listas de informações e te ajudam a encontrar informações nestas listas.

Botões de ação — Formas automáticas especiais que parecem botões e que automaticamente têm hyperlinks conectados a elas.

Alinhamento — Refere-se ao lugar onde o texto está posicionado de um lado ao outro dentro de um quadro de texto.

Animação — Mover alguma coisa para o slide durante a animação ou faze-la aparecer gradualmente em vez de tudo de uma vez. Uma lista pode aparecer item por item, por exemplo, em vez de tudo de uma vez.

Forma automática — Uma série de formas previamente desenhadas que o PowerPoint permite que você acrescente ao seu slide facilmente.

Quadro — A área retangular que contém qualquer objeto em um slide.

Marcador — Um indicador usado para destacar itens em uma lista. Marcadores são normalmente pontos, mas eles podem ser pequenas setas ou ter qualquer um de vários outros desenhos.

Botão — A palavra *botão* é usada para duas coisas diferentes. Há os botões do mouse, que você aperta para dizer ao computador para fazer alguma coisa na tela e há também os botões na tela, que normalmente são áreas retangulares onde você clica para executar alguma ação.

CD-ROM — Abreviatura para *Compact Disc-Ready only Memory* (memória de leitura em CD), isto é um disco brilhoso que parece um CD de áudio, mas que tem dados de computador.

O seu computador precisa de uma unidade de CD-ROM para poder ler as informações em um CD-ROM.

Diagrama — Refere-se a um gráfico numérico, exceto quando usado como parte do termo *diagrama organizacional*.

Quadro de seleção — Um pequeno quadrado branco que você usa para selecionar uma opção. Clique no quadrado para colocar uma marca de seleção nele (o que significa que você quer a opção); clique novamente para tirar a marca de seleção.

Clique — Você clica em alguma coisa quando aponta o ponteiro para ela, e depois pressiona e libera o botão esquerdo do mouse uma vez. (Se você estiver usando um mouse para a mão esquerda, use o botão direito.)

Clip art — Figuras para serem colocadas nos seus documentos.

Clip Gallery — Uma coleção organizada de clip arts, sons, e vídeos que você pode usar nos seus documentos.

Área de transferência — Uma área de memória usada para armazenar coisas que você copiou ou cortou do seu documento de modo que possa colá-las em algum outro lugar.

Botão fechar — O botão com um X que está no final direito da barra de menus ou de título. Clicar no botão Fechar da barra de menus fecha o documento enquanto deixa o programa aberto. Clicar no botão Fechar na barra de título fecha o documento e o programa.

Copiar — Armazenar uma cópia de qualquer coisa que esteja atualmente selecionado em uma área da memória chamada *Área de transferência*.

CPU — Abreviatura de *Central Processing Unit* (Unidade Central de Processamento), a CPU é um chip que faz a maior parte dos pensamentos do computador. O 486 e o Pentium são dois tipos de CPUs.

Recorte — Recortar uma ou mais partes de uma figura.

Teclas de cursores — Teclas com setas que são usadas para mudar onde a sua digitação vai aparecer em um bloco de texto.

Cortar — Remover alguma coisa de um documento e armazenar em uma área da memória chamada *Área de transferência*.

Banco de dados — Um programa que te ajuda a criar e organizar listas de informações e facilita a busca de informações nesta lista.

Folha de dados — Uma grade onde você entra informações para um diagrama numérico.

Deletar — Remover.

Área de trabalho — A área aberta que está embaixo de qualquer janela aberta no Microsoft Windows. Se nenhum programa estiver sendo executado, o que você vê é a Área de trabalho.

Quadro de diálogos — Uma janela que aparece quando o computador quer informações suas. Ela pode ter uma mistura de tabulações, botões, campos, quadros de seleção, e botões.

Documento — Qualquer figura, carta, relatório, planilha, apresentação, ou outro item que você tenha criado e armazenado no seu computador.

Biscoito — A fonte padrão de energia usada pelos programadores poderosos.

Glossário ➤ Fale como um expert

Clicar duas vezes — Apontar para alguma coisa com o ponteiro do mouse e pressionar e liberar o botão esquerdo do mouse duas vezes, rapidamente. (Se estiver usando um mouse para a mão esquerda, use o botão direito.)

Baixar — Copiar um arquivo de outro computador para o seu, usando uma conexão de modem ou uma rede.

Arrastar — Mover o mouse com o botão esquerdo pressionado. Para arrastar um objeto, aponte para ele, pressione, e mova. (Mouse para a mão esquerda usa o botão direito.)

Botão drop-down — Um botão com um triângulo apontando para baixo no final de um campo. Clicar neste botão faz aparecer um menu de possíveis valores para este campo.

Drop-menu — O menu que aparece quando você clica no botão drop-down.

e-mail — Abreviatura de *eletronic mail* (correio eletrônico), isto se refere à cartas e arquivos enviados por uma rede, do computador de um usuário para outro.

Excel — Um programa de planilhas feito pela Microsoft. Programas de planilhas são usados para fazer matemática e para criar gráficos.

Campo — Um retângulo branco onde você pode digitar informações que o seu computador quer.

Arquivo — Um grupo de informações armazenadas sob um único nome de modo que o computador possa encontrá-lo. Uma apresentação do PowerPoint pode ser um único arquivo, ou pode usar vários arquivos, com o arquivo principal contendo as informações sobre quais são os outros arquivos usados.

Efeitos de preenchimento — Estilos de preencher uma forma com uma mistura de cores ou com uma figura.

Disquete — Um item removível plano e quadrado usado para armazenar informações do computador. Para o computador ler a informação, você tem que colocá-lo em uma *unidade de disco flexível*. Ele é chamado de *disco* porque há um círculo magnético plano que é o que realmente armazena a informação.

Pasta — A informação no disco rígido é armazenada em *pastas*. Cada pasta tem um nome e pode conter arquivos e mais pastas.

Tamanho da fonte — O tamanho que as suas letras aparecem.

Fontes — Estilos que você digita. Por exemplo, Courier New e Arial são fontes que vêm com o Windows.

Rodapé — Material que aparece na parte inferior de cada slide, exceto no slide título.

Teclas de funções — Uma linha ou coluna de teclas marcadas F1, F2, e assim por diante. Elas são usadas por muitos programadores para executar comandos especiais. O comando que é executado por cada tecla muda de programa para programa.

GIF — O *Graphics Interchange Format* (Formato de arquivo gráfico) é uma forma de organizar informações sobre uma figura de modo que o computador possa entendê-lo e recriar a figura.

Gigabyte — Algumas vezes abreviada como GB, esta é uma medida do tamanho da informação. Um gigabyte é mais ou menos mil megabytes.

Gráfico — Um diagrama que marca valores numéricos.

Disco rígido — Um dispositivo embutido no seu computador que é usado para armazenar informações permanentemente. As informações que estão na unidade de disco rígido não desaparecem quando você desliga a máquina; ela tem que ser apagada por um comando do computador.

Cabeçalho — Material que aparece na parte superior de cada slide, exceto no slide título.

Sistema de ajuda — Um grupo de vários pequenos artigos e guias de instrução que estão organizados de modo que você possa encontrar o que quer.

HTML — Abreviatura para *Hypertext Markup Language*, este é o formato usado para armazenar o que é exibido na Web mundial de modo que o seu navegador da Web possa entender.

Hyperlink — A união de um objeto a um slide, um programa, ou um endereço da Web de modo que quando você clicar no objeto (ou quando passar o mouse por cima dele), o slide, programa, ou página da Web apareça.

Ícone — Uma pequena figura que representa um arquivo, um programa, ou uma função.

Impressora à jato de tinta — Uma impressora que imprime esguichando pequenos pontos de tinta no papel.

Internet — Uma série de computadores ligados ao redor do mundo que permite que você obtenha informações de um computador para outro passando pela linha.

Internet Explorer — Um programa de navegação pela Web criado pela Microsoft. Programas de navegação pela Web permitem que você visualize os exibidores da Web mundial.

Intranet — Uma série de computadores ligados dentro da sua companhia ou organização. A Intranet funciona como a Internet, só que em uma escala menor.

JPEG — Um formato usado para armazenar figuras em um computador. O nome vem do *Joint Photographic Experts Group* que desenvolveu o formato.

Teclado — A parte do computador que tem um monte de teclas parecidas com a de uma máquina escrever.

Quiosque — Um único computador planejado para ser facilmente acessado e facilmente usado para obter informações.

Modo de quiosque — Um modo de exibição de slides que não dá ao usuário quaisquer controles que não estejam embutidos no slide propriamente dito.

Impressora à laser — Uma impressora que imprime pressionando toner no papel.

LCD — Abreviatura de *Liquid Crystal Display* (vídeo de cristal líquido), uma tela feita de pequenos segmentos que podem ser coloridos, dependendo da eletricidade estar sendo aplicada ou não.

Painel LCD — Um monitor de computador que você pode colocar em um projetor de transparências de modo que a imagem que estaria na tela do computador seja vista no lugar onde estiver a imagem do projetor.

Projetor LCD — Um dispositivo capaz de projetar uma imagem da tela do computador em uma tela de cinema.

Loop — Repetir.

Glossário ➤ Fale como um expert

Meeting Minder — Uma característica do PowerPoint que você pode usar para tomar notas durante uma exibição de slides e para acrescentar coisas para o seu programa de agenda.

Megabyte — Algumas vezes abreviada como MB, esta é uma medida do tamanho da informação. Um megabyte pode armazenar mais ou menos mil páginas de texto, uma dúzia de telas cheias de figuras, ou sete segundos de som estéreo de alta qualidade.

Megahertz — O computador tem um ritmo central, um batimento que ele usa para dirigir tudo o que faz. A velocidade disto é medida em *megahertz* (abreviado como MHz), que vale por milhões de batimentos por segundo. Os computadores mais rápidos atualmente dançam em um ritmo de 450 milhões de batimentos por segundo, ou 450 megahertz.

Menu — Uma lista de comandos da qual você pode selecionar. Você pode ver o menu clicando o nome da direita na barra de menus.

Barra de menus — A segunda barra na parte de cima de uma janela. A barra de menus tem uma lista dos menus que estão nela. Clique em qualquer nome de menu para ver o menu.

Microsoft — A maior companhia de software para PCs. Eles fizeram o PowerPoint, o Windows, o Office e muitos outros produtos.

Modem — Um dispositivo para computador que permite que o seu computador compartilhe informações com outros computadores usando linhas de telefone.

Mouse — Um dispositivo que te ajuda a controlar o computador. Deslize o mouse pelo mouse pad, e um ponteiro na tela se moverá na mesma direção. Os botões de um mouse te permitem dizer ao computador para fazer alguma coisa no que você está apontando.

Mouse em cima — Passar o ponteiro do mouse por cima de um item exibido sem clicar o botão do mouse.

Narração — Discurso que você gravou no computador para acompanhar os seus slides.

Rede — Os computadores que estão conectados uns aos outros de modo que possam trocar informações.

Visualização normal — Uma visualização no PowerPoint de sua exibição de slides, onde você pode ver um slide de cada vez e as Observações do orador daquele slide.

Objeto — A palavra *objeto* é usada para duas coisas diferentes no PowerPoint. Pode se referir a qualquer coisa que você coloque em um slide (uma linha, uma figura, um som, e assim por diante) ou especificamente a qualquer coisa que o PowerPoint precise para executar um programa separado (como um diagrama ou um gráfico).

Office — Uma série de programas vendidos como um grupo pela Microsoft. O Office inclui o processador de textos Word, a planilha Excel, o criador de apresentações PowerPoint, e o programa de planejamento Outlook. Algumas versões do Office incluem programas adicionais.

Assistente do Office — Um personagem animado que aparece em uma janela e oferece informações de ajuda.

Online — Refere-se a qualquer coisa feita pela rede ou por uma conexão de modem.

Botões de opção — Um outro nome para *botões*.

Diagrama organizacional — Um diagrama que mostra quem trabalha para quem na sua companhia.

Visualização de esquema — Uma visualização no PowerPoint da sua exibição de slides, onde você pode ver todo o texto dos seus slides e fazer mudanças nele.

Transparências — Uma folha transparente com uma imagem. Você exibe transparências colocando-as em um *projetor de transparências*, que ilumina através delas e as projeta em uma tela.

Projetor de transparências — Um dispositivo que ilumina através de uma transparência de modo que a imagem apareça em uma tela de cinema ou em uma parede.

Empacotar — Armazenar tudo o que você precisa para a sua apresentação em um único arquivo.

Colar — Pegar qualquer coisa que esteja na área de memória chamada *Área de transferência* e colocar no seu documento.

PC — Abreviatura de *personal computer* (computador pessoal), isto se refere a qualquer computador pequeno designado para ser usado por uma pessoa de cada vez ou qualquer computador planejado primeiramente para executar o MS-DOS e o Windows.

Ponteiro — Uma pequena figura na tela que se move quando você move o mouse. A figura é normalmente uma seta, mas algumas vezes pode ser uma pequena barra ou um dedo.

PowerPoint — Um programa planejado para te ajudar a fazer apresentações.

Apresentação — Uma exibição informativa criada com o PowerPoint. Apresentações podem incluir slides, observações, e narração.

Processador — Outro termo para *CPU*, o chip no computador que faz a maior parte dos pensamentos dele.

Pressionado — Refere-se a um botão que parece que está abaixo do nível da barra de ferramentas. Um botão que está pressionado significa que a característica dele está agora sendo efetuada.

Botões — Uma série de pequenos círculos ao lado de uma lista de opções. Selecione a opção que você quer clicando no botão que estiver ao lado dela. Somente um botão de cada grupo pode ser selecionado de cada vez; quando você selecionar outro botão, o que estava selecionado deixará de estar.

RAM — Abreviatura de *Random Access Memory* (Memória de acesso aleatório), isto é um monte de chips de computador onde o computador armazena a informação que ele está usando atualmente. Informações em RAM somem quando você desliga o computador.

Refazer — Um comando que neutraliza o efeito de um comando desfazer que acabou de ser emitido.

Alterar o tamanho — Mudar o tamanho de uma figura ou quadro. Alterar o tamanho é esticar ou encolher um item para que ele tenha um novo tamanho.

Clicar com o botão direito — Clicar com o botão direito do mouse em alguma coisa é apontar o ponteiro para ela e depois pressionar e liberar o botão direito do mouse. (Se você estiver usando um mouse para a mão esquerda, use o botão esquerdo.)

Salvar — Copiar um documento no qual você está trabalhando (incluindo todas as novas modificações) em um disco.

Glossário ➤ Fale como um expert

Scanner — Um dispositivo que pega uma foto de uma página copiada e envia esta foto para o seu computador.

Barra de rolagem — Uma barra de rolagem é o que você usa para selecionar qual a parte de um documento quer ver, quando este documento é muito grande para ser exibido no espaço fornecido. Há um quadro na barra. O quadro mostra a posição relativa do que você está vendo no documento. Arraste o quadro para ver uma outra parte, ou use os botões superior e inferior que estão em cada uma das pontas da barra de rolagem para mover para cima ou para baixo o documento. (Barras de rolagem laterais têm botões à direita e à esquerda.)

Selecionar — Indicar o item na tela que você quer que os seus comandos afetem. Você seleciona alguma coisa clicando nela ou arrastando um quadro para ficar em volta dela.

Escritório de serviços — Uma outra companhia que vai colocar as suas imagens criadas no computador em slides, transparências, posters, e outras formas difíceis de criar.

Menu de atalho — Um menu que aparece quando você clica em alguma coisa com o botão direito do mouse. Menus de atalho normalmente têm comandos que manipulam especificamente aquilo que você clicou.

Slide — Uma tela de informação no PowerPoint ou uma única figura transparente usada em um projetor de slides.

Slide principal — Um slide especial que não é exibido, mas tudo o que você coloca no Slide principal aparece em todos os outros slides menos no slide título.

Projetor de slides — Um dispositivo usado para projetar figuras transparentes em uma tela.

Visualização do classificador de slides — Uma visualização no PowerPoint da sua exibição de slides, onde você vê um número de slides de uma vez só. Isto é bom para rearrumar a sua exibição ou fazer coisas que afetem um número de slides.

Visualização de slides — Uma visualização no PowerPoint da sua exibição de slides, onde você vê um slide de cada vez e pode mudar todos os conteúdos e gráficos.

Placa de som — Uma placa de computador que fica dentro do seu computador e o conecta aos alto-falantes, possibilitando a emissão de som e música.

Modo Orador — Um modo de exibição de slides que permite o máximo controle sobre o movimento pela exibição ou sobre a execução de outras funções.

Observações do orador — Uma característica do PowerPoint que permite que você crie notas para cada slide e as veja na tela enquanto está fazendo a sua apresentação.

Verificador de Ortografia — Uma característica do PowerPoint que verifica cada palavra do seu slide à medida que você as entra e as sublinha com uma linha vermelha ondulada se achar que estão escritas de forma errada.

Planilha — Um programa que faz matemática, usando informações que estão em uma grade.

Botão Start — Um botão que fica na extremidade esquerda da barra de tarefas, que você clica quando quer iniciar um programa.

Verificador de estilo — Uma característica do PowerPoint que verifica o formato do seu texto e o sublinha com uma linha verde ondulada se achar que ele está com uma aparência ruim.

Tab — A tecla Tab do teclado, que é usada para mover o seu lugar de digitação para uma posição fixa.

Tabulação — São as tabulações que estão em um quadro de diálogos, que são botões com nomes que você usa para selecionar com qual série de coisas você quer trabalhar; clique em uma tabulação, e os ajustes que estão relacionados com o nome da tabulação aparecerão.

Barra de tarefas — Uma barra normalmente encontrada na parte inferior da tela que inclui o botão Inicar e botões para todos os outros programas que você esteja rodando naquele momento.

Modelo — Um arquivo que contém um design para a aparência da sua apresentação. Você pode escolher um modelo antes de começar a construir a sua apresentação, ou aplicar o modelo à qualquer apresentação já pronta.

Texto —   Informação digitada, tais como parágrafos, números, e assim por diante.

Tempos — Tempos previstos armazenados para a exibição de cada slide, usado ou para automatizar a exibição de slides ou pelo Cronômetro do slide, para te manter informado se você está percorrendo a apresentação no tempo previsto.

Título — Um pedaço de texto especial que fica no topo de cada slide identificando-o. O PowerPoint considera que o texto do título seja o nome do slide.

Barra de títulos — A barra que fica na parte de cima da janela. Ela normalmente tem o nome do programa que está sendo usado seguido do nome do documento.

Título principal — Um slide especial que não é exibido, mas tudo que você colocar no Título Principal aparecerá no slide título.

Slide título — Normalmente é o primeiro slide da sua exibição de slides, ele tem o título da sua apresentação.

Barra de ferramentas — Uma linha de botões e listas drop-down que têm funções relacionadas. Por exemplo, o PowerPoint usa várias barras de ferramentas, incluindo uma barra de ferramentas de controles relacionados à Web.

Trackball — Um dispositivo usado no lugar do mouse. Role a bola em qualquer direção, e o ponteiro na tela se moverá nesta direção.

Transição — O método visual de substituir um slide pelo seguinte na tela do computador.

Cor transparente — Uma cor selecionada em uma figura que será tratada como transparente. Se você colocar uma figura com uma cor transparente no seu slide, poderá ver através das partes que estão com a cor transparente, qualquer coisa que estiver embaixo da figura.

Desfazer — Uma característica que desfaz o seu último comando.

Levantar — Copiar um arquivo do seu computador para outro computador, usando um modem ou uma rede.

URL — Abreviatura de *Uniform Resource Locator* (Padronização da localização dos recursos), é um outro nome para um endereço da Web — a série de letras, barras e pontuações que diz ao computador onde encontrar uma tela na Web.

Glossário ➤ Fale como um expert

Vídeo — Nos termos de computação, *vídeo* se refere a uma figura armazenada que se modifica como uma série de imagens, que são exibidas uma depois da outra. Arquivos de vídeo podem incluir o som que acompanha a figura.

Navegador da Web — Um programa que permite que o seu computador te mostre as exibições da Web mundial, assim como quaisquer outras exibições armazenadas no formato HTML.

Janela — Uma área retangular de uma tela do computador, que pode ser movida ou ter o seu tamanho alterado, que tem uma barra de títulos na parte superior.

Modo de janelas — Um modo de exibição de slides que mostra a exibição em uma janela em vez de na tela toda.

Windows — Um sistema de operação de computadores feito pela Microsoft que é planejado para usar mouse e janelas. Windows 98 é a versão do Windows publicada em 1998.

Wizard — Uma característica de programa que te guia por todas as etapas necessárias para alguma coisa ser feita, tomando conta de todas etapas que puder para você.

Word — Um processador de textos feito pela Microsoft. Programas de processadores de textos são usados para criar e modificar cartas, relatórios e outros textos.

WordArt — Uma ferramenta de planejamento de logotipos embutida no PowerPoint e em alguns outros produtos da Microsoft. O termo também pode se referir a um logotipo planejado com esta ferramenta.

Processador de texto — Um programa que você pode usar para criar cartas, relatórios e outros documentos de texto, assim como mudar e corrigir coisas antes de imprimi-las.

Web mundial — Um sistema que você pode usar para Ter acesso a telas de informações armazenadas em vários computadores conectados à Internet. Para ver estas telas, você precisa de uma conexão com a Internet e de um navegador da Web.

Índice

A

abrir
  Windows Explorer (Windows), 295-296
  índices de ajuda, 24-27
  PowerPoint, 8
  apresentações, 17-18
  menus de atalho (Windows), 294
  menu Iniciar (Windows), 292-294
  submenus (Windows), 295
  janelas, 295-297
  ver também iniciar
acrescentar
  animação, 157-158
  AutoFormas, 90-91
  quadros a diagramas, 121-122
  etiquetas de dados, 115-116
  linhas, 126-127
  filmes, 179-189
  narração, 198
  slides novos, 38-39
  números, 55
  figuras, 93-96
  slides, 38-39
  som, 191
    animação, 163
    apresentações interativas, 149-150
  texto, 43-44
    AutoFormas, 91
  títulos a diagramas, 114-122
  palavras a dicionários, 52
adquirir figuras, 93-94
Ajuda, 20, 278
  chamar a Microsoft, 28-29
  fechar, 24
  hyperlinks, 24
  índices, 24-27
  Assistente do Office, 21-23
  organogramas, 128-129
  sumários, 24-26
  Web, 27-28
  O que é isto?, 20
  ver também Assistente do Office; Dicas de tela
ajustar apresentações, 205-209
alinhar texto, 53
alterar o tamanho
  quadros, 59-60
  filmes, 185
  logotipos WordArt, 69
  ver também configurar; formatar; preferências
alterar o tamanho
  quadros, 59-60
  fontes, 48-50
  figuras, 95-98
  logotipos do WordArt, 73-74
  ver também formatar
ampulheta (ponteiro do mouse), 292
animação
  filmes, 183
  objetos, 161-163
  apresentações, 157-168
  sons, 194-195
  tempos, 186-187
apagar
  dados dos diagramas, 106
  hyperlinks, 151
  slides, 40-41
aplicar
  animação, 157-158
  AutoFormas, 90-91
  quadros a diagramas, 121-122
  etiquetas de dados, 115-116
  linhas, 126-127
  filmes, 179-189
  narração, 198
  slides novos, 39
  números, 55
  figuras, 93-97
  slides, 39
  som, 191
    animação, 163
    apresentações interativas, 149-150
  texto, 43-44
    AutoFormas, 91
  tempos, 175-176
  títulos a diagramas, 114-122
  transições, 173-174
  assistentes, 10-12
  palavras a dicionários, 52
  ver também inserir
apresentações existentes, abrir, 17-18
apresentações interativas, 145-155
apresentações online 232-243
apresentações orais, 282-289
apresentações por e-mail, 221
apresentações via fax, 253
apresentações, 3, 6
  animação, 157-168
  diagramas, 108-118
  fechar, 17
  editar texto, 14-15
  existentes, 17-18
  via fax, 253

gramática, 270
informativos, 255-256
interativa, 145-155
Intranet, 232
modificar, 226
multimídia, 4
observações, 37
oral, 282-289
organogramas, 119-129
PowerPoint, 4
salvar, 17, 139-140, 213-214
exibição, 15
slides
   acrescentar filmes, 184
   avançar, 206-211
   filmes animados, 183
   aplicar transições, 173-174
   AutoCorreção, 269-271
   fundos, 135
   fechar, 135, 209
   cores, 273-274
   conteúdo, 279-280
   controles, 278
   converter para páginas da Web, 244-248
   copiar/colar de outras aplicações, 261-265
   criar, 224
   personalizar filmes, 186
   exibir, 205-209
   duas telas, 230-231
   editar, 215-216
   e-mail, 220
   formatar impressão, 253-254
   Ajuda, 278
   menus ocultos, 206-207
   interativos, 278
   quiosques, 211-214
   seleção de língua, 271-272
   projetores LCD, 231
   marcas, 207-208
   Lembretes para reunião, 237-238
   filmes, 179-188
   mover, 207
   redes, 232-235
   transparências, 227-230
   planejar, 225
   preparar arquivos para escritórios de serviços, 226-227
   imprimir, 226-227, 251-255
   projetar, 224-235
   gravar narração, 200
   alterar o tamanho de filmes, 185
   salvar, 213-214
   selecionar impressoras, 252
   slides principais, 135-136
   sons, 191
   Observações do orador, 235-236
   Verificador ortográfico, 269
   iniciar, 213-214
   sons armazenados, 195-196
   armazenar, 217-220
   texto, 274-277
   tempos, 175-176
   ferramentas, 267-271, 272
   tópicos, 279
   sons de transição, 172-173
   Web, 241-244
   escrever, 207-209
   Verificador de estilos, 274-277
   modelos, 5, 131-134
   transições, 15, 17
   visualizações, 12-13
   assistentes, 9-12
   ver também slides
Área de transferência, 59
armazenar apresentações, 217-220
   ver também salvar
arquivos avi, 180-181
   ver também filmes; multimídia; vídeo
arquivos
   avi, 180
   formatos, 93-94
   JPEG, 77
   imprimir, 226-227
   slides, 41
   armazenamento, 219-220
   ver também documentos
arrastar
   quadros, 58-59
   objetos (mouse), 294-295
   slides, 40-41
arrumar a organização
   diagramas, 124-126
Assistente de Auto Conteúdo, 9-10
Assistente do Office, 21-23
   ver também ajuda
Assistente, *ver* ajuda; Assistente do Office
assistentes, organização
   diagramas, 123
atalhos de teclado, 297-298
   filmes, 187-188
atalhos,
   filmes, 187
   organogramas, 127-128
   ver também atalhos do teclado
áudio, *ver* multimídia; sons
aumentar as figuras, 97
aumentar o tamanho da fonte, 49
   ver também formatar; tamanho
AutoCorreção, 269-271
AutoFormas, 83-90
   ver também ClipArt

Índice

avançar
   apresentações, 209-210
   slides, 206

B

baixar figuras, 93-94
balões, 88-89
barra de ferramentas Classificador de slides, 172
barra de ferramentas de Desenho, botão 3-D, 79
barra de ferramentas de Figuras, 97-100
barra de ferramentas de Formatação, 45, 49
barra de ferramentas Padrão, botão Inserir diagrama, 106
barra-I (ponteiro do mouse), 292
barras de ferramentas, 8
   Área de transferência, 59
   Desenho, 78-79
   Formatação, 46
   Figuras, 97-100
   Classificador de slides, 172
   Padrão, 106
   WordArt, 71-72
barras de menus (janelas), 296-297
barras de rolagem (quadro de diálogos Windows), 301
barras de títulos (janelas), 296
bordas, 100
   ver também molduras
botões ativos, 293
   AutoFormas, 90-91
botões de opção (quadros de diálogos Windows), 302
botões, 20
   clicar, 292-294

C

Campos de texto (quadro de diálogos Windows), 301
características, editar, 114-117
CD-ROM, 196-198
células, 106-107
   ver também formas centrais do Excel, 85
chamar Ajuda da Microsoft, 28-29
classificar slides, 40
clicar (mouse), 292-294
clicar com o botão direito (mouse), 292-293
ClipArt grátis, 101-102
ClipArt, 90, 101-103
clipes de filmes, *ver* filmes; multimídia; vídeo
colar
   quadros de um slide para outro, 59
   apresentações de outras aplicações, 261-265

colocar molduras nas figuras, 100
comandos das barras de ferramentas (menu Visualizar), 172
comandos do menu Ajuda, Office na Web, 27-28
comandos do menu Diagrama, Cor de fundo, 125-126
comandos do menu Estilo, Vários gerentes, 123-124
comandos do menu Janela, barra de ferramentas da Web, 210
comandos do menu Navegar, Por título, 209-210
comandos do menu Quadros, Cor, 126
comandos
   menu Quadros, Cor, 126
   menu Navegar, Por título, 210
   menu Diagrama, Cor de fundo, 125-126
   menu Desenhar
      Mudar AutoFormas, 91
      Agrupar, 64-65
   menu Editar,
      Copiar, 264-265
      Duplicar, 40-41
      Selecionar, 128
   menu Arquivo
      Parar a exibição, 211
      Empacotar e seguir, 217
      Ajuste de página, 225
      Imprimir, 226-227, 251
      Salvar como página da Web, 244
      Enviar para, 221-222
   menu Formatar
      Marcadores e Numeração, 54
      Fonte, 46
   menu Ajuda, Office na Web, 27-29
   menu Inserir
      Filmes e Sons, 181-182
      Figura, 119, 217
      Slides de Arquivos, 41
   menu de atalho
      Opções, 21
      Ordem, 62
   menu Exibição de Slides
      Personalizar a animação, 159-160
      Esconder o Slide, 209
      Transmissão Online, 232-233
      Pré-ajustar a animação, 158
      Gravar a Narração, 199
      Tempo de ensaio, 175-176
      Organizar a exibição, 206
      Visualizar, 206
   menu Iniciar
      Programa, 8
      Executar, 220
   menu Estilo, Vários gerentes, 123-124
   menu Ferramentas
      AutoCorreção, 269
      Personalizar, 47

Língua, 272
Lembrete para reunião, 238
Opções, 10, 274-275
menu Visualizar
Preto e Branco, 263-254
Página de observação, 37
Exibição de slides, 15
Barras de Ferramentas, 172
menu Janela, barra de ferramentas Web, 210
comprar filmes, 181
comprimir gráficos, 216
conduzir apresentações orais, 288-289
conectores, AutoFormas, 88
configurar
    animação, 159-168
    organogramas, 125-127
    ver também formatar; preferências
conteúdo, apresentações, 279-280
controles, apresentações interativas, 277-278
copiar
    apresentações de outras aplicações, 261-265
    slides, 40-41
cores, 134-135
    diagramas, 114-115
    formatar texto, 45-46
    modificar, 48
    organogramas, 125
    figuras, 98-100
    slides, 138
    WordArt, 73-78
corrigir erros de ortografia, *ver* editar; marcas de revisão; verificador ortográfico
cortar quadros de um slide para outro, 59
Criador de figuras, 94
criar slides, *ver* gravadores de filme

D

desagrupar quadros, 64-65
desenhar, 78-85
Desenho do Windows, *ver* assistente de desenho, 9-10
    aplicar, 10-11
    AutoConteúdo, 9-10
desfazer
    slides apagados, 40
    erros, 10
destacar, 11
    som, 150
    itens (mouse), 295
diagrama de fluxo, 88
diagramas numéricos, 107
diagramas
    avançar, 114
    animação, 165-166

barra/coluna, 110-111
fechar, 118
conectores, 88
apagar dados, 106-107
editar, 107-108
inserir dados, 106-107
características, 114-116
formatação, 107
linhas de grade, 114-115
legendas, 115-116
linha, 111-112
modificar, 116-117
organização, 119-129
setores circulares, 112-113
selecionar células, 107-108
iniciar, 106
títulos, 114
Dicas de tela, 20
dicionários, 52
diminuir o tamanho das fontes, 49
    ver também formatar; tamanho
disquetes, salvar apresentações, 227
dissolver, *ver* fechar
dísticos, 88-89
documentos do Word, 261-264
    ver também aplicações
documentos, copiar/colar para apresentações, 261-264
drivers
    filmes, 181
    impressora, 226-227
duplicar, *ver* copiar

E

editar
    animação, 159-168
    AutoFormas, 64, 90-91
    diagramas, 108-122
    ClipArt, 102-103
    características, 114-117
    fontes, 48-49
    linhas, 86-87
    observações, 37
    assistente do Office, 23
    apresentações, 215-217
    imprimir, 253-254
    formatos, 85-86
    slides, 40-41
    texto, 14-15, 44-45
    WordArt, 70-71
efeitos especiais, 45, 78-79
elos, *ver* hyperlinks
empacotar apresentações, 217-220
    Empacotar e seguir, 217
    títulos de apresentações, 11-12

Índice **317**

tipos de apresentações, 11
iniciar, 10
encontrar, *ver* procurar
ensaiar apresentações orais, 282-285
ensaiar os tempos, 175-176
ensaiar, 282
entrar dados em diagramas, 106-107
enviar apresentações via e-mail, 220
erros
    ortografia, 52
    desfazer, 10
    ver também editar; verificador ortográfico
erros, *ver* editar; erros
escala de cinza, imprimir, 99-100, 254
escapar, *ver* fechar
escolher, *ver* selecionar
esconder
    menus, 206-207
    slides, 209
    texto, 48
escrever em slides, 207-209
escritórios de serviços, 224-227
esquemas, 78
estilos
    organogramas, 122-127
    transições, 170-171
estrelas, 88
etiquetas de dados, 115
exemplos, apresentações orais, 285-286
exibições de slides
    mover quadros, 58-59
    transições, 15, 17
    ver também apresentações; slides
exibir apresentações, 15-17
exibir fontes *ver* fontes
exibir
    apresentações, 205-213
    texto, 235-238
    ver também visualizar
extrusão, efeitos 3D, 79-80

F

faixas, 88
fazer filmes, 183-184
fechar, 300
    animação, 163
    diagramas, 118
    Ajuda, 24-25
    exibições de quiosque, 213-214
    organogramas, 128
    apresentações, 17, 208-209
ferramentas
    organogramas, 127-128
    apresentações, 267-272
    Verificador de estilo, 276-277

figuras de domínio público, 94
figuras recortadas, 98
figuras
    ClipArt, *ver* ClipArt
    recortar, 98
    baixar, 94
    aumentar, 97
    apresentações interativas, 152-153
    visualizar, 95
    slides, 93-100
    WordArt, 76-77
    ver também gráficos
filmes grátis, 181-182
filmes
    acrescentar a um slide, 184
    animação, 167-168
    tempo, 186
    comprar, 181
    grátis, 181-182
    apresentações, 179-188
    iniciar, 185
    ver também multimídia; vídeo
folhas de dados, 106-107
fontes TrueType, 71
fontes
    diagramas, 107
    formatar, 44-45
    organogramas, 125-126
    selecionar, 49-51
    alterar o tamanho, 49
    TrueType, 71
    WordArt, 70-71
formatar
    animação, 159-168
    diagramas, 107-108
    ClipArt, 102-103
    fontes, 46
    organogramas, 125-127
    imprimir, 253-254
    formatos, 86
    texto, 44-51
    ver também configurar; preferências
formatos, 83-90
formatos, arquivos, 93-94
fotografias, *ver* gráficos; figuras
fundos,
    formatar, 125-126
    slides, 135

G

galerias, WordArt, 70-71
girar
    quadros, 60
    figuras, 100
    logotipos WordArt, 71-72

grades, 84
    ver também diagramas
gráficos
    AutoFormas, 90
    ClipArt, ver ClipArt
    comprimir, 216-217
    formatos de arquivo, 93-94
    apresentações interativas, 152-153
    slides, 93-101
    WordArt, 76-77
gráficos, 106
    avançados, 114
    animação, 165-166
    barras/colunas, 110-111
    fechar, 118
    conectores, 88
    apagar dados, 106
    editar, 108
    entrar dados, 106-107
    características, 114-116
    formatar, 107-108
    linhas de grade, 114-115
    legendas, 115-116
    linha, 111-112
    modificar, 116-118
    organização, 119-129
    setores circulares, 112-113
    selecionar células, 107-108
    iniciar, 106
    títulos, 114
gravadores de filmes, 224-227
gravar
    narração, 200
    sons, 192-193
    tempos, 175-176
grupos
    quadros, 62-65
    organogramas, 122
    slides, 39

H

horizontais, transparências, 230
HTML (Hypertext Markup Language), 242
humor, apresentações orais, 285-286
hyperlinks
    apagar, 151-152
    Ajuda, 24
    apresentações interativas, 146-154
Hypertext Markup Language, ver HTML

I

imagens
    ClipArt, 90, 101-103
    gráficos
        AutoFormas, 90
        ClipArt, ver ClipArt
        comprimir, 216-217
        formatos de arquivo, 93-94
        apresentações interativas, 152-153
        slides, 93-100
    WordArt, 76-77
    figuras
        recortar, 98
        baixar, 93-94
        aumentar, 97
        apresentações interativas, 152-153
        visualização, 95-96
        slides, 93-100
        WordArt, 76-77
impressões rápidas, ver imprimir
imprimir
    arquivos, 226-227
    formatar, 253-254
    várias cópias, 254-255
    transparências, 227-230
    apresentações, 251-256
índices, Ajuda, 23-27
informativos, 253-256
    várias cópias, 254-255
    cabeçalhos, 141-142
iniciar
    aplicações, 149
    Assistente de AutoConteúdo, 10
    CDs, 198
    diagramas, 106
    filmes, 185
    apresentações na rede, 235
    PowerPoint, 8
    apresentações, 213-214
    impressão, 255
    sons, 193-196
    Assistentes, 10
    ver também abrir
inserir, 39
    animação, 157-158
    AutoFormas, 90
    quadros em diagramas, 121
    etiquetas de dados, 115-116
    linhas, 126-127
    filmes, 179-189
    narração, 198-199
    slides novos, 39

Índice

números, 55
figuras, 93-96
slides, 39
som, 191
   animação, 163
   apresentações interativas, 149-150
   texto, 43
AutoFormas, 91
títulos em diagramas, 114-122
palavras em dicionários, 52
texto, 127
IntelliMouse, 292-293
interface, 8
   botões, 20
Internet
   definida, 232
   Ajuda, 27-28

J

janela Explorer (Windows), abrir, 295-297
janelas, 296-299
   ver também interface
justificar WordArt, 73-74

L

legendas, acrescentar, 115
   ver também cores
Lembretes para reunião, 235-238
lembretes, *ver* Observações do orador
línguas estrangeiras, *ver* línguas
línguas, 271-272
linhas de grade, acrescentar, 114-115
linhas pontilhadas, desenhar, 84
linhas, 84
   AutoFormas, 86-87
   organogramas, 126-127
listas com marcadores, 12-13, 54
listas drop-down (quadro de diálogos Windows), 301-302
logotipos, WordArt, 67-80

M

manipuladores de rotação, 60
manipuladores de tamanho, 58
marcas de revisão, 269
   ver também editar; Verificador gramatical; Verificador ortográfico
marcas, 207-208
maximizar janelas, 298
menu Exibição de slides, Personalizar
   animação, 159

menus
   apresentações, 206-207
   menus de atalho (Windows), 294-295
   submenus, 295
   menu Iniciar Windows, 293-294
Microsoft, Ajuda, chamar, 28-29
Microsoft IntelliMouse, 292-293
Microsoft PowerPoint, *ver* PowerPoint
minimizar janelas, 298
modelar, *ver* animação
modelos, apresentações, 4-5, 131-134
modificar
   animação, 159-168
   AutoFormas, 64-65, 91
   diagramas, 108-118
   ClipArt, 102-103
   fontes, 48-49
   Assistente do Office, 23
   organogramas, 125
   apresentações, 226
   imprimir, 253-254
   formatos, 86
   slides, 36-41
   texto
      cores, 48
      WordArt, 68-69
   ver também configurar; formatar; preferências
modo de tela inteira (janelas), 299
Modo do orador, 205
modo onde o tamanho pode ser alterado (janelas), 299
morphing, *ver* animação
mouse, 291-295
mover
   quadros, 58-59
   células, 107
   diagramas Excel para apresentações, 264-265
   filmes, 179
   narração, 199
   objetos, 161-163
   apresentações, 264-265
   slides, 40, 207
   texto, 164-165
   logotipos WordArt, 69
   ver também cortar; colar
mudar
   animação, 159-168
   organogramas, 125-127
   ver também formatar; preferências
multimídia
   animação, 167-168
   apresentações, 4, 179-193
   ver também filmes; vídeo

N

narração, 198-200
navegar, *ver* procurar
números, acrescentar, 55

O

objetos, mover, 161-163
Observações do orador, 235-236
    quadro de diálogos, 237
observações
    editar, 37-38
    apresentações orais, 282
    ver também observações do orador
opções, WordArt, 74-78
Org Plus para Windows, 120
organogramas, 119-129
ovais, 85

P

Pad (dispositivo para apontar), 292
padrões, WordArt, 76-77
páginas da Web, 244, 248
páginas da Web, hyperlinks, 147-148
parar, *ver* fechar
pastas, 8
personalizar
    animação, 159-168
    filmes, 185-189
    sons, 191-200
    texto, 45-46
    ver também configurar; formatar; preferências
pilhas, apresentações interativas, 152
pilhas, *ver* empilhar
Pintar, criar figuras, 94
pixels, 96
planejar apresentações, 225-235
    ver também Lembretes para reunião
planejar, *ver* personalizar; preferências
planilhas Excel, 261-265
    ver também aplicações
planilhas, 261-265
    ver também Excel
ponteiro (mouse), 292
pontos de inserção, 14
PowerPoint
    iniciar, 8
    ver também apresentações; slides
praticar, *ver* ensaiar
preencher o WordArt com cores, 74-75
preenchimentos gradientes, 75-76
preferências
    animação, 159-168

organogramas, 125-127
    ver também configurar
preparar apresentações orais, 286
preto e branco
    figuras, 99-100
    ver também, formatar; escala de cinza
processadores, filmes, 180-181
procurar
    quadros, 62-63
    ClipArt, 101-102
    pastas, 8
    slides, 36, 41
programas, *ver* aplicações
projetar exibições de slide 224-235
projetores de vídeo de cristal líquido, *ver* projetores LCD
projetores LCD (vídeo de cristal líquido), 231
    ver também projetar
publicar apresentações online, 244, 247-248
Públicos, apresentações orais, 285-286

Q

quadros de diálogo, 10, 17
    Ajustes de ação, 145-151
    Acrescentar som, 150
    Transmitir o horário, 232-233
    Marcador, 54
    Opções de diagramas, 114
    Galeria de clipes, 101-102, 181-182
    Personalizar animação, 160-167, 186
    Editar texto do WordArt, 70
    Efeitos de preenchimento, 75-80
    Hyperlink para o slide, 146-147
    Filmes e Sons, 196-197
    Opções de filmes, 187
    Slide novo, 39, 53
    Abrir, 17-18
    Opções, 16, 274-275
    Organização da página, 225
    Imprimir, 25, 226-227, 252
    Publicar como página da Web, 248
    Gravar narração, 198
    Gravar som, 192-193
    Salvar, 17
    Organizar exibição, 206
    Localizar slides, 41
    Transição de slides, 170
    Seleção de som, 199
    Observações do orador, 236
    quadro de diálogos Windows, 299-302
    WordArt, 68-69
    Gravar, 263
quadros de seleção (quadros de diálogos Windows), 301
quadros empilhados, 62

Índice

quadros giratórios, 60-61
quadros inclinados, 60
quadros superpostos, 61
quadros, 57-65
quiosques, 211-214

R

reagrupar quadros, 64
rearrumar
　organogramas, 124-126
　slides, 40
　ver também arrastar; editar; modificar;
　mover
redes, 232-235
reiniciar os cronômetros, 176
remover listas com marcadores, 53-54
remover, *ver* apagar
respostas, 19
retângulos, 85
reunir quadros em grupos, 64-65
revelar objetos, animação, 161-162
reverter, *ver* mover
revisar, *ver* editar; Verificador ortográfico
rodapés, 11-12, 141-142

S

salvar apresentações, 17, 139-140, 213-214
selecionar, 14
　quadros, 58-59
　marcadores, 55
　células, 107
　diagramas, 109-113
　cores, 74-75
　fontes, 49-50
　apresentações, 217-220
　drivers de impressora, 226-227
　impressoras, 252
　slides, 38-39
　texto, 44-45
　transições, 170-173
setas em bloco, 88
setas, 84
site da Web da Microsoft, 28
site Office Web, 27
sites da Web
　Microsoft, 28
　Office, 27
　apresentações, 241-242
Slide principal, Apresentações interativas, 154-155
　estilos de texto, 136-137
Slides de 35mm, *ver* slides
slides novos, acrescentar, 39
slides de títulos, 138-139
slides, 12-13, 33
　acrescentar, 39

avançar, 206-207
animação, 157-168
fundos, 135-136
quadros, 57-65
diagramas, 108-118
cores, 137, 274
conteúdo, 279-280
controles, 278
copiar, 40-41
copiar/colar de outras aplicações, 261-265
apagar, 40
exibir, 205-214
editar, 215-217
e-mail, 220
grupos, 38-39
informativos, 255-256
Ajuda, 278
interativo, 145-155, 278
Lembretes para reunião, 237-238
filmes, 179-188
mover diagramas do Excel, 265
várias cópias, 254-255
organogramas, 119-129
figuras, 93-100
imprimir, 226-227, 251-255
projetar, 224-235
rearrumar, 40
procurar, 41
selecionar, 38-39
Observações do orador, 235-236
armazenar, 217-220
Verificador de estilo, 274-277
texto, 43-53, 274-277
tempos, 175-176
ferramentas, 267-272
tema, 279
transições, 169-174
visualizações, 33-37
Web, 242-248
ver também slide principal
sobrescrito, 46
sombras, logotipos do WordArt, 78
sons
　animação, 162-163
　destacar, 150
　apresentações interativas, 149-150
　transições de slides, 172-173
　apresentações, 191-200
subscrito, 46
sumários, abrir, 24-26
suporte técnico, 20, 278
　chamar a Microsoft, 28-29
　fechar Ajuda, 24
　hyperlinks, 24
　índices, 24-27
　Assistente do Office, 21-23
　organogramas, 128-129
　sumários, 24-26

Web, 27-28
O que é isto?, 20
ver também Assistente do Office; Dicas de tela

T

tabelas de dados, 115-116
tabelas, 115-116
    ver também tabelas de dados
teclas de cursores, diagramas, 107
telas duplas, 230-231
telas duplas, projetar, 230-231
temas, apresentações, 279
tempos de espera, transições de slides, 172-173
tempos, 175-176
terminar, *ver* fechar
texto gravado
    ver também formatar
texto
    acrescentar, 43
    alinhar, 53
    animação, 164-166
    AutoFormas, 91
    quadros, 153
    listas com marcadores, 54-55
    botões, 45-46
    cores, 46-48
    editar, 14, 44-46
    fontes, 48-50
    formatar, 44-50
    esconder, 48
    Lembretes de reunião, 237-238
    organogramas, 127-128
    apresentações, 274-277
        editar, 14
    selecionar, 44-45
    Slide principal, 135-138
    Observações do orador, 235-237
    verificador de estilo, 50-53
    WordArt, 68-71
texturas, WordArt, 76
títulos, acrescentar, 114
trabalhadores com a mesma função, organogramas, 122
transição Tabuleiro Cruzado, 171
transições, 169-174
    aplicar, 173
    selecionar, 170-171
    sons, 172-173
    velocidade, 172
    tempos de espera, 172
transmissão, *ver* redes
transparências verticais, 230
transparências, 227-231
trilhar o feedback, *ver* Lembrete para reunião

U

Uniform Resource Locator, *ver* URL
unir quadros em grupos, 63-64
URL (Uniform Resource Locator), 147-148

V

variações, 253
várias apresentações, 18
várias cópias, imprimir, 254-255
ver apresentações, 205-214
ver também cortar; arrastar; mover
Verificador de estilo, 274-277
verificador gramatical, 270-271
    ver também editar; marcas de revisão
Verificador ortográfico, 50-52, 269
    ver também editar
vídeo
    animação, 167-168
    apresentações, 179-187
    ver também multimídia; filmes
Visualização da página de observações, 37-38
visualização de esquema, 35-36
    selecionar quadros, 58-59
Visualização de slides
    acrescentar texto, 43
    quadros, 58-65
    modo de edição de diagramas, 108
    cores, 46-47
    editar texto, 44-45
    fontes, 48-50
    texto, 44-53
Visualização do classificador de slides, 36-37
    selecionar slides, 38-39
    transições, 37, 169-174
visualização Normal, 12-13
    selecionar quadros, 58-59
    slides, 34-35
visualização
    animação, 159, 167
    apresentações interativas, 150
    figuras, 95-96
    imprimir, 229-230
visualizações
    Esquema, 38
    apresentações, 12-13
    Slide
        quadros (grupos), 62-65
        modo de Edição de diagramas, 108
        mover quadros, 58-59
        mover quadros de um slide para outro, 59
        quadros superpostos, 61-62
        alterar o tamanho dos quadros, 59-60
        girar, 60-61

Índice

selecionar quadros, 58-59
empilhar quadros, 62
Classificador de slides
   aplicar transições, 173-174
   selecionar slides, 38-39
   sons, 172-173
   velocidade, 172
   transições, 169-174
   tempos de espera, 172
slides, 33-38

apresentações, 241-248
   interatividade, 4-5
WordArt 3D, 79-80
WordArt, 68-80
World Wide Web (WWW), *ver* Web
WWW (World Wide Web), *ver* Web

W

Web
   ClipArt grátis, 101
   Ajuda, 27-28

Z

zoom, organogramas, 128

ANOTAÇÕES

ANOTAÇÕES

ANOTAÇÕES

ANOTAÇÕES

ANOTAÇÕES

ANOTAÇÕES

ANOTAÇÕES

ANOTAÇÕES

Impressão e acabamento
Editora Ciência Moderna Ltda.
Rua Alice Figueiredo, 46
CEP: 20950-150, Riachuelo – Rio de Janeiro – RJ – Brasil
Tel: (021) 201-6662 /201-6492 /201-6511 /201-6998
Fax: (021) 201-6896 /281-5778
E-mail: lcm@novanet.com.br

Referência do Microsoft PowerPoint

Barra de ferramentas padrão

Botão	Ação	Botão	Ação
	Inicia uma nova apresentação em branco		Insere um hiperlink
	Abre uma apresentação ou esquema já existente		Mostra a barra de ferramentas de tabelas e bordas
	Salva a apresentação		Insere uma tabela
	Imprime a apresentação		Insere um diagrama numérico
	Verifica a ortografia		Slide novo
	Recorta o texto ou objeto		Mostra o esquema inteiro
	Copia o texto ou objeto		Mostra/esconde a formatação de texto
	Cola		Visualização em preto e branco ou colorida
	Pincel de formatação		Fechar
	Desfaz a última ação		Lista de botões da barra de ferramentas escondidos
	Refaz a última ação desfeita		

Barra de ferramentas de formatação

Botão	Ação	Botão	Ação
N	Ativa ou desativa texto em **negrito**		Pontos numerados
I	Ativa ou desativa texto em *itálico*		Pontos em bullets
S	Ativa ou desativa texto sublinhado		Aumenta o texto
	Ativa ou desativa texto sombreado		Diminui o texto
	Alinha à esquerda		Promove um subponto a ponto
	Texto centralizado		Rebaixa um ponto a subponto
	Alinha à direita		Lista de botões da barra de ferramentas escondidos

Operações de arquivos

Comando	Atalho	Comando	Atalho
Arquivo novo	Ctrl+O	Arquivo imprimir	Ctrl+P
Arquivo abrir	Ctrl+A	Mostrar apresentação	F5
Arquivo salvar	Ctrl+B	Sair do PowerPoint	Alt+F4

Operações de edição geral

Comando	Atalho	Comando	Atalho
Recortar	Ctrl+X	Refazer	F4
Copiar	Ctrl+C	Selecionar tudo	Ctrl+T
Colar	Ctrl+V	Duplicar	Ctrl+Shift+D
Desfazer	Ctrl+Z	Novo slide	Ctrl+M

Operações de edição de texto

Comando	Atalho	Comando	Atalho
Próxima palavra	Ctrl+seta p/ direita	Centralizar o texto	Ctrl+Shift+C
Palavra anterior	Ctrl+seta p/ esquerda	Alinhar o texto à direita	Ctrl+D
Localizar texto	Ctrl+L	Selecionar a próxima linha	Shift+seta p/ baixo
Localizar e substituir	Ctrl+U	Selecionar a linha anterior	Shift+seta p/ cima
Alinhar o texto à esquerda	Ctrl+E	Percorrer a verificação de ortografia	F7

Operações de esquema

Comando	Atalho	Comando	Atalho
Inicia um novo ponto	Enter	Recolhe o exibidor (de todos os slides)	Alt+Shift+1
Promove um subponto a ponto	Shift+tab	Expande o exibidor (deste slide)	Alt+Shift++
Rebaixa um ponto a subponto	tab	Expande o exibidor (de todos os slides)	Alt+Shift+9
Move um ponto para cima	Alt+Shift+seta p/ cima	Próximo slide	Ctrl+seta p/ baixo
Move um ponto para baixo	Alt+Shift+seta p/ baixo	Slide anterior	Ctrl+seta p/ cima
Recolhe o exibidor (deste slide)	Alt+Shift+—		

Botões de visualização

Botão	Visualização	Botão	Visualização	Botão	Visualização
	Normal		Slide		Exibição de slides
	Esquema		Classificador de slides		